Jürgen Hoops von Scheeßel

GERICHTSBARKEIT
IM ELBE-WESERRAUM
1546-1670

Landgerichtssachen,
Bruchregister
und andere Strafakten
am Beispiel der Vogtei Scheeßel

in einer kommentierten Aufarbeitung

ibidem-Verlag
Stuttgart

Bibliografische Information der Deutschen Nationalbibliothek
Die Deutsche Nationalbibliothek verzeichnet diese Publikation in der Deutschen Nationalbibliografie; detaillierte bibliografische Daten sind im Internet über http://dnb.d-nb.de abrufbar.

Bibliographic information published by the Deutsche Nationalbibliothek
Die Deutsche Nationalbibliothek lists this publication in the Deutsche Nationalbibliografie; detailed bibliographic data are available in the Internet at http://dnb.d-nb.de.

Coverbild: "Gerichtsbarkeit", entnommen aus Meyer, Hinrich: Geschichte des Kirchspiel Scheeßel, 1955, S. 513. Public Domain.

∞

Gedruckt auf alterungsbeständigem, säurefreien Papier
gemäß DIN EN ISO 9706

Printed on acid-free paper (DIN EN ISO 9706)

ISBN-13: 978-3-8382-0149-8

Printed in Germany

INHALT

Gerichtsbarkeit

im

Elbe-Weserraum

1546-1670

„Landgerichtssachen, Bruchregister und andere Strafakten“ am Beispiel der Vogtei Scheeßel

Die in den Bruchregistern, Prozessakten und anderen Schriftstücken enthaltenen Vergehen, aber auch derartige Hinweise auf Prozesse und Gerichtsfälle, welche sich in der „Vogtei Scheeßel“ zugetragen haben, oder die dort lebenden Menschen betraf, sind bereits in vielen Büchern und Artikeln, auch meinen eigenen, auszugsweise enthalten, oder zumindest angesprochen worden.
Dieses Werk ergänzt alle bisherigen Ortschroniken der Vogtei Scheeßel und enthält die überlieferten und nach damaliger Rechtsprechung verhängten und vollstreckten Strafen aus den noch vorhandenen Unterlagen und Hinweisen, bezogen auf die ehemalige „Vogtei Scheeßel“, die in diesem Buch zusammengefasst und genealogisch aufgearbeitet sind. Zugleich zeigt es, die Amtsgenze übergreifend auf, für welche Taten und Vergehen im Elbe-Weserraum seinerzeit welche Bußen und Strafen verhängt und vollstreckt wurden.

Viel Freude beim Lesen wünscht Ihnen

Jürgen Hoops von Scheeßel

Die kirchlichen Territorien Bremen und Verden bis 1648 [1]

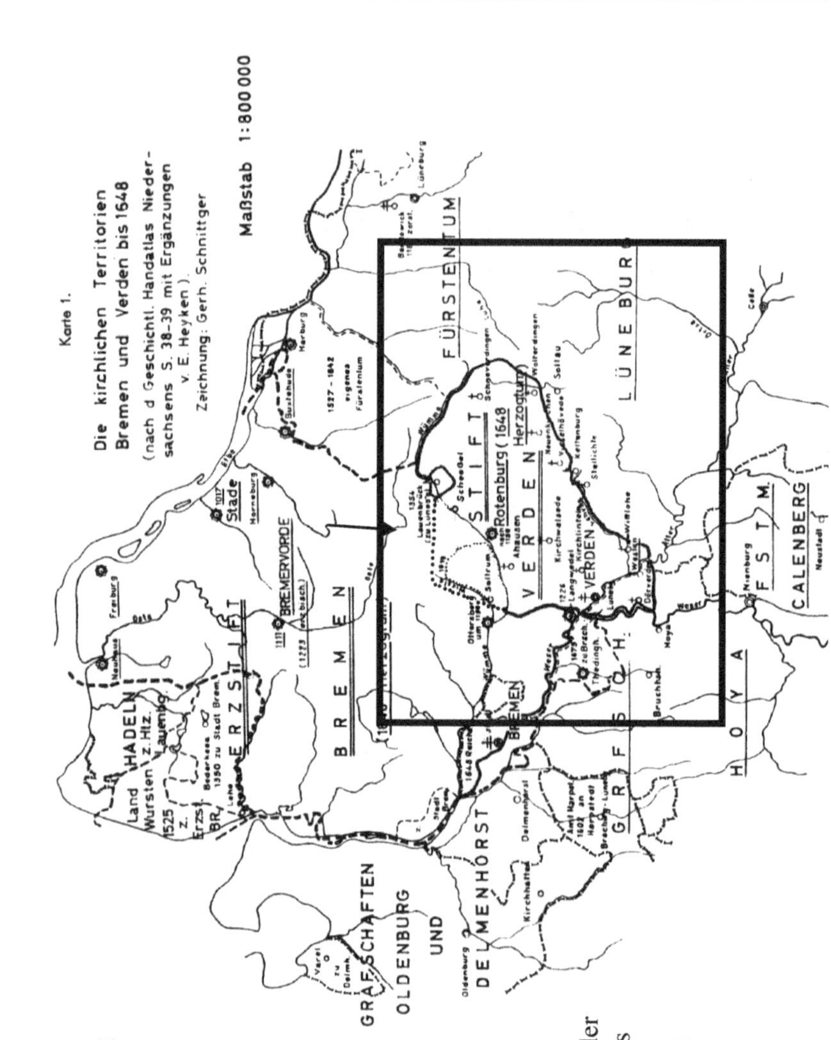

Karte 1, Anno 1648 aus Enno HEYKEN, Rotenburg Kirche, Burg und Bürger, Zeichnung: Gerh. Schnittger, Rotenburger Schriften, Sonderheft 7, 1966

Änderung der Stiftsgrenzen nördlich der Wümme zu Gunsten des Stift Verden durch Dr. Dörfler, 2010 eingefügt.

....

[1] Abb. 1 Die kirchlichen Territorien Bremen und Verden bis 1648

Die Grafschaft Scheeßel [2]

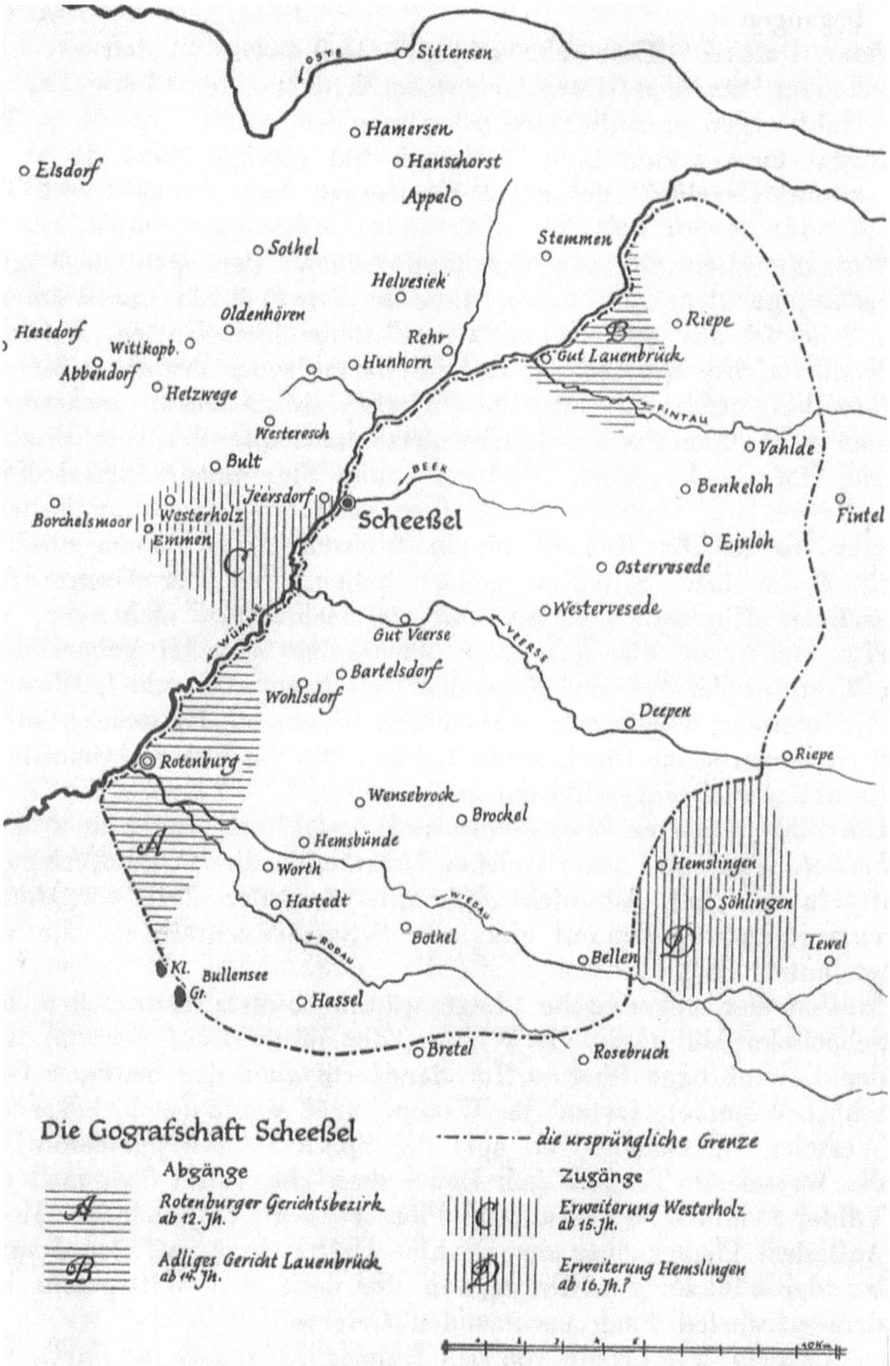

[2] Abb. 2 Geschichte des Kirchspiel Scheeßel, Meyer, 1955, Seite 517

Vorbemerkungen zur Vogtei Scheeßel

Sie werden in diesem Buch häufig mehrere Quellenangaben vorfinden, die sowohl auf die Sekundär-, als auch auf die Primärliteratur hinweisen.
Die angegebenen Originalquellen haben mir im Wesentlichen als Grundlage zur Erstellung dieser Arbeit gedient. Bei der Bearbeitung habe ich mich zusätzlich auf das Buch von Dr. Dr. Wolfgang Dörfler „Herrschaft und Landesgrenze" sowie auf meine eigenen genealogischen Ergebnisse über das Kirchspiel Scheeßel, in die diese Fälle bereits eingepflegt waren, abgestützt.
Bei Dörfler findet der interessierte Leser in sehr anschaulicher, lesenswerter Art und Weise den Konflikt herausgearbeitet, in dem ich mich bei meiner Arbeit zu diesem Buch befunden habe.
Wer nun glaubt, dass der Gerichtsbereich, so will ich die „Vogtei Scheeßel" einmal umschreiben, räumlich stets gleich, vollkommen unstrittig und klar umrissen war, der irrt.
Zum besseren Verständnis sei vorweggesagt, dass nicht jeder, der im Amt Rotenburg lebte, zu der die Vogtei Scheeßel gehörte, automatisch dieser Gerichtsbarkeit unterworfen war. Selbst die Dörfer und einstelligen Höfe des Kirchspiel Scheeßel – welche durch Umpfarrungen auch einem Wandel unterlagen – befanden sich teilweise außerhalb dieser Vogteigrenzen.

Als Beispiel möchte ich das Dorf Stemmen herausgreifen, welches zum Kirchspiel Scheeßel gehörte. Es gab im ganzen Dorf nur zwei Halbhöfe, die als Herrenmeier bezeichnet wurden und für die das Amt Rotenburg der Grundherr war. Für alle anderen Höfe war die Familie ***von Schulten von der Lüh*** in der Börde Sittensen Grundherr und somit zugleich für die Gerichtsbarkeit, der auf seinen Höfen lebenden Erbpächter und deren Familien, zuständig.
Weiterhin spielten dabei die damals geltenden herrschaftlichen Verhältnisse noch eine sehr wichtige Rolle.
Das Amt Rotenburg und somit die Vogtei Scheeßel gehörten zum Stift Verden, die Börde Sittensen zum Erzbistum Bremen. Beide Länder wurden zeitweise in Personalunion regiert.

Dazu führe ich nun einige Beispiele auf, die der Leser bei Dörfler, sehr allgemeinverständlich beschrieben, nachlesen kann. Es ist nicht Thema dieses Buches, die politischen Verhältnisse und Streitigkeiten im Wandel der Zeit zu erörtern, sondern die Justizfälle in einem Werk zusammen zu fassen und auch genealogisch, soweit möglich, aufzuarbeiten.
Da das Kirchspiel Scheeßel seit Jahren mein Hauptforschungsgebiet ist, fallen mir hier die Zuordnungen zu den Höfen wesentlich leichter.

Anno	Stichworte der Streitigkeiten	Dörfler [3]
1578	Deepenbruch bei Wittkopsbostel	S.340
1588	Pfändung des Scheeßeler Vogts in Bult	S.367
1588	Ertrunkener in der Wümme	S.367
1610	Kontributionszahlungen Scheeßel – Selsingen im Oktober 1610	S.494
1613	Verhaftung in Emmen	S.424
1621	Streitigkeit mit Pastor Textorius	S.466
1639	Kontributionsstreit ...Groß Meckelsen, Westeresch, Jeersdorf ...	S.495
1646-75	Die erste Schwedenzeit	S.505-555
	Die nachfolgenden Ereignisse spiegeln den Fortgang der Streitigkeiten wider.	
1675-1717	Wechsel der Herrschaften: Münster, Dänen, Schweden	S.554
1676	Sittensen – Scheeßel	S.558
1704-61	57 Jahre Grenzstreit Scheeßel-Lauenbrück	siehe [4]
1719	... Sittensen	S.601
1763-1775	Grenzregulierung zwischen den Ämtern Rotenburg u. Zeven zu Helvesiek u. Stemmen	S.614
1782	Wittkopsbostel und Sothel	S.622
1797	Festlegung der Gerichtsgrenzen durch Stade	S.627
1803-1813	Zäsur und Stillstand während der Zeit der französischen Herrschaft	S.629
1816	Erneuter Vorstoß aus Helvesiek	S.633
1824-1826	Grenzkommission	S.634
1827	Ende der Grenzstreitigkeiten durch Festlegung am 11. Oktober 1827.	S.636

Die Zuständigkeiten der Gerichtsbarkeiten war recht kompiziert.
In den Dörfern gab es Bauervögte (Dorfälteste) mit geringen Befugnissen. Dem Amtsvogt unterstanden die Untervögte von Scheeßel und Brockel. Der Amtsvogt (2ter Beamter) unterstand dem Rotenburger Amtmann (1ster Beamter), dem wiederum der Drost (um 1664/1665 auch Oberinspektor) des Amtes vorgesetzt war. Der Drost wurde offiziell ab 1648 von der Regierung in Stade eingesetzt.

[3] Dörfler, Herrschaft und Landesgrenzen
[4] Archiv von Bothmer, Lauenbrück und Meyer 1955, Seiten 89-92

Drost[5] war der Titel, wenn der 1ste Beamte adeliger Herkunft war. Der Zusatz Oberinspektor ist in den Jahren nach dem 30jährigen Krieg in vielen Urkunden bei Jost Prott enthalten.
Der Erste Amtsschreiber, hier und da auch als Kornschreiber bezeichnet, hatte die Stellung eines 3ten Beamten.
Der Scheeßeler Pastor Hinrich Meyer (1654-1692) legte regelmäßig gegen die Entscheidungen des Amtes Rotenburg beim Hofgericht in Stade Widerspruch ein. Gegen die Stader Urteile nutzte er die weitere Klagemöglichkeit des „Hohen Tribunals" in Wismar, das für die schwedischen Herzogtümer das Reichskammergericht in Speyer als Instanz ersetzte.

Dörfler schreibt auf Seite 636, dass erst mit dem Protokoll von 1827 ein 250jähriger Grenzstreit sein Ende fand. Das Amt Rotenburg verfügte allein bei den Grenzen der Vogtei Scheeßel über eine Vielzahl von Nachbarämtern, Vogteien und Börden.
Im Norden war es das Amt Tostedt, welches zum Hause Braunschweig-Lüneburg gehörte, wohin auch das ***„Adelige Gericht Lauenbrück"*** belehnt war.
Im Westen lag das Amt Zeven mit den Börden Elsdorf und Sittensen sowie dem ***„Adeligen Gericht Gyhum"***.

Aus den Scheeßeler Landgerichtsangelegenheiten und Brüchen der Jahre 1546 bis 1670 ergibt sich ein räumliches Bild, welches über die Kirchspielgrenze von Scheeßel hinausging. Es werden einige Orte aus dem Kirchspiel Brockel, wie Hemslingen, Bothel und Brockel, aber auch die vier Wasserdörfer des Kirchspiel Rotenburg erwähnt. Das dem Kirchspiel Gyhum zugeordnete Dorf Hesedorf wurde ebenfalls genannt.
Hierzu sei anzumerken, dass die heutige, selbstständige Kirche in Brockel einst eine Filialkirche des Archivdiakonats Scheeßel war. Während Sittensen zu einer eigenständigen Börde – lag im Bremischen – geworden war, hat sich Brockel „nur" zu einem eigenständigen Kirchspiel, aber ohne Vogt, mit nur einem Untervogt entwickelt.

In dem Visitationsprotokoll[6] des Kirchspiel Scheeßel von 1573 steht:
„Weil die Söhelinger, Hemslinger, Bothloher und Bellener voerst dem Filial Brockel näher sind, ist es ihnen vergönnet (erlaubt), dat si do (dort) zur Kirchen gahnn,..." [7]

---

[5] Landvogt, Landeshauptmann lt. Miesner, 1938
[6] Kirchenbücher Scheeßel
[7] Siehe auch Meyer 1955, S.431

Hier sind die Ortschaften aufgeführt, die einst zur Scheeßeler Kirche gehörten, aber schon längst zu Brockel umgepfarrt waren. Der Ordnung halber scheint man hier noch einmal im Rahmen der Visitation festgelegt zu haben, welche Dörfer zu welcher Kirche gehörten.
Meyer führt in seiner Chronik „Geschichte des Kirchspiel Scheeßel" auf den Seiten 510 bis 511, in einem kleinen Auszug aus dem damaligen „Bußgeldkatalog" an, welche Kirchenbußen es seinerzeit gab und benennt dazu eine Verordnung des Konsistoriums von 1686.
Ich möchte daraus nur ein Beispiel anführen:
„Keiner soll im Hinausgehen aus der Kirche seinen Hut aufsetzen, auch im Hereingehen seinen Hut abnehmen, bei Strafe des Halseisens."
Auf die Kirchenbußen gehe ich in diesem Buch nicht näher ein, da sie einer eigenen, anderen Gerichtsbarkeit, dem sogenannten Sendgericht unterlagen. Zufallsfunde werden aber mit aufgeführt. Erwähnenswert ist aber, dass im Kirchspiel Scheeßel die Kirchenbußen bis 1704 einschließlich vom Landgericht verhängt und vollstreckt wurden. Erst ab 1705 gibt es eine Veränderung, wie in dem Buch „Vom Tadel bis zum Schandphal" belegt und (in 2014) zu lesen sein wird.

Die vier Wasserdörfer, die vor 1573 aus dem Kirchspiel Scheeßel nach Rotenburg umgepfarrt wurden, unterstanden mitunter noch der Gerichtsbarkeit der Vogtei Scheeßel, wie den Landgerichtsprotokollen zu entnehmen ist.
Der Scheeßeler Amtsvogt Jacob Lorenz Becker († 1672) soll ein Jordebuch (eine Art Grundbuch) verfasst haben, welches auf das Jahr 1681 geschätzt wird.[8]
Meine Nachforschungen aber haben ergeben, dass dieses bereits 1676 geschrieben wurde, was durch eine Gesamtbetrachtung der eingetragenen Erbpächter zu belegen ist.
Da der Scheeßeler Oberförster Johann Jordan dem alten Becker als Vogt folgte (1672-1675), ist davon auszugehen, dass Beckers Sohn Henrich, der wiederum Nachfolger von Jordan war, die Aufzeichnungen seines seligen Vaters dazu nutzte, sich einen Überblick über seine Vogtei zu verschaffen, indem er dieses Jordebuch verfasste.

Hier wählte der Verfasser folgende Überschrift:
„Specificatio undt Nachrichtt Waß ein Herrn Meyer, wie auch Junckern, Probst und Kettbg (Kettenburg) Meyer, auß der Vogtey Scheßel und Kirchspiel Brockel, an das Haus Rotenburgh wie auch an das Thumb (Dom) Capitel zu Vehrden undt ein Intreder (Einkünfte) seines Gutsherren zu geben undt zu Dienst pflichtig sind."

---

[8] StA Stade Rep.74 Allg. Nr. 153, Jordebuch Scheeßel, 1676

Folgende Ortschaften sind hier verzeichnet:
Scheeßel, Jeersdorf, Appel, Bartelsdorf, Veerse, Helvesiek, Wohlsdorf, Deepen, Westervesede, Wittkopsbostel, Westeresch, Vahlde, Abbendorf, Ostervesede, Einloh, Benkeloh, Riepe, Bult, Emmen, Hetzwege, Westerholz, Oldenhöfen, Stemmen aber auch andere Rotenburger Herrenmeier:
3 Herrenmeier aus Sittensen
2 Herrenmeier aus Hamersen
1 Herrenmeier aus Hanschhorst
9 Herrenmeier aus Hesedorf
7 Herrenmeier aus Brockel

Grimshop, Rehr und Sothel wurden hier, wie auch im Jordebuch von 1681 nicht erwähnt.[9]

Dafür stehen 1681 unter der „Vogtei Scheßell und Kirchspiel Brockel" folgende Ortschaften unter dem Kirchspiel Brockel:
Brockel, Wensebrock, Hemslingen, Bellen, Söhlingen, Bothel, Hesedorf und Rehr.

In der Betrachtung der räumlichen Zuständigkeit hatte seinerzeit der Scheeßeler Amtsvogt Nürenberg im Jahre 1756 seine Auffassung in einer *„Erdbeschreibung der Voigtey Scheesel, Amts Rotenburg"* niedergelegt, welche die Dörfer und einstelligen Höfe der Kirchspiele Scheeßel und Brockel zu seiner Zeit beinhaltete.[10]

In seinen Ausführungen gehörten folgende im Herzogtum Bremen gelegenen Dörfer / Einstellige Höfe zum Kirchspiel Scheeßel und somit zur Vogtei Scheeßel:
Jeersdorf, Bult, Westeresch, Oldenhöfen, Wittkopsbostel, Hetzwege, Westerholz, Emmen, Abbendorf sowie Hesedorf im Kirchspiel Gyhum.

Weiterhin folgende im Amt Zeven gelegene Dörfer:
Stemmen, Appel, Grimshop, Rehr, Helvesiek, Sothel und Wenkeloh; dann sieben, dem Kirchspiel Sittensen zugehörige Höfe, welche auch zum Amt Zeven zählten: 4 in Sittensen, 2 in Hamersen und einer in Hanschhorst.[11]

---

[9] StA Stade Rep.74 Rtbg 184 Seiten 68-95, Jordebuch Scheeßel
[10] StA Stade Rep.74 Rtbg Nr. 177 Bl. 22-25, Vogteibeschreibung Scheeßel, 1756
[11] Siehe auch Dörfler, 2004, Seite 592

Eine besondere Beobachtung beschrieb der Verfasser zum Dorf Hetzwege, die hier nicht unerwähnt bleiben soll:

„Nah an dieses Dorff ist ein Hoher Berg, worauf in Heidnischen Zeiten die Götter zu Versöhnen Menschen sollen verbrannt sein, auf diesen Berge liegen noch große Kiesel Steine und besonders einer der sehr breit und glatt, so vermuthlich der Opfer Tisch gewesen."

An dieser Stelle erlaube ich mir in eigener Sache auf das Buch **„Lasst sie brennen - Die Geschichte der Hexenverfolgung im Amt Rotenburg"**, Ausgabe 2011, aufmerksam zu machen.[12]

Anhand dieser wenigen Beispiele mag schon deutlich geworden sein, dass eine feste geografische Abgrenzung der „Vogtei Scheeßel" bis 1827 nicht immer, oder eigentlich gar nicht eindeutig möglich war.

Der Blocksberg von Hetzwege[13]

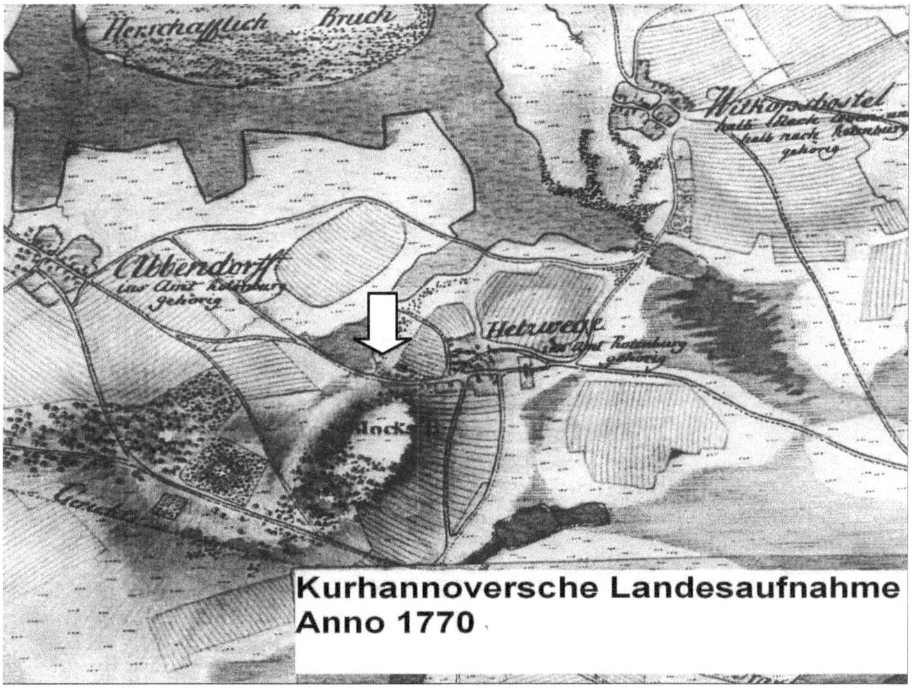

Kurhannoversche Landesaufnahme Anno 1770

[12] Hoops von Scheeßel, 2011 „Lasst sie brennen - Die Geschichte der Hexenverfolgung im Amt Rotenburg"

[13] Abb. 3 Ausschnitt aus den Kurhannoverschen Aufnahmen von 1770

Um die Buß- und Strafgelder in einen Maßstab einordnen zu können, sind an dieser Stelle einige Preise aufgeführt.

1566-1586 Schinken- und Schulterpflichten [14]

1 Schinken	= 2 ß (ß = Schilling) (1566-1586)
1 Paar Schuhe	= 1 Taler (1664)
1 Huhn	= 4 ß (1694)

1662 Pfändung von Viehbeständen [15]

1 Kuh	5 Mark
1 Pferd	8-10 Mark
1 Schwein	½ Mark
1 Ochse	7-8 Mark
1 Schaf	1 Mark (= ½ Rthr = 16 ß)

1662 Kosten für kirchliche Dienstleistungen [16]

1 Begräbnis	= 1 ß
1 Leichenpredigt	= 12 ß

Geld / Maße / Gewichte

32 ß	= 1 Reichstaler (Rthlr)
1 ß	= 1 Schilling = 12 Pfennige
2 Mark	= 1 Rthlr
1 Molt	= 12 Himbten (3 Himbtensaat für 1 Morgen)
1 Molt Roggen	= 4 Taler (1664)
1 Himbten Roggen	= 25 kg (1694 für 16 ß)
1 Himbten Hafer	= 25 kg (1694 für 5ß 4 Pfennige)
1 Spint	= ¼ Himbten = 6 ¼ kg (1694)
1 Stiege	= 20 Stück (1694)

Sonstiges

Für 5 Tage Spanndienste wurden 1694 ersatzweise 40 ß gezahlt.[17]

Bei der Berechnung des Himbten gab es eine Besonderheit:
Man unterschied zwischen dem kleinen und großen Himbten.
Umrechnungsformel: 3 kleine (Rotenburger) Himbten = 2 große Himbten

[14] StA Stade Rep.5b Fach 190 Nr. 116 (alt 9)
[15] Meyer 1955, Seite 441, Seite 482ff (Kirchenarchiv Scheeßel)
[16] Bem.: eine Kirchensteuer wie heute, gab es seinerzeit nicht
[17] Miesner, 1938, Jordebuch (steht für alle hier mit 1694 erwähnten Beispiele)

Das Landgericht

Das Landgericht

Das damals übliche Landgericht war ein „Fahrendes Landgericht". Dies bedeutete, dass die Rotenburger Beamten zweimal im Jahr das Amt bereisen mussten, um vor Ort Gericht abzuhalten. Dabei hatten sie lediglich die Befugnis der „Niedergerichtsbarkeit".

Die „Gemeinen Brüche der Vogtei Scheeßel" von 1592[18] enthalten zwei Daten, an denen das Landgericht abgehalten wurde:

2. März und 17. Oktober

Den Vögten und Untervögten kam dabei vermutlich die Aufgabe zu, die jeweiligen, durch das Amt festgelegten Gerichtstage vorzubereiten und auszurichten, also die Gerichtsleute und Petenten zu laden.

Die Termine für diese Gerichtstage wurden öffentlich durch die Pastoren von der Kanzel verkündet. Als Beleg dafür führe ich die nachfolgende Verordnung aus dem Jahre 1720 an, die in die Scheeßeler Kirchenbücher als Abschrift eingepflegt wurden.

1720 Ist vom königlichen Consistorio befohlen, daß die Pastores sind künftig den Terminen des Landgerichtes, wenn er vom Amte verlanget wird, von der Cancell zu intimieren (ankündigen, zu veröffentlichen).

Bem.:
Es ist also vom Consistorium befohlen, quasi angeordnet worden, dass die Pastoren die Termine der Landgerichtstage des Amtes von der Kanzel herab zu verkünden hatten.

Auf diesen Landgerichtstagen wurden auch die Kirchenbußen durch das Amt von den „Sündern" in bar festgesetzt und eingefordert.

---

[18] StA Stade Rep.76 Nr. 3 Schmalzehnt, 1592 (alt)

Die Gerichtstage der Vogtei Scheeßel wurden an zwei Örtlichkeiten abgehalten, nämlich in Scheeßel und in Brockel. Das ist aus der Art und Weise der Aktenführung zu vermuten, da erst einmal die Fälle aus den Dörfern des Kirchspiel Scheeßel, dann die des Kirchspiel Brockel aufgeführt sind. Die Möglichkeit, man hätte in Scheeßel erst die Hiesigen, dann die Brockeler drangenommen, ist wohl auszuschließen.
Dazu hätten alle zum Kirchspiel Brockel gehörenden Menschen nach Scheeßel kommen müssen. Sicherlich wird der Tross über Brockel weiter nach Schneverdingen und Neuenkirchen gefahren sein.

An diesen Terminen haben regelmäßig der sogenannte „Kornschreiber" des Amtes Rotenburg, also mindestens der Erste Amtsschreiber als dritthöchster Beamter und ganz bestimmt auch der Rotenburger Notar teilgenommen.
Die regelmäßige Teilnahme des Drosten oder Amtmanns an diesen Reisegerichten ist nicht gesichert, aber hier und da nachgewiesen.

Im Jahr 1288 erlangte der Verdener Bischof Konrad u.a. die Übertragung der „Grafschaft Scheeßel".[19]

Meyer[20] schreibt dazu: „*Bis zum Übergang in den Besitz des Verdener Bischofs im Jahre 1288 war die Grafschaft Scheeßel im Pfandbesitz der Grafen von Wölpe, Burgherren auf Ottersberg, gewesen.*"

Diese Vermutung ist aber nicht zu belegen.

Fest steht, dass die Kirchspielgrenzen nicht automatisch den Vogteigrenzen entsprachen, was die besonderen Schwierigkeiten begründen, welche die Menschen innerhalb solcher Kirchengemeinden erlebten.

Aus der nachfolgenden Auflistung aus dem Jahre 1665/1666 wird deutlich, welche Kosten für das Abhalten des Landgerichts anfielen. Sie sind in den „Rotenburger Amtsrechnungsbüchern" enthalten

---

[19] Dörfler, 2004, Seite 102 5b und Seite 103 5d
[20] Meyer, 1955, Seite 40

1665/1666

Landgerichtskosten [21]

		Rthlr	ß
1	Zu **Scheeßell** ufm Landtgericht verzehrt	14	
2	Daselbsten (Scheeßel) uf dem Schmalzehenten verzehrt	4	
3	Zu **Schneverding** bey dem Landtgericht verzehrt	16	
4	Daselbsten uf dem Schmalzehenten verunkostet	6	
5	Zu **Vistelhöven** bey dem gehaltenen Landtgericht Anno 1665 verzehrt	20	40
6	Daselbsten bey den Anno 1666 gehaltenen Landtgericht verzehrt	7	6
7	Uf dem Schmalzehenten zu Visselhöven verzehrt	5	24
8	Zu **Saltzhaußen** uf dem gehaltenen Holtz Gericht verzehrt	4	
	Bem.: Im Amt Salzhausen gehörten dem Verdener Bischof einige Höfe, obwohl im Herzogtum Braunschweig-Lüneburg gelegen. Um welche Familien es sich dabei gehandelt hat, ist u.a. im bischöflichen Gutsleuteverzeichnis (Einwohnerverzeichnis) von 1631 aufgeführt.[22]		
9	Daselbst uff dem gezogenen Schmalzehende verzehrt	3	
10	Der hl. Ambtsvoigt zu **Visselhöven** an Zehrung und Reisekosten vermöge dessen Abrechnung von Anno 1664 biß 1665 außgethan	7	22
11	Zu **Sottrumb** uf dem Schmalzehenden verzehrt	3	

[21] StA Stade Rep. 76 Nr. 1399 Seite 28 V von 1665/1666

[22] Pastor August Asmus aus Wolterdingen, Rotenburger Schriften, Heft 8, Jg 1958

Die Landgerichts-ordnung

Landgerichtsordnung zu Scheeßel

um 1630 [23][24][25]

„Das Landrecht wird in der Vogedei zu Scheeßel gehalten, wann es dem Amtmann zu Rotenburg gelegen ist. Vor das (Zu dem) Gericht höret das Caspel (Kirchspiel) zu Scheeßel auf dieseits der Wimmen (Wümme), item (sowie) das Caspel zu Brockel, item die Dörfer im Caspel zu Rotenburg (Hastedt, Hemsbünde, Hassel, Worth) zwischen den Watern (die vier Wasserdörfer). Was unter den Gerichtsleuten Bueßgertifes vorlaufft (an Vergehen vorgefallen sind), das wird durch Cläger an den Voigt klaggeweis gebracht, Dasselbige der Voigt bis zum Gerichtstag registriret, dass da ein jeder Klage rechtfertiget wird."

Diese Ordnung enthielt Vergehen wie: Wilderei, Schlägerei, Störung des Gottes- oder Sonntagsdienstes, Beleidigungen, Handgreiflichkeiten, Frevel an Holz und Weiden sowie den amtlichen Anordnungen.
Der sogenannte Bußgeldkatalog, die Aufstellung der Ordnung, gegen die verstoßen werden konnte, lautete wie folgt:

1.

...soll keinmand bey den Nahmen Gottes der Herrn fluchen, schweren oder denselben missbrauchen,

2.

...es soll auch keinmand unter (während der Gottesdienst stattfindet) der Predigt auff dem Kirchhofe spatieren gehen oder mit unnützen Geschwätze sich unter der Predigt (in den Bankreihen schwätzen) allda aufhalten oder auch in den Krögen (im Amtskrug, statt im Gottesdienst) finden lassen,

3.

...es sollen die Leute auch ihr Zinss- und Zehentkorn (Steuer) zwischen Michaelis (29.September) und Martine (11.November) allemahl richtig bezahlen.

4.

...es soll sich auch keiner auff I(hrer) K(önigl.) M(Majestät) unseres allergn(ädigisten) Königs oder M(eines) G(nädigsten) F(ürsten) undt Herrn Hoffe oder Kathen befreyen (einheiraten = freien, frei=ledig), er habe sie dann ernstlich beweinkauffet (durch Zahlung gepachtet),

5.

...es soll keinmand den anderen auff seinen Wasser fischen (schwarzangeln war schon damals strafbar),

---

[23] StA Stade Rep.8 Fach 26 Nr.64 / StA Stade Rep.8 Nr.768 (4)
[24] Meyer 1955, Seiten 514-516
[25] Dörfler 2004, Seite 179 (Datierung Kap. III 5g)

6.

...es soll einer dem andern sein Land nicht abflügen (abernten),

7.

...es soll keinmand plagen (Plaggen=Grassoden) hauen unter fruchtbare Bäume,

8.

...auch soll keiner auff des Geheges Holtzen (in deneingezäunten Wäldern) hüthen (Schweine mästen lassen) noch Holtz hauen,

9.

...es soll keinmand die Pferde zwischen den Hocken (Garben) zaune,[26]

10.

...es soll keinmand über gesäetes Land führen oder Wege darüber legen,

11.

...wenn jemand in Felde oder Heyde fremde Jäger oder Schützen (Wilderer) siehet, die sollen angesprochen werden, und darnach solches den Voigt anzeigen,

12.

...es soll ein jeder seine Hunde vom Meytage (1.Mai) an bis Jacobi (25.Juli) knütteln (anzubinden),

13.

...es soll niemand an seinen Wiesen ausräumen (Erde wegnehmen) oder (Gräben) zugraben,

14.

...es soll keinmand den andern seine Wiesen fretten (abgrasen lassen),

15.

...es soll keinmand den andern seine Wiesen und Weyden mit den Schweinen nicht umwühlen (die Grasnarbe zerstören) lassen,

16.

...es soll keinmand auff andere Mühlen (Mühlenzwang) als Herrenmühlen, sonderlich Scheeßeler und Rotenburger Mühlen, führen und mahlen lassen als es Altershero (seit Urzeiten) geschehen und blieben (üblich war),

17.

...die Backöfen, die ihne Consens (Genehmigung) des Beamten gesetzt (sind) abzuschaffen (Feuerschutz),

18.

...soll niemand auf der Straße mit einer angesteckten Tabakpfeife gehen und kein Krüger (Ausschankswirtschaft) oder Wirt (Gastwirtschaft) solches Jemand verstatten (erlauben),

19.

...Ehe das Zehend (Korn nicht geerntet oder abgefahren) von Lande, soll kein Vieh darauf getrieben werden."

---

[26] Im Sinne von: anzäumen, grasen / fressen lassen.

Verhandlungsgegenstände

Die Landgerichte hatten nicht nur Bußgelder für Vergehen ihrer in der jeweiligen Vogtei lebenden Menschen festzusetzen und sogleich einzutreiben. Sie regelten hier auch allerlei Streitigkeiten. Mit Bestimmtheit ist zu sagen, dass das Amt die fälligen Steuern (Michaeliszins, Schmalzehnt, Kornzehnt, Haferzehnt, ...) eintrieb.
Weiterhin wurden auch nachweislich der Weinkauf oder die Hofgewinnung kassiert, und somit auch die Übergabe/Übernahme eines Hofes vertraglich abgesichert.
Dabei wird der nachfolgende Erbpächter eines Hofes auch seinen Meierbrief, oder eine Quittung erhalten haben, wie später im Jordebuch des Amtes Rotenburg von 1692 bis 1694 nachzulesen ist.
Dazu mussten die Amts- und Vogteimeier erscheinen, auch wenn sich deren Höfe außerhalb der Kirchspiele von Scheeßel und Brockel befanden.

Als Beleg nur dieses Beispiel aus dem Jahre 1631/1632:
Einnahme Weinkauf bei gehaltenem Landgerichte zu Scheeßel[27]

*„Johan **Hastedt** zu Benckenlohe beweinkauft Jochim Krögers ¼ Hoffes 3 Taler“*

Zuordnung
Hierbei handelt es sich um den ¼ Hof Nr. 2 in Benekeloh (Drenloh), KRÖGERS genannt, der seinen Wirt wechselte. In diesem Fall war der Wirt Joachim **Kröger** verstorben und seine Witwe hatte den Interimswirt Johann **Hastedt**, gebürtig aus Hetzwege Haus Nr.1, geheiratet.

Die durch die Pastoren angezeigten Kirchenbußen lagen in deren Verantwortung und waren in den Kirchenbüchern nach 1705 zu finden.

Hier wurden zusätzlich zur Gerichtsbarkeit des Amts durch die Landgerichte diese „Ordnungswidrigkeiten“ auf Kirchenboden beim Amtsvogt angezeigt und niedergeschrieben. Sie enthielten Verstöße gegen die Kirchenordnung und allgemeine Sittlichkeit. Die Kirchenbußgelder wurden im Rahmen der Gerichtsbarkeit der Landgerichte eingetrieben. Maßregelungen mit erzieherischem und tadelndem Wert hingegen, wurden nach dem „Bußkatalog“ [28] - [29] unmittelbar durch den Pastor öffentlich vollstreckt.

---

[27] StA Stade Rep.76 Nr. 1373 Seite 79 V und R, 1631/32
[28] Meyer, 1955, Seite 510-511
[29] Hoops von Scheeßel, „Vom Tadel bis zum Schandphal“, S.13

Die Geburt eines vorehelich gezeugten und geborenen, wie auch eines unehelich geborenen Kindes zog eine Geldstrafe nach sich. Es half dem Paar auch das Heiraten nicht, wenn das Kind im außerehelichen Geschlechtsverkehr gezeugt worden war. Zwar beginnt das Kirchenrechnungsbuch von Scheeßel bereits 1646, aber die ersten Kirchenbußen wurden erst später verzeichnet, und fallen damit deutlich aus dem gesetzten Rahmen dieses Buches.[30]
Da ich es als für zu wertvoll empfand andere, zufällige Nachweise für den Wechsel oder die Nachfolge eines Wirtes/Erbpächters der Höfe wegzulassen, habe ich sie teilweise in dieses Buch mit aufgenommen.
Die komplette Abschrift der gesamten Schätze wäre allerdings notwendig, um letztendlich alle Wechsel erschöpfend zu dokumentieren.
Diese Weinkäufe, Hofgewinnungen oder auch aus anderen Registern stammenden Hinweise und Belege, wie zum Beispiel die Zahlungen zum Michaeliszins, wurden auch auf den Landgerichtstagen eingesammelt. Sie sind mehr oder weniger Zufallsfunde, aber sehr wertvolle, geben sie doch Auskunft über die Wirte eines bestimmten Hofes. Die Zuordnung dieses Wirtes wiederum gibt Aufschluss darüber, welche Höfe, zum Zeitpunkt der Übernahme, welchen Grundherren hatten.[31]

Beispiele dafür sind in diesem Buch hinreichend enthalten.

Im Act(um) Scheßel den 31. Januari 1677 „Scheeßeler Gerichtsgrenze" steht u.a.: [32] - [33]
*„(...) Heinrich **Köster**, jetziger Unter Voigt zu Scheßel und bey 63 Jahren seines alters berichtet, dass Er in Scheßel geboren und erzogen, und habe dem Landtgerichte bei seinem mundigen Jahren allemahl beywohnen müssen (...)"*
Dies ist ein Beleg dafür, dass die Untervögte zur Teilnahme von Amtswegen verpflichtet waren.

Dem Amtsvogt oblag, zumindest für die Zeitspanne welche dieses Buch abdeckt, keine gerichtliche Gewalt. Er war für die Verwaltung der Vogtei und die Zuarbeit an den Amtmann zuständig, vergleichbar mit Polizeibefugnissen.
Soweit es mir möglich war, habe ich auch für die Höfe, welche sich außerhalb des Kirchspiel Scheeßel befanden, eine genealogische Aufarbeitung versucht.

[30] siehe dazu „Vom Tadel bis zu Schandphal", Jürgen Hoops von Scheeßel, derzeitin Arbeit
[31] siehe dazu „Weinkauf und Hofgewinnung", Jürgen Hoops von Scheeßel, derzeit in Arbeit
[32] StA Stade Rep.74 Rtbg Nr. 268 Bl. 42-43
[33] Dörfler, 2004, Seite 755

Rotenburger Amtsvögte

der Jahre 1664/1665

Schneverdingen	Conrad **Rehden, auch Reeh oder Rehde**
Kirchwalsede	Bartholt **Gieseke**
Sottrum	Hinrich **Strüver**
Visselhövede	Lüder **Clüver**
Scheeßel	Jacob Lorenz **Becker** [34]
Ahausen	Johann Eberhardt **von Münchhausen**
Brockel	war lediglich ein Kirchspiel, welches zur Vogtei Scheeßel gehörte, aber keine eigene Vogtei. Das Kirchspiel Brockel verfügte über einen Untervogt. Dieser hieß 1663 Hinrich **Barchfrede**, 1675 Johann Bargfrede und 1683 Johann **Hoops**.[35]
Neuenkirchen	war zwar ein eigenständiges Kirchspiel, erhielt aber erst im Jahre 1710 einen eigenen Vogt, der sowohl für das Kirchspiel Neuenkirchen, als auch den Kirchort Wolterdingen zuständig war. Bis zu diesem Zeitpunkt verfügte Neuenkirchen nur über einen Untervogt. Das war um 1675 ein N.N. **Bergstedt**. Der Amtsvogt von Schneverdingen führte das Kirchspiel als zu seiner Vogtei gehörend mit. Dazu standen ihm zwei Untervögte gleichzeitig zur Seite, einer in Neuenkirchen und einer in Fintel. In Fintel gab es zwar noch keine Kirche, aber eine Kapelle.

[34] Er wurde von vor 1655 bis nach 1665 durch den Oberförster Jordan vertreten.

[35] StA Stade Rep.5b Fach 119 Nr.183 III

Salzhausen

Der Verdener Bischof besaß seit alters her in der Vogtei Salzhausen einen Stiftshof mit dazugehörigen Meierhöfen. In den Grenzverhandlungen von 1575, zwischen **Bischof Eberhard** (1566 bis 1586) und **Herzog Wilhelm** d.J. (1546-1592), heißt es wörtlich: *„Zum 5. soll vor dem Gericht zu Solzinghausen erkandt werden, was an Wehrrecht der Bischoff, vff seiner F. G. Höffen im Gho Salzinghausen gelegen, berechtigt sey, und was dar, in Beywesen beyder Fürsten Verordneten, erkandt wird, darbey soll es pleiben.*" Im Celler Frieden von 1676 trat Schweden diese 1575 noch strittigen Rechte endgültig an das Herzogtum Lüneburg ab.[36]

Postkarte im Text datiert 1914[37]
Amtsvogtei Scheeßel „Gruß aus Scheeßel"

[36] Rotenburger Schriften, Heft 8. Jg 1958, Pastor August Asmus, Wolterdingen
[37] Abb. 4 Postkarte Gruß aus Scheeßel, 1914

Rotenburger Amtspersonen

der Jahre 1664/1665

Jost (Jocus) **Prott**(en)	Drost und Oberinspektor
Peter **Pabst**	Amtmann in Rotenburg und 2ter Beamter
Burchardt **Schmidt**	1ster Amtsschreiber 1630-1650 1ster Kaiserl. Posthalter in Rotenburg und 3ter Beamter
Christoff **Keubler**	2ter Amtsschreiber
Philip Rudolph **Dammann**	Bürgermeister des Fleckens Rotenburg und Notar

Heyken führt alle Amtspersonen des Amtes Rotenburg in den Anlagen C, D und E seines Buches „Rotenburg, Kirche, Burg und Bürger„ auf.

Die Bezeichnung „Drost und Oberinspektor“ ist in den Prozessakten von 1664 gegen Mette **Meinken** und ihrer Tochter Margarethe (Gretke/Gretge) aus Westeresch enthalten.[38]

Rotenburger Amtshof im 20. Jhdt [39]

[38] StA Stade Rep.72 Rotenburg Nr.1 BB, Blatt 1-74, 1664

[39] Abb. 5 Postkarte „Rotenburg in Hannover, Amtshof“

Scheeßeler Amtsvögte

vor 1566 bis nach 1862

1566 erw.	Johann II. **Nacke** (*1566 als der alte ohne Verstand, 1586 als der alte selige erwähnt; Sohn des Rotenburger Amtmann Johann Nacke [1516-1518]*)
1573-1604	Johann III. **Nacke** *(1604 des Amtes enthoben)*
1604	Magnus **Clüver** (*Amtseid 1604*)
1639	Junker Peter **Segemann** ∞ mit Floria von Bothmer
1646	Jacob Lorenz **Becker**
1670	Johann **Jordan**, zuvor Scheeßeler Oberförster
1675	Henrich **Becker** *(† vor 1712*)
1683	Major Johann Hinrich **Hochmuth** (*† 1689*)
1690	Gert Henrich **Gräfe** (*† vor 1741*)
1708	Henning **Brase**
1727	Meinhardt Christoph **Gräfe** (*1698-1774*)
1737	David Julius **Knigge** (*1693-1750*)
1750	Johann Georg **Nürenberg** (*† 1759*)
1760	Johann Hinrich **Helmers** (*1713-1778*)
1780	Franziscus Justus **Leisewitz** (*1736-1787*)
1784	Friedrich **Heise** (*1716-1784*)
1787	Friedrich Wilhelm **Mardefeld** (*† 1796*)
1798	Georg Friedrich **Palm** (*1760-1798*)
1800	Johann Adolph **Crome** (*1758-1839*)
1812	Eberhard **Baring** (*1812 erwähnt*)
1826	Justus Heinrich **Ahlborn** (*1760-1837*)
1837	August **Thumann** (*1829-32 adjudierter*[40] *Vogt*)
1845	Heinrich Christian **Herforth** (*1790-1849*)
1849-1852	… **Poppe**, ab 1853 quasi Amtsgehilfe bis um 1860/61
1862	Carl August **Wiese** (*1819-1882*)

Mit der Verwaltungsreform 1852 endete das Kapitel der Vogteien. Wiese galt als der letzte Amtsgehilfe und als erster Standesbeamte in Scheeßel.

Quellen: [41] - [42] - [43] - [44] - [45] - [46]

[40] Beigeordnete Amtsperson, diente meist der Unterstützung des Amtsinhabers
[41] Dörfler, 2004, Seite 288
[42] Meyer 1955, Seite 513 bis 526
[43] Schwarzwälder, 1988
[44] StA Stade Rep.5b Fach 84 Nr. 15 Bl.75 (1578)
[45] Kirchenbücher / Kirchennebenbücher Scheeßel
[46] StA Hann.Verden Nr. 415 (Amtseid 1604)

Scheeßeler Untervögte

vor 1599 bis 1680

um 1590-1599	Johann **Köster** (✝ 1599)
um 1599	Christoffer **Röhrs** heiratet die Witwe von Johann Köster
um 1613-1632	Johann **Köster** (1662-1704)
1633	Gerdt **Tamken** (✝ vor 1661) heiratet die Witwe von Johann Köster
1649-1680	Joachim Hinrich **Köster** (1614-1682)

Brockeler Untervögte

von 1599 bis 1683

1599 [47]	Hinrich **Barchfrede** siehe Bruch 1599, Nr.13, S.131
um 1604	Hinrich **Bargfrede,** Hinrichs Sohn
1631[48]	Cordt **Lühmann**, wohl Interimswirt 1631 Untervogt mit Ehefrau Marie und Sohn Johann
1631-1646	Johann **Bargfrede** Hinrichs Sohn
1663[49]	Hinrich **Bargfrede** Johanns ältester Sohn
1675[50]	Johann **Bargfrede** (1634-1681) jüngerer Bruder von Hinrich
1683[51], 1694[52]	Johann **Hops** (1662-1704) heiratet Johann Bargfredes Witwe Anna

[47] StA Stade Rep.76 Nr. 1369, Geldregister Amt Rotenburg, 1599
[48] Bischöfliches Gutsleuteverzeichnis Verdener Akten 1628-1646, auch Einwohnerverz.
[49] Kopfschatz 1663 StA Stade Rep.5b F 119 Nr.183 III
[50] Landesmilizrolle 1675 StA Stade Rep.5a Fach 219 Nr. 8I (alt)
[51] Kirchenbuch Brockel, Heiratseintrag von 1683
[52] Miesner, 1938, Jordebücher des Kreises Rotenburg 1692/1694

1665/1666

Kleidergeld für die Vögte [53]

Die Einträge in den Rotenburger Amtsrechnungsbüchern belegen, dass es einen Kostenzuschuss zur Amtskleidung der Vögte gegeben hat.

„Den Voigtten Kleidungsgeldt"

1	Den Ober Förster zu Scheeßel	8 Taler
2	Dem Voigtte zu Schneverding	8 Taler
3	Dehme zue Saltzhaußen	8 Taler
4	Dehme zue Visselhövedte	8 Taler
5	Dehme zue Kirchwalßedte	8 Taler
6	Dehme zue Ahaußen	8 Taler
7	Dehme zue Sottmer	8 Taler
	zusammen	56 Taler

Bem.: Die Amtsvögte von 1665 sind auf Seite 22 aufgeführt.

zu	**Zuordnung**	**Hof / Haus**
1	Bei dem hier erwähnten Oberförster handelte es sich um Johann **Jordan**, der den Scheeßeler Vogt **Becker** zeitweise, mindestens aber von 1655 bis 1665, als Amtsvogt vertrat.	1670-1675 Amtsvogt in Scheeßel

1665/1666

Prozesskosten [54]

Dieser Eintrag in den Rotenburger Amtsrechnungsbüchern belegt, dass es einen Kostenzuschuss zur Aufgabenerfüllung der Untervögte gegeben hat.

„Umb Proceskosten"

1	den 11. July dem Unter Voigt zu Scheeßell wie Er mit seinen gehülffen die **Hexe Zillia** herein gebracht, dem herkommen nach an Tringkgelt geben zu Scheeßel.	24 Schilling

zu	**Zuordnung**	**Hof / Haus**
1	Untervogt Joachim Hinrich **Köster** Vollhöfner in Scheeßel ✳ 1614 † 1682	UNTERVOGT Haus Nr.4
1 [55]	Zillia **Meinken**, Ehefrau von Peter ¼ Höfner in Oldenhöfen ✳um 1600 † 1665-1681	PEETS Haus Nr.2

[53] StA Stade Rep.76 Nr. 1384 Seite 49 1665/66
[54] StA Stade Rep.76 Nr. 1399 Seite 24 V 1665
[55] Siehe Hexenprozesse, Seite 274, Lfd Nr. 3

1665/1666

Continuativ der Ausgaben [56]

Dieser Eintrag in den Rotenburger Amtsrechnungsbüchern belegt, dass dem Scheeßeler Krugwirt für die Beherbergung und Bewirtung von Gästen des Amtes, gegen Einreichung einer Rechnung, die Kosten erstattet wurden.

1	Johan **Bellmann**, Wirth zu Scheeßel hat durch den Ober Förster Jordan, den 10. Aprilis eine rechnung übergeben laßen, so Sie Hochgel: Excell: Leüte in unterschiedlichen mahle, da verzehrt und ist.	20 Taler 2 Schilling

zu	**Zuordnung**	**Hof / Haus**
1	Johann **Bellmann** war seit 1658 Krugwirt zu Scheeßel Nr. 32 und Kötner auf COHRS Nr.17 ✱um 1600 † zwischen 10.03.1672-05.07.1674	gebürtig aus BELLMANN, Kate Haus Nr.15
1	Johann **Jordan** war Oberförster, der über Jahre den Amtsvogt **Becker** in Scheeßel vertrat. Ab 1670 trat er dessen Nachfolge als Scheeßeler Amtsvogt an.	AMTSVOGTEI Scheeßel

Hilmers Häuslingshaus in Scheeßel [57]

[56] StA Stade Rep.76 Nr.1399 Seite 27R 1665/66

[57] Abb. 7 Postkarte um 1910, Das Häuslingshaus gehörte zur Kate Nr.13

Jordebuch Sittensen von 1657[58]

Die im Jordebuch aufgeführten Personen saßen in Stemmen auf folgenden Höfen / Katen:

Nr.	**Vorname, Name**	**Haus- und Hofname**	**Hof - und Haus Nummer**
1	Heinrich **Wichern**	GERKEN	10
2	Jochim **Wichern**	BRUNKS	9 [59]
3	Lütie **Wichern**	TRAUEN	2
4	Johan **Hellmers**	RAHNSTORP	1
5	Claus **Brunckhorst**	WESELOH, einst JOHANNSMEYER	3
6	Gert **Viets**	BÖSCHEN	4
7	Hanß **Hogehauß**	HOGUES	6
8	Cordt **Gercken**	LÜTEN	7
9	Johan **Wichern**	SCHRÖRS	5
10	Hanß **Meyer**	HARMSMEYER	16
11	Lütie **Wichern**	CORDS	15
12	Hanß **Wichern**	FICKEN	17
13	Tonnies **Wichern**	TÖNNIES	20
14	Hanß **Hellmers**	HOOPS	13
15	Jürgen **Wichern**	JOACHIMS/JOHMS	18
16	Johan/Hans **Wichern**	SCHULTEN	21
17	Heine **Wichern**	HEEßELS	11 [60]
18	Warnke **Wichern**	HARMS	12
19	Claus **Wichern**	DIERS, einst „auf dem Hofe“	19
20	Hanß **Gercken**	HOLSTEN	26 [61]
21	Hanß **Peters**	PEETS	25
--	Lütke **Meyer**	KATENS, Brinkkate	14
Haus Nr.8 FRESEN wurde erst 1842 gegründet.			

Da Miesner das Jordebuch als „Ergänzung zum Jordebuch der Vogtei Scheeßel“ beschrieben hat, habe ich es auf der nächsten Seite mit aufgenommen.

[58] Miesner 1938, Die Jordebücher des Kreises Rotenburg 1692/1694
[59] In der LMR 1651 wurde seine Witwe ebenda erwähnt
[60] Die Höfe Nr.11 und Nr.12 wurden als „Lukasmeier“ bezeichnet.
[61] Die beiden unter LfdNr.20 und 21 aufgeführten Höfe waren die einzigen Herrenmeier in Stemmen.

Ergänzung

zum Jordebuch der Vogtey Scheeßel*)

Protocollum Commissionis wegen der in dem Herzogthum Bremen angeordneten Land Besichtigung und Erkundung in puncto rectificationis Contributionis 1657

Börde Sittensen.

Interrogatoria specialia, worauff die Inquisition undt Nachfrag angestellet worden.

1. Ob daß Landt sandig, steinig oder mohrig.
2. Wie viell Landt irgend bey einem Bau Hoffe, Halb Hoffe, Pflug, Hand oder Bring Kahte nach Einfall und Scheffel Sath.
3. Waß sie für Maeß haben.
4. Ob auch Zehent oder ander Umpflicht im Lande.
5. Ob Wucherblumen vorhanden.
6. Ob auch guete Wiesen dabey, oder ob sie bald mit Waßer überschwemmen und wie viell irgend ein Gantz oder Halb Hoff wohl habe oder auch Pflug, Hand oder Brink Kahte.
7. Waß sie für Gerechtigkeit am How und Mastung in der Holtzung haben, und ob guete Holtzung dabey.
8. Ob sie guete Bruche und was sie für Gerechtigkeit darin haben, auch, ob sie das Ellern Holtz hawen, verkaufen und Kohlen davon brennen müssen.
9. Ob sie guete Drifft und Weide für ihre Viehe und Schaffe haben, und was für Schaaffe sie halten.
10. Ob auch wueste Stetten oder sonst einige, so keine Contribution geben, vorhanden.
11. Wer die Contribution erhält und einnimmt, und waß er dafür zu genießen hat.

Stemmen.

Halbe Höffe 21 alß

1. Heinrich Wichern
2. Jochim Wichern
3. Lütie Wichern
4. Johan Hellmers
5. Claus Brunckhorst
6. Gert Viets
7. Hanß Hogehauß
8. Cordt Gercken
9. Johan Wichern
10. Hanß Meyer
11. Lütie Wichern
12. Hanß Wichern undt
13. Tonnies Wichern, diese vorgesetzte 13 Halbe Höffe gehören dem Herrn Landtrostenn Casper Schulte
14. Hanß Hellmers
15. Jürgen Wichern und
16. Johan Wichern, gehören alle drey Detleff Schulten zu Vierden.
17. Heine(?) Wichern undt
18. Warrnke Wichern, beede Kirchenn Meyer zu Sittensen.
19. Claus Wichern, Dowteicher Meyer
20. Hanß Gercken undt
21. Hanß Peters, beede Rotenburger Meyer

Lütke Meyer, ein Bringköter, hat einen Hoff worin 4 kleine Himbten gesehet werden können, undt hat Wischlandt von 1½ Fuhder Hew, gehört dem Herrn Landtrosten Casper Schulten.

Nach diesem haben die Leute auff die Interrogatoria generalia berichtet wie folget.

ad 1.
Daß Landt sey zwarten guet, aber weinig.

ad 2.
Berichtenn, daß ein Halber Hoff 3 Scheffel Einsath Landt habe. Die Herren Commissarii vermeinen, weill sie bey dem Augenscheine, dieß Dorff in solchem gueten stande, als fast keines, befunden, daß diese deposition nicht wahr sey.

*) Vgl. Einleitung

1663

Kopfschatz (1) [62]

Auflistung der Dörfer der „Vogtei Scheeßel“

Von den mit der Bemerkung „nicht enthalten“ vermerkten Dörfern und Höfen wurde durch das Amt Rotenburg keine Kopfsteuer erhoben. Dies belegt, auch wenn sie räumlich zum Teil auf Rotenburger Gebiet lagen, und das Amt für die Erhebung dieser Steuer keine Befugnisse hatte.

Nr	Text	Bemerkungen
1	Dorf Scheeßel	Oberförster Joh. **Jordan** wurde hier noch immer als Vogt geführt, denn Becker fehlt in der Liste.
2	Vorwerck Varel	Hier sind u.a. der Scheeßeler Müller Berend **Müller**, aber auch der Rittmeister (Balthasar) **von Zahrenhausen** zu Veerse aufgelistet.
3	Ostervesede	Hier ist ein Beispiel für den Nachweis einer Hoffolge enthalten: *Hanß **Otting** itzo (nun) Jochimb **Berens*** Halbhof KRÖGERS, Haus Nr.5 **Ötting** war Interimswirt und Joachim **Behrens** hatte schon vor 1650 durch Heirat mit der Erbtochter Maria **Kröger** den Hof übernommen.
4	Westervesede	Hier ist der Hinweis enthalten, dass ein Wirt bereits verstorben war. Die Sterbeeinträge beginnen im Kirchenbuch Scheeßel erst 1682. *Clauß **Meyers** witbe* (Witwe) Halbhof DIERDES (ab 1823 TEMPELS), Haus Nr.13
5	Deepen	nicht enthalten
6	Vahlde	Es sind drei Häuslinge zu den Höfen aufgeführt.
7	Ventzloh	heute Einloh
8	Benkeloh	auch Drenloh genannt
9	Riepe	nicht enthalten
10	Bartelsdorf	Es sind Häuslinge und Übergaben enthalten

[62] StA Stade Rep.5b Fach 119 Nr.183 Beiheft I-III

1663

<u>Kopfschatz (2)</u> [63]

Auflistung der Dörfer der „Vogtei Scheeßel“

11	Wohlsdorf	nicht enthalten		
12	Westerholz	nicht enthalten		
13	Abbendorf	nicht enthalten		
14	Hesedorf	gehört zum Kirchspiel Gyhum		
15	Bult	nicht enthalten		
16	Hetzwege	nicht enthalten		
17	Oldenhöfen	a	Harmen **Lüdemann**	½ Hof
		b	Johan **Hoyens**	Kate
		c	Johan **Meineke**	Kate
		<u>Zuordnung:</u>		
		a	LANGEN Halbhof	Haus Nr.1
		b	WARNKEN Sechstelhof	Haus Nr.3
		c	PEETS Drittelhof	Haus Nr.2
17	Wittkopsbostel	Titke **Bassen** (und) Claus **Hoyens** } **1 Hof**		
		a	HILMERS 2/3 Hof	Haus Nr.1
		b	MIES Halbhof	Haus Nr.2
17 / 18	Zusatz betrifft Oldenhöfen / Wittkopsbostel	*„Diese oben benannte haben ebemäßig daß Kopfgeldt naher Sittensen im Stift Bremen zahlen müssen.“* <u>Bem.:</u> In der Liste der Vogtei Scheeßel sind die Wirte namentlich aufgeführt, müssen aber keine Abgaben an das Amt Rotenburg entrichten.		
19	Kirchenmeier zu Brockel	Es sind ein Vollhof und zwei Halbhöfe aufgeführt, die keine Abgaben zahlten. *„Diese haben von alters her den Schatz undt Contribution ins Stift Brehmen entrichtet.“*		

[63] StA Stade Rep.5b Fach 119 Nr.183 Beiheft I-III

1663

Kopfschatz (3) [64]

Auflistung der Dörfer der „Vogtei Scheeßel“

Nr	Text	Bemerkungen	
20	Westeresch	Es sind drei Vollhöfe aufgeführt: keine Abgaben *„Diese sindt auch dieß Jahr im Oktober der Contribution von den Bremischen entzogen.“*	
21	Appel „Herrenmeier“	*„Dieser Hof hat keine Abgaben zu entrichten.“*	
22	Helvesiek (Hl)	Es sind 2 Vollhöfe, 3 Halbhöfe und 2 Brinkkaten aufgeführt, alle ohne eine Angabe zu Abgaben.	
23	Jeersdorf	Es sind 4 Vollhöfe, 4 Halbhöfe und 1 Brinkkate aufgeführt, alle ohne eine Angabe zu Abgaben.	
24	Sittensen (Hl)	Es sind 1 Vollhof, 1 Pflugkate und 2 Brinkkaten aufgeführt, alle ohne eine Angabe zu Abgaben.	
25	Hamersen (Hl)	1 Vollhof und 1/3 Hof ohne eine Angabe zu Abgaben.	
26	Hohnhorst (Hl)	Hanschhorst mit einem Vollhof ohne eine Angabe zu Abgaben	
27	Stemmen (Hl)	*„Diese Leute sindt von dem bremischen der monatlichen Contribution wie auch angelegeten Kopfsteuer entzogen undt haben dafür Contributieren müssen.“* Hier hatte Bremen die Herrenmeier des Amtes Rotenburg, die im Dorf Stemmen liegen, einfach mitbesteuert. Sie wurden hier nicht doppelt veranlagt.	
	Die beiden einzigen Herrenmeier im Dorf waren:	PEETS Halbhof Haus Nr.25	Hans **Peters** 1652-1676 erwähnt Anerbe und Halbhöfner
		HOLSTEN [65] Halbhof Haus Nr.26	Johann **Gerken** ✳ 1630 □ 1707 Anerbe und Pflugkötner

(Hl) = herrschaftliche Meier / Amtsmeier bezeichnet.

[64] StA Stade Rep.5b Fach 119 Nr.183 Beiheft I-III

[65] Die Kate war mit der Aufgabe des Amtsbriefträgers belegt.

1666

Schmalzehnt[66]

Auflistung der Dörfer, geführt unter „Vogtei Scheeßel"

Nr	Text	Stellen	Bemerkungen
1	Dorfschaft Scheeßel	10	
2	Helvesiek	17	
3	Deepen	2	
4	Appel	1	
5	Emmen	1	u. 1 Schäfer
6	Abbendorf	6	
7	Hetzwege	6	
8	Westerholz (ohne den Dorfschäfer)	11	
9	Oldenhöfen	3	
10	Wittkopsbostel	5	
11	Vahlde	4	
12	Benkeloh (Drenloh = 3Loh)	3	u. 2 Häuslinge
13	Riepe	2	
14	Ventzloh (Einloh)	1	
15	Westervesede	13	
16	Jeersdorf	8	u. 1 Häusling
17	Söhlingen [Ksp Brockel]	13	u. 2 Häuslinge

Mit Söhlingen endet der Zehnt.

Diese Auflistung zeigt nur auf, welche Dörfer mit wievielen Höfen im Jahr 1666 unter „Vogtei Scheeßel" geführt wurden.

[66] StA Stade Rep.74 Rotenburg Fach 57 Nr.4 (alt), Schmalzehnt 1666

1671, 26. April

<u>Scheßelische GerichtsSchnede uffm Landt Gerichte den 26. Aprilis 1671</u> [67] - [68] - [69]

Die Vogteigrenzen des Jahres 1671 sind im Jordebuch[70] von 1692/1694, welches die Abschrift dieses Protokolls enthält, nachzulesen.

Scheeßel

Die Scheßeler von der Jäger Wische *(Wiese)* uffm Hoyen, von dar ab uff die hohen Buchen, von dar ab uff die Buldt übern Feuerherdt, von dar ab uffn Gerichtsbeck. Von dar ab in die Wimmen *(Wümme)*, die Wimme entlangk ümb die Lauenbrück auff den heiligen Block. Von dar uff die Hope. Von dar wieder in die Wimme entlangk krumb und rechts bis uff den Sandforth *(Hofnamensgeber für Haus Nr.10 in Vahlde)*.

Vahlde

Die Wimme entlangk krum und rechts bis uff die Krummen Eichen, beym Ripßhoffe *(einstelliger Hof Riepe)* über, von dar ab über in die Wenßreits, uff die Kuhspecken, von dar ab uff den Feyenbusch, von dar ab uff den hohen Truck, von den Hohenbrück uff die Ohnhorst, von dar ab uff den Grauen Stein hinter Weseloh *(Haus Nr.1 Slohs in Vahlde)*.

Ostervesede

Von den Büchenbusch uff den Grauen Stein, von den Grauen Stein uff den Fuhlenfohrt, von dar ab uff den Hülsenbusch, so in der schmalen Reit belegen, von dar ab uff die Thömen Wisch *(Wiese)*, von dar ab uff den Kuhlenbusch.

Hemslingen [71]

Von den Kuhlenbusch die Schwartze Reit *(Reith=kleiner Bach)* entlang krum und recht wie sie gehet bis uff den Langen Damm, von dar uff die Reith oben den Ihlen Flade, ein Stückbreit bis an das Ostermohr uff die Reth Reith.

Söhlingen

Von der Rethreith uff die Rohdereith mitten über die Wüste Gruben, von dar ab mitten über die Grevenhorn uff due drey Buchen, von dar ab uff die Wiedau, dieselbe entlangk bis uff die Stockforth, oder Stockswahr.

---

[67] StA Stade Rep.74 Rotenburg Nr.268, 1671 Protokoll vom 26.4.1671

[68] Dörfler 2004, Seite 214-215

[69] Meyer 1955, Seite 519-520

[70] Miesner, 1938, Die Jordebücher des Kreises Rotenburg 1692/1694, Seite 61

[71] Söhlingen und Hemslingen standen einst im Freibann. Siehe dazu im Glossar

Bothel
Von der Stockfort uff Browinckel uff die Twillen Buchen, von dar ab uffn Holzebaum uffm Rosebrucher Felde, von dar ab uff die Immenstedte im Suhren Rähmen, von der Immenstedte uff die Rammeshören und Roppehollen, von dar ab uff Schelen Hauß zu Brehtel *(Scheele = Familienname)* übern Feureherdt.

Hassel
Von Schelen Hauß zu Brehtel zum Brethel uff die Hohenbüchen, von dar ab uff den hohen Stein beym Hundeslohe, von deb hohen Stein uff die Barckreith, von dar ab uff die Eßben Reith, von dar ab uff die Schockenforth.

Hastedt
Von den Schockenforth uff dem Bullen See, von dar uffm Walseder Weg *(nach Kirchwalsede)*, von dar uffm Sandtkampff, von dar ab uffn Trienenberg.

Hemsbünde
Von dem Trinnenberg uffn Ahlßbeck, von dar ab uffm Röelß Pohlßforth, von dar ab uffn Ellernhorn, von dar ab uffn Winckel, von dem Winckel achter Ahlstorf *(adelige Schäferei bei Wohlsdorf)* über den Rotenburger Weg *(alter Verlauf der späteren Napoleonchaussee)*.[72]

Wohlsdorf
Von dem Rotenburger Wege uff Gastmeyers *(Gerstenmeyer, ein ehemaliger Drost)* Ahntstücke, von dar ab uffm Trinnenberg, von dar ab in die Wippenreith, von dar ab vor Jäger Wische in die Wimme, von dar ab uff den Krusen Baum.

Westerholz
Von Wechel uff Kracken Immenstede, von dar ab uff Prüßen Immenstedte uff und nieder, von daran an Emmenhof *(einstelliger Hof Emmen[73], heute Golfplatz)* so weit als 6 Ochsen darhin langen können, von den Emmenhof bis an Hetzwehde vor die langen Hörn, die Immen Reith uff und nieder.
Bem.: In Hessmann[74] und Scheuermann[75]-[76] sind diese Orts- und Flurnamen zum großen Teil enthalten und deren Verlauf dort nachzuverfolgen.

---

[72] Geschichte dazu siehe: „Stemmen, Stemmen und abermals Stemmen“, Seite 89ff
[73] Beleg für den Hofnamen, wie er 1671 bezeichnet wurde.
[74] Hessmann, Pierre: Die Flurnamen des nördlichen und östlichen Kreises Rotenburg
[75] Scheuermann, Ulrich: Die Ortsnamen des Kreises Rotenburg/Hannover
[76] Scheuermann, Ulrich: Die Flurnamen des westlichen und südlichen Kreises Rotenburg

Vogtei Scheeßel

1692/1694

In den Jordebüchern des Kreises Rotenburg 1692 ist die Vogtei Scheeßel auf den Seiten 53-208 aufgeführt.[77]

III

Jordebuch der Vogtei Scheeßel

De Anno 1692

Die Seite 57 im Jordebuch beginnt mit der Übersicht aller in der Vogtei Scheeßel gelegenen Dörfer, Einstelligen Höfen und Mühlen aus welcher das Amt eigene Intraden *(Steuern)* erhob.

Kirchspiel Scheeßel
Scheeßel
Varel
Jeersdorf
Westeresch
Oldenhöfen
Westerholz
Hesedorf (Kirchspiel Gyhum)
Abbendorf
Hetzwege
Helvesiek
Appel
Stemmen
Riepe
Vahlde
Benckeloh (Drenloh)
Ventzloh (Einloh)
Deepen
Ostervesede
Westervesede
Bartelsdorf
Wohlsdorf
Hanhorst (Kirchspiel Sittensen)
Sothel

Kirchspiel Brockel
Brockel
Wensebrock
Bothel
Hemslingen
Bellen
Söhlingen

(…) In der Vogtey Scheßell, so in den Kirchspielen Scheßell und Brockell bestehet, werden (…)

In dieser Aufstellung fehlen die zum Kirchspiel Scheeßel gehörenden, ehemals einstellingen Höfe: Emmen, Rehr, Grimshop, Hunhorn und Bult.

---

[77] Miesner 1938, Die Jordebücher des Kreises Rotenburg 1692/1694

Die Scheeßeler Amtsvogtei

in alten Zeiten

Das Gebäude der alten Scheeßeler Amtsvogtei stand einst zwischen dem alten Meierhof *(Teilung in zwei Halbhöfe vor 1500)* und dem einstigen Untervogtshof *(dort steht heute das Rathaus Scheeßel).*
Im Jahre 1839 ist die alte Vogtei mit allen Unterlagen abgebrannt.

Der Platz blieb unbebaut und diente dann von 1847 bis nach 1875 als Friedhof, weil der Kirchhof für weitere Beisetzungen zu wenig Platz bot. Danach wurden die heutigen beiden Friedhöfe „Hohe Luft“ und „Veerser Weg“ angelegt. Sie sind noch heute in der Nutzung.

Im Jahr 1875 kaufte die Kirche das Grundstück am Veerser Weg zur Einrichtung des „Neuen Friedhofs“, wie er dann genannt wurde.

Später wurde dann ein zweiter Friedhof, „Hohe Luft“ genannt, eingerichtet. Beide werden noch heute als Begräbnisstätten des Ortes genutzt.

Der damalige Amtsvogt zog 1839 in das im Jahre 1816 errichtete Gebäude *(Mühlenstraße, heute Gemeindewerke)* des Vorwerks um.

Einblicke in das alte Scheeßel

Handzeichnung Kernort Scheeßel vom 1. September 1823 [78]

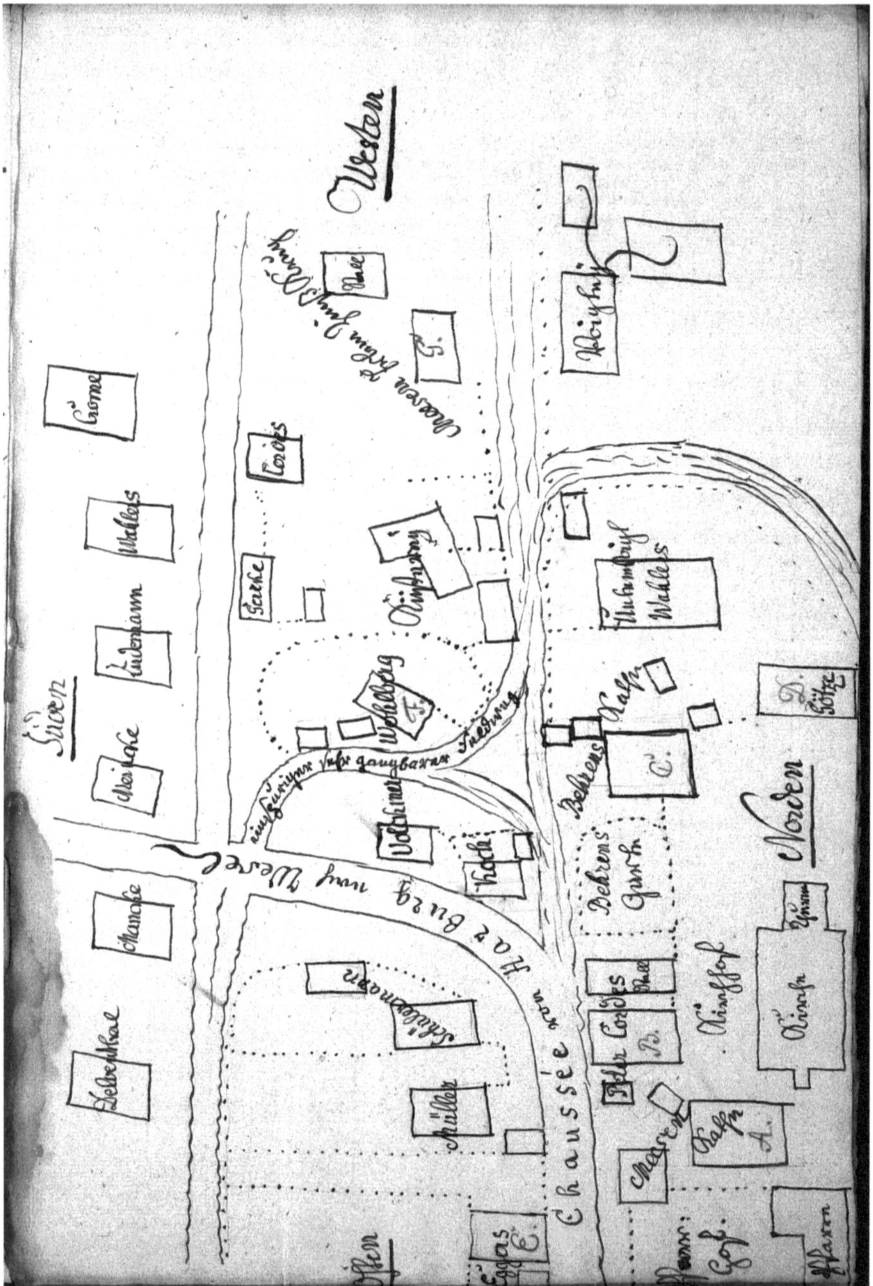

[78] Abb. 8 Rep 80 Nr.12125, 1813-1885, Schreiben Amtsvogt Crome vom 1. Sept. 1823; Mit Genehmigung Staatsarchiv Stade vom 13.12.2011 hier veröffentlicht.

Die Zeichnung entstand im Rahmen einer Beschwerde, die Verteilung der Krugwirte betreffend, sowie das Erbe der Familie Meese. Die dort enthaltenen Namen sind die Familiennamen der Bewohner, die 1823 dort lebten. Sie sind hier von links nach rechts unten weiterführend aufgelistet. Bemerkenswert ist an dieser bislang nicht veröffentlichten Darstellung, die damalige Straßenführung und der Platz der einzelnen Gebäude, sowie deren Nutzung.

Familienname	**Nr.**	**Hausname**	**im Jahr 2013**
Delventhal	16	Delventhal	Neusesser & Ärztehaus
Mahncke	24	Schnieder	Spielhalle, einst Gasthaus
Meincke	34	Scheepers	Unbebaut
Lüdemann	28	Neubauer	Pizzeria
Wahlers	38	Neubauer	...
Crome	44	Amtsvogt	Gemeindewerke
Eggers **E**	29	ohne,Brinkkate	Cafe
Müller	63	ohne,Anbauer	Baden, 1842 Kaufmann
Schülermann	20	Schülermann	Baden, einst Schlecker
Volckmer	15	Bellmann	Optiker
Koch	35	Bellmann	Wedel, 1862 Kaufmann
Wohlberg **F**	14	Schmeers	Meyer / Scheeßeler Hof
Gercke	27	Langschen (alt)	Schuster Lüdemann
Küsterei	33	Küster,Schule	Schuster Fahjen / Sparkasse
Cordes	31	Neubauer	Optiker Wiese
Meese **G**	32	Zinskrug	Aleschus neben Kolkmann
Pfarre mit Hof	77	Pfarrhaus	Pfarrhaus von 1750
Meesen	11	Lütjens	Stahmleder
Messen Kate **A**	11a		Haus der Begegnung
Peter Cordes **B**	17		Kolkmann Gardienen
Cordes Stall	17a	Stall	Jugendbegegnungsstätte
Kirche	67	Kirche	Kirche von 1758
Behrens Garten	- -	Freier Platz	Platz vor dem Kirchhof
Behrens Kate **C**	24		Fotogeschäft
Götze **D**	23	Götze	Gasthaus Götze
Untervoigt Wahlers	4	Untervogt	Rathaus und Parkplatz Straße Untervogtshof
Vogtei	ohne	Amtsvogtei	Wäldchen mit Kriegerdenkmalen 1871-1945

Die alte Scheeßeler Amtsvogtei nicht wieder aufgebaut worden. Der Amtsvogt führte danach seine Geschäfte von seinem Wohnsitz, dem „Vorwerk“ Scheeßel weiter. (Gemeindewerke)

Kernort Scheeßel im Vergleich im Jahre 1770 [79]

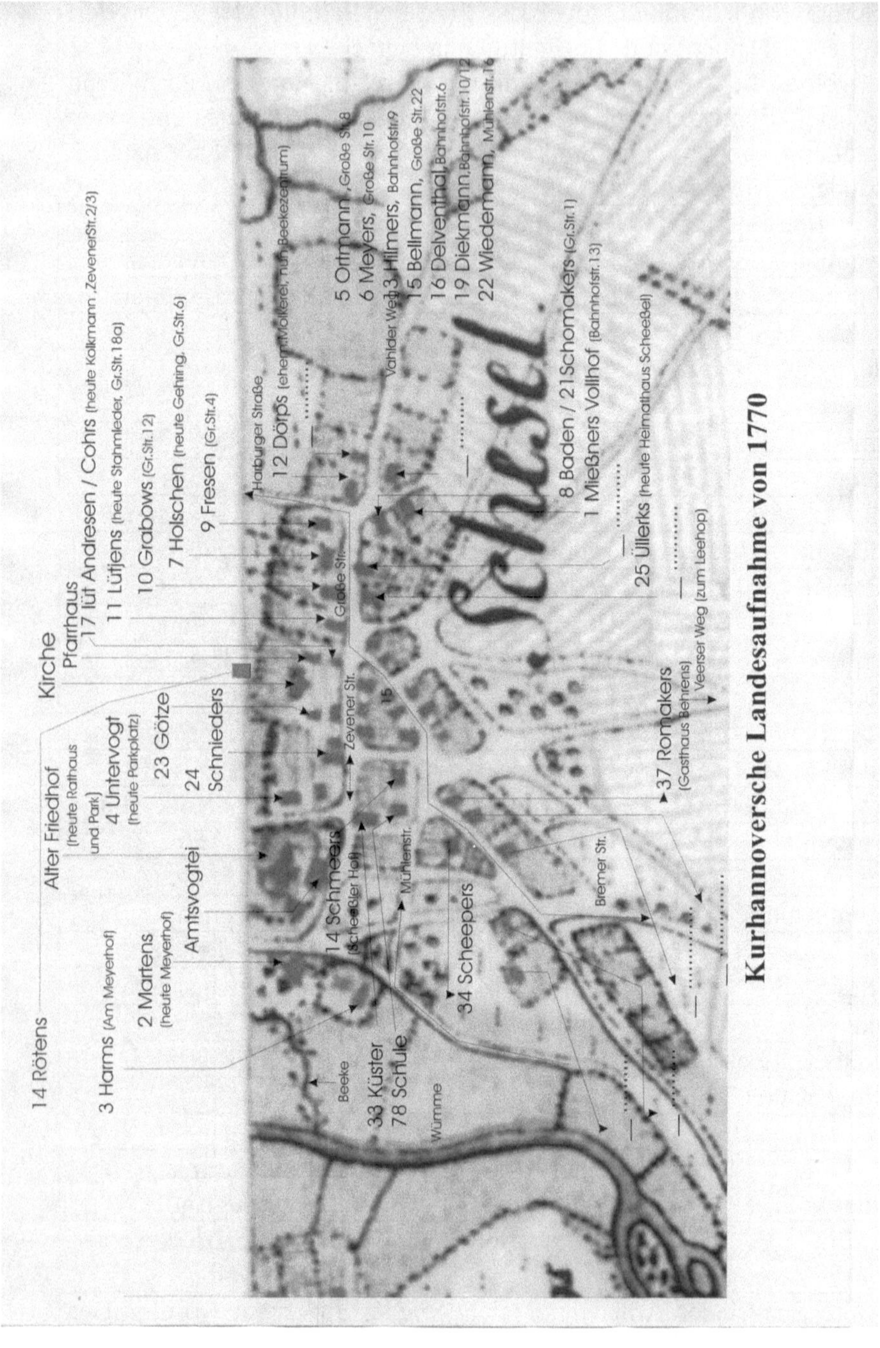

[79] Abb. 9 Die Zuordnung aller Höfe ist nicht möglich, da der Zeichner nicht alle Häuser eingezeichnet hatte (rot). Wo eine Zuordnung möglich war, ist sie geschehen. Bereits im Artikel in der "Lebendigen Heimat", Jg 22, Nr.9 v. Sept. 2010 ist die Zeichnung mit diesem Bearbeitungsstand enthalten.

Kernort Scheeßel im Vergleich vor 1956 [80]

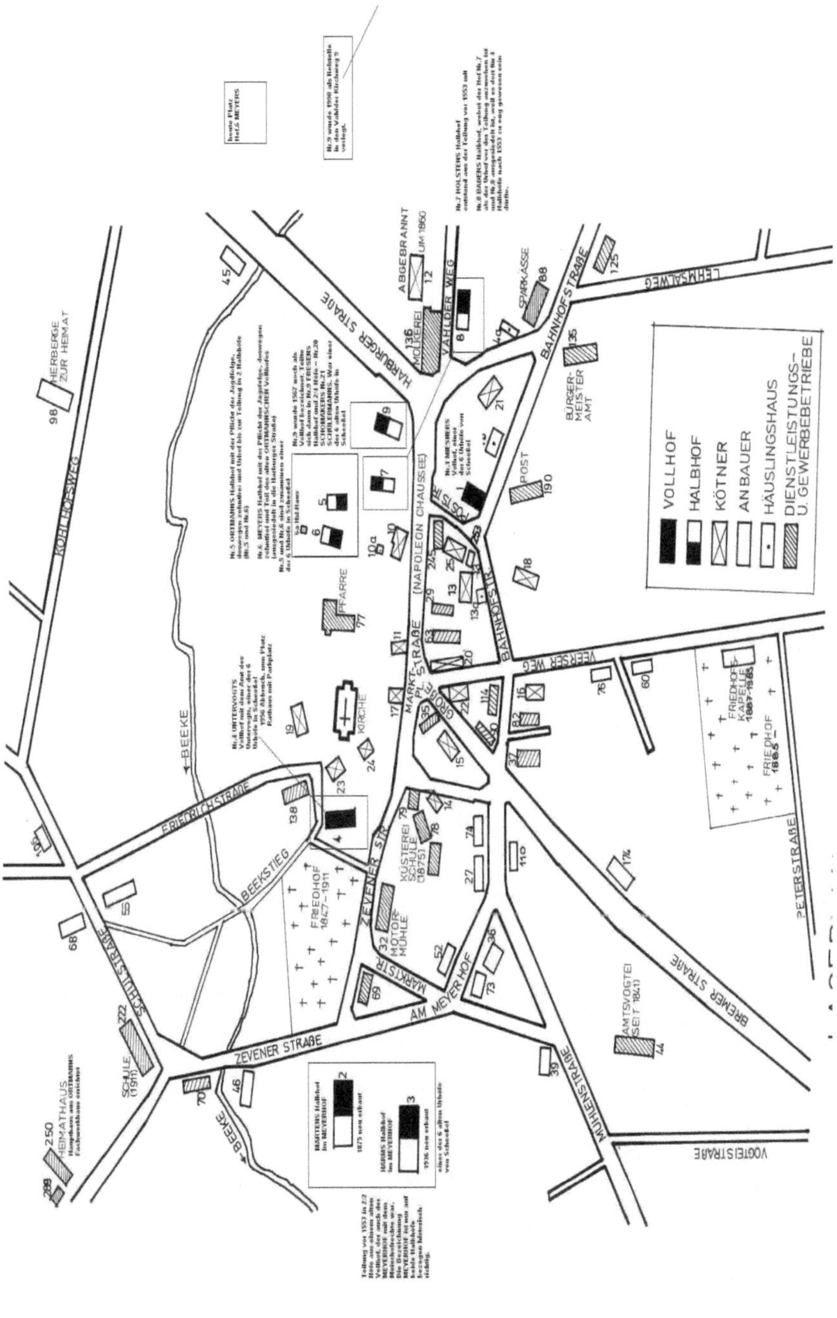

---

80 Abb. 10 Diese Zeichnung entstammt wohl der Rezeßakte und wurde von mir ergänzt. Sie war ohne Quellenangabe abgedruckt in Erinnerungen an Alt-Scheeßel, 2008, S.35

Die Scheeßeler Amtsvogtei
und die
Scheeßeler Kirche

Auszugsweise aus dem Visitationsprotokoll Scheeßel im Jahr 1617

1617 [81]	Jährliche Ein Künfte des Pastoris zu Scheeßell Das Reditus[82] Samlarium [83] bestehet absonderlich in Pflicht: Und sind um Ambt Rotenbg (Rotenburg) da davon dem Pastori von einem jeden der Hofe [:derer in Verdischen District 63 voll Hofe belegen, in bremischen Anteil aber 29:] hat werden in der fasten(zeit) 1 Brod (und) 12 Eyer uf Maria Himmelfahrt 12 Eyer (und) 1 Brodt. (...) Bem.: Hier sind Pflichtabgaben aufgeführt, die als Einnahmen des Scheeßeler Pastor belegt sind. Sie zeigen aber auch deutlich auf, dass Teile der zur Abgabe verpflichteten Höfe nicht zum Amt Rotenburg gehörten. Hiermit sind die rechts- und linkswümmischen Dörfer gemeint.
	(...) Von der Voygtei (Scheeßel) wird mir jährlich 2 Molt Rogg(en)einfall (Ernteertrag) geliefert, dafür der Ambts Voygs 10 Molt Saatlandes von der Pfarre in possess (Besitz) hat. (...) Bem.: Dieses ***„mir“*** belegt, dass der damalige Scheeßeler Pastor Bernhard Textorius dieses persönlich niederschrieb oder in die Feder diktierte, wobei davon ausgegangen werden kann, dass er es Anno 1617 selbst niederschrieb. Weiterhin belegt es, dass der Amtsvogt für die Pacht von Kirchenacker in der Größe von 40 Morgen Land jährlich 600kg Roggen erhielt. Gleichfall benötigte der Vogt für diese 40 Morgen Ackerland jeweils 3 Himbten Saatgut, also insgesamt 120 Himbten, was einer Menge von 3000 kg entsprach.

[81] Kirchenbücher Scheeßel
[82] Die Rendite gibt das Verhältnis der Ausgaben zu den Einnahmen wieder.
[83] Steht im Text über dem Wort „Reditus“ geschrieben, bedeutet:
Salarius = Ertrag, oder auch jährliches Einkommen.

Auszugsweise aus dem Visitationsprotokoll Scheeßel im Jahr 1670

1670 [84] (…) Von zehn Molt Pfarlande, so durch nachläßigkeitt meiner Vorfahren (Vorgänger im Amt) bey der Vogtey gekommen, hab ich redlich nach vielen Rechtgebende noch 2 Molt Roggen meiner successoribus[85] jährlich prosperiret.[86]

Bem.: Dieses „*meiner*" belegt auch, dass der damalige Scheeßeler Pastor Hinrich Meyer dieses persönlich niederschrieb, aber auch, dass selbst die Vogtei erst nach Rechtsgebaren ihre Abgaben entrichtete.

Auszugsweise aus dem Visitationsprotokoll Scheeßel im Jahr 1684

Jährliche Ein Künfte des Pastoris zu Scheeßell
Anno 1684, d. 17. November der Visitation.

1684 [87]	(…) Von der Voygtei (Scheeßel) wird mir jährlich 2 Molt Roggen Einfall geliefert, dafür der AmbtsVogt 10 Molt Saatlandes von der Pfarre in possess (Besitz) hat. (…) Bem.: Auch dieses „*mir*" belegt, dass der damalige Scheeßeler Pastor Hinrich Meyer diese Zeilen persönlich niederschrieb. Der Text deckt sich in etwa mit dem von 1617. Ebenso wie 1617 ist belegt, dass der Amtsvogt für die Pacht von Kirchenacker in der Größe von 40 Morgen Land jährlich 600kg Roggen zahlt und für diese 40 Morgen Ackerland noch immer jeweils 3 Himbten Saatgut benötigt, also insgesamt 120 Himbten (Hbt), was einer Menge von 3000 kg = 60 Zentner entsprach.

2 Molt = 24 Himbten	10 Molt Saatland = 120 Hbt
1 Himbten = 25 Kilo	3 Himbten für 1 Morgen Acker
24 Himbten = 600 Kilo	120 Himbten für 40 Morgen
	120 Himbten = 3000 Kilo

[84] Kirchenbücher Scheeßel
[85] Im Sinne von: Nachfolger
[86] Im Sinne von: gedeihlich, florieren, es wieder in Schwung gebracht.
[87] Kirchenbücher Scheeßel

Die Scheeßeler Amtsvogtei und die Dörfer aus dem Freibann

88 Von 1288 bis nach 1560 gehörten die Dörfer Hemslingen und Söhlingen zum Freibann Neuenkirchen, den Bischoff Konrad verfügte.
Aus dem Scheeßeler Vitisationsprotokoll von 1573 ist zu entnehmen, dass es den Bewohnern nunmehr „vergönnt" war, nach Brockel zur Kirche zu gehen.

89 Folgen für die Dörfer Bellen, Bothel, Hemslingen und Söhlingen waren:
Diese Dörfer unterlagen nunmehr den gleichen Rechten und Pflichten wie alle anderen Herrenmeier des Amtes Rotenburg. Dazu gehörte u.a.:

1. Der Mühlenzwang [90]
   Bisher mussten sie ihr Getreide in der Rutenmühle mahlen lassen. Nunmehr mussten sie (dazu) nach Scheeßel. Wer gegen den Mühlenzwang verstieß, wurde mit einem Bußgeld belegt.

2. Kirchenzugehörigkeit
   Da nunmehr die Dörfer zum Kirchspiel Brockel gehörten, wurden sie im Zuge der Reformation quasi umgepfarrt, wie einst die vier Wasserdörfer.

91 Anmerkung:
Da es in diesem Buch nicht um die Geschichte der Kirchspiele und ihre Entstehung, wie um den Freibann, geht, soll es mit den hier gemachten Angaben auch sein Bewenden haben.

---

[88] Enno Heyken, 1965, Rotenburg, Kirchen, Burg und Bürger
[89] Der Heimatborn Nr. 20, 18. Oktober 1952, Hinnerk Meyer, „Hemslingen nach dem dreißigjährigen Kriege", Seite 2
[90] StA Stade Rep.8 Fach 26 Nr. 64 / StA Stade Rep.8 Nr.768 (4), Landgerichtsordnung
[91] Geschichte des Kirchspiel Neuenkirchen, 1897, Pastor Wittkopf

Glossar

Begriff	Erklärung
Amtmann	Seit dem Mittelalter war ein Amtmann ein Bediensteter des Adels oder des Klerus, der meist selbst dem niederen oder mittleren Adel entstammte. Er war für die Verwaltung des Amtes zuständig. Seine Aufgaben umfassten das Eintreiben der Steuern. Dazu stand ihm eine kleine, bewaffnete Einheit zur Verfügung, die auch für Sicherheit, Ordnung und zur Durchsetzung der amtlichen Anordnungen zuständig war.
Börde	Weltliche Verwaltungseinheit
Drost	(auch Landvogt, Amtshauptmann) Im Jahr 1442 trat, neben dem des Amtmanns, auch die Amtsbezeichnung "Drost" auf. Wie der Amtmann war der Drost nicht nur für Belange der Herrschaftsresidenz, sondern auch für den Bereich des Amtes zuständig. Der Drost war von Adel, dagegen war der Amtmann ein bürgerlicher Beamter. Der Drost war mit polizeilichen und militärischen Befugnissen ausgestattet.
Drostei	Der Begriff der Drostei war sowohl ein Verwaltungsbezirk, aber auch der Wohn- und Amtssitz des Drosten.
Erbpächter	Die meisten Pächter saßen als Erbpächter auf den Höfen, was das Vorrecht einräumte, dass eines der eigenen Kinder den Hof als Erbpächter vom Vater übernehmen konnte.
Freibann	Hemslingen und Söhlingen gehörten seit 1273 zum Freibann. Bewohner im Gebiet des Freibanns brauchten keinen Kriegsdienst zu leisteten.
Grundherr	Lehnsinhaber, Besitzer eines Hofes
Hand- und Spanndienste	Verpflichtung eines Dienstpflichtigen gegenüber seinem Grundherrn, Arbeiten mit eigener Hand zu verrichten oder mittels Zugvieh und Wagen.
Hergewette	Ist ursprünglich die Bewaffnung eines Mannes, wie die eines Milizionärs. Es könnte sich aber auch um einen gesonderten Teil seines Vermögens gehandelt haben.
Hofgewinnung	Pacht zur Aufrechterhaltung des Meierbriefes

Holzgericht	Eine Versammlung, der an der Waldung berechtigten Personen, die das Recht hatten, Holz schlagen zu dürfen. Sie überwachten den Baumbestand und beschlossen Rodungen und Aufforstungen. Bereits in alten Zeiten war die Aufforstung verpflichtend. Bäume gehörten dem Grundherrn. Aus 12 gepflanzten Jungbäumen (Hestern) war nur einer im Hausbau zu gebrauchen. Auch Strafen wegen Holzfrevel wurden hier verhängt.
Immenschatz	Eine Abgabe für die Bienhaltung.
Immen- oder Bienenzaun	Ein überdachter, halboffener Bienenstand, in dem Imker früher ihre Bienenstöcke wettergeschützt aufstellten, mit bis zu 100 Stöcken / Körben.
Jägermeier	Der Hof war verpflichtet Hunde für die Jagd zu halten.
Amtbriefträger	Dieser Hof war verpflichtet für die Vogtei, das Amt Botendienste zu leisten.
Kirchspiel	Kirchliche Gliederung innerhalb eines Kirchsprengels der Bistümer
Kuhschatz	Eine jähliche Viehsteuer
Kopfschatz	Eine regelmäßige, aber auch gesondert verabredete, alte Sondersteuer, eine Personalsteuer.
Meierbrief	Meierbriefe waren Pachtverträge für Grundbesitz. Die Briefe wurden von den Grundbesitzern für die Pächter (genannt "Meier") ausgestellt.
Michaeliszins	Eine regelmäßige Abgabe seit Urgedenken, die stets zu Michaelis (29. September) erhoben wurde, daher der Name.
Niedergerichts-barkeit	Dieser Begriff ist je nach Zeit und Land unterschiedlich ausgelegt und begründet worden. In diesem Fall scheint es sich um eine Befugnis mit geringer Machtfülle gehandelt zu haben, die sicherlich keinerlei Hals- und Handgerichts-barkeit, also das Recht Todestrafen zu verhängen, beinhaltete.
16. Pfennig-schatz	Eine Vermögenssteuer, welche den gesamten Besitz als Berechnungsgrundlage ansetzte. Davon musste der 16. Teil entrichtet werden. Diese Abgabe wurde auf Landtagen verabredet und erst im 16. Jhdt eingeführt. Diese, zwar gerechte Abgabe, war aber zugleich eine sehr hohe Belastung.
Pflugschatz	Bewilligte Steuer auf die Höfe

Pfingstschatz	Eine zu Pfingsten erhobene jährliche Steuer
Rentamt	Der Begriff Rentamt ist seit dem späten Mittelalter für die Behörde der landesherrlichen oder kirchlichen Finanzverwaltung bekannt, dieses stand unter der Führung eines Rentmeisters.
Rottzehnt	Der Zehnte für neugerodetes Land
Schmalzehnt	Der Zehnte von allem Kleinvieh, auch Blut- und Viehzehnte genannt. Eine jährliche Abgabe für Gänse, Kälber, Lämmer, Ferkel.
Visitation	Buch- und Bestandsprüfung durch die oberen Behörden.
Vogtei	Verwaltungsgebiet, löste den Begriff Börde ab
Willkommens-schatz	Bei jedem neuen Antritt eines Bischoffs oder Pastors wurde eine Umlagesteuer erhoben.
Weinkauf	Abgabe bei Neubemeierung
Zehnte, der	Pflichtsteuer seit 788 für die Priester, vom gesamten Besitz
Zehnt, groß	Großer Zehnter = Kornzehnt (Ackerfrucht)
Zehnt, klein	Kleiner Zehnter = Schmalzehnt (Vieh)
Zuschlag	Ein eingegrenztes Waldstück, welches von der Beweidung ausgenommen war. Wer es dennoch dazu nutzte, wurde gestraft.
Anmerkung	Mancher Grundherr verpfändete einen oder den ganzen Teil seiner Abgaben, wenn er verschuldet war.
g. f. u. h.	gnädiger Fürst und Herr (Titel des Bischofs)
m. g. f.	mein gnädiger Fürst

I

Die Jahre

1546 - 1599

1546

Notarielles Protokoll des Holzgerichts in Rehr bei Helvesiek [92] - [93]

Nr	Text	Bemerkung
1	auszugsweise ....warum Tytke **Heyßling** heft eine acht genommen... ... Dirck **Brunckhorst** und Hans **Hogehus**.... ... Dirich **Kraft**....	Die Nennung der Namen ist der wichtige Teil, belegt er doch, wer 1546 Holzvogt war.

Dieses Protokoll belegt, dass es nicht immer ein Gerichtsverfahren im Sinne einer „strafbaren Handlung" gewesen sein muss, nur weil der Begriff Gericht darin enthalten war.

Hier wurde ein Termin angesetzt, bei dem die Holzvögte *(Förster / Waldbeauftragte)* zu den Grenzen, aktenkundig, eine Aussage zu tätigen hatten. Dies diente zur Klärung von Grenzverläufen. Als Tagungsort hatte man sich in diesem Fall den einstelligen Vollhof Rehr bei Helvesiek ausgewählt, dessen Hofname „Rehrmannsbur" bis heute überliefert wurde.

Nr	**Zuordnung**	**Hof / Haus**
1	Tytke **Heeßling** Helvesiek, 1546-1560 erwähnt	CORDS Haus Nr.19
	Dirck auch Dyrck **Brunckhorst** Stemmen, 1536-1560 erwähnt	BRUNKS Haus Nr.9
	Hans **Hohehus** Stemmen, 1536-1560 erwähnt	HOHUES Haus Nr.6
	Dirich **Kraft**, nichts weiter bekannt	nicht zuzuordnen
	Lütke **Bellmann,** auch **Rehrmannsbur** Rehr, einstelliger Hof, 1536-1560 erwähnt	Vollhof Haus Nr.1

[92] StA Stade Rep.74 Rotenburg, Nr. 272, 2. Mappe
[93] Dörfler, 2004, Anl.5, Seite 749-750

1546, um

Nr. 5 aus: Verzeichnis der Dokumenten, damit man zu beweißen, das der Wümmenstrom die rechte Grentz, und Scheidungh zwischen den Häußern Otterßbergh, und Rodenburgh... von 1610 [94]

Nr	Text	Anmerkung
5 !	Für (vor) 75 Jahren (um 1545/48) ungefehrlich (ungefähr), hat der alte Herman zum Jehe, das (des) Alten Johann **Wischmanns** zu Höperhöfen Tochter Catharinen, in stehender Ehe beschlaffen (er war verheiratet), und derowegen Othraben Friesen (der Amtmann **Fresen**), der dohrmals das Haus Ottersberg ingehapt, durch Johan **zum Klünners** Mutter unterhandlung 9 fl. zur straffe gegeben. Dieses (daran) gedenckt (erinnert sich) Claus **Lange** zum Höperhöfen noch."	Er zahlte 9 Taler wegen Ehebruchs und Unzucht mit einer anderen Frau.
	Bem.: Bei dem alten Hermann handelt es sich um Hermann **Hopes**, Pflugkötner zu Jeerhof, Johann **Wischmann** war sein Nachbar.	
6	Heinrich Faje (**Fahjen**) zum Höperhofen, Rodenbürger Meiger, Johan **von Hollern** zum Almßhorn (Mulmshorn) Imkern im Glinde wohnhaft, hatt in stehnder Ehe, zu der Zeit, alß Johan **Haveman** von wegen des Rahdts zu Bremen den Otterßbergh innegehabtt, und Herman Tytken (**Tietken**) Hausvogtt gewesen, eine Magdt von Rodenburgh, die ihm mitt bluhtsfreundtschaft[95] verwandt, und von Kindt auff zu Höperhöfen in Clauß Stafenhitters (**Stavenhitter**) behaußungh aufgezogen gewesen, und zu der Zeitt alda gedienet, beschlafen, und deswegen Johan **Havemann** 14 thalern zur strafe gegeben.	Wegen Unzucht zahlte er 14 Taler Strafe Heinrich **Faje**, siehe 1587 Nr.9 Seite 90/91
Bem.: Diese zwei Fälle sind an dieser Stelle zum Vergleich aufgeführt, aber auch für die Anwendung der Gerichtsbarkeit vor 1587.		

[94] StA Stade Rep.5b F 84 Nr.13 c Bl. 50R, 1610

[95] Der Begriff „Freunde“ / „Freundschaft“ wurde einst für Verwandte / Verwandschaft genutzt. Hier handelte es sich sogar um eine blutsverwandte, evtl. um eine Nichte.

1560
Auflistung der Ortschaften des Kirchspiel Scheeßel [96] - [97]

Scheeßel, Varel, Westervesede, Ostervesede, Deepen, Ventzloh, Benekeloh, Vahlde, Riepe, Stemmen, Appel, Helvesiek, Abbendorf, Westeresch, Wittkopsbostel, Hetzwege, Jeersdorf, Westerholz, Bult, Wohlsdorf, Bartelsdorf. Das Dorf Lauenbrück wird hier nicht erwähnt. Es gehörte zum adligen Gericht Lauenbrück, wo die Herren **von Bothmer** die Gerichtshoheit besaßen. Später wurde Lauenbrück eingepfarrt, was mit der Gerichtsbarkeit nichts zu tun hatte. Das Adlige Gericht war auch nie Bestandteil der Vogtei Scheeßel.

1584 *(siehe unter 1587)*
Auf dem Landgericht zu Scheeßel [98] - [99]

Die bei Meyer unter 1584, ohne Nennung von Quellen, aufgeführten zwei Fälle sind wohl durch einen Tippfehler zu begründen, denn sie waren im Jahre 1587 geschehen und sind auch dort aufgeführt.

Nr	Text	Strafe°	Vorwurf / Tat
1	Jochen **Meyer** zu Scheeßel, daß er sein Hofschwein sterben lassen zu bruche	10 M 5 ß	Verletzung der Dienstpflicht / Sorgfaltspflicht
2	Schwiebert **Brunkhorst** zu Vahlde, daß er zu wenig Pferde im Schatz beschreiben lassen, auch daß er sich sonst mit ungebührlichen Drauworten (Drohworte) vernehmen lassen, zu bruche	30 M 15 ß	Betrug und ungebührliches Verhalten

°Strafen in Mark z.B. 1, oder Mark/Schillinge = z.B. 10 M 5ß

zu	**Zuordnung**	**Hof / Haus**
1	Jochen **Meyer** Scheeßel, 1584-1599 erwähnt	MEYERS Haus Nr.6
2	Schwiebert **Brunkhorst** Vahlde, 1584-1587 erwähnt	aus BRUNKS Haus Nr.4

[96] StA Stade Rep.5b Fach 101 Nr. 8 Bl.65R-76R, 95R-98R, 111-115R
[97] Dörfler, 2004, Anl.15, S. 774-782
[98] StA Stade Rep.76 Nr. 1365 S. 74R-75V gemeine Brüche, 1587
[99] Meyer, 1955, Seite 39, Auf dem Landgericht zu Scheeßel, 1584

1586, der Appelkrieg

Aufzeichnungen des Scheeßeler Vogts [100] - [101]

Scheeßeler Vogt Magnuß **Cluver** ab 1604

Etzliche bei meiner Zeitt vertrenkten *(ertrunkenen)* Persohnen auch entleibten belangende, ist es folgendermaßen darumb bewandt.

Nr	Text	Vorwurf / Tat
1	Man hat auch alhir glaubwurdigen bericht, daß im selbigen Jahre, als Bischoff Eberhardt christmilter gedeuchtenuße Todtes verblichen *(5. Jul 1586)*, eine kleine Kriegsemporunge entstanden, hernegs der Appelkriegh genennet, daß etzliche Volcker bei Verden wegh und sonsten durchs Stifft zu gehen unternommen, dahero dan die Landsaßen und Voigte aufgemahnet und sich nacher Verden auf Paß geleget und hat Johan Nacke Selig, obwohl auch die anderen Voigte, ein Jetweder einen Außschoß von seinen underhabenden Bawern machen mussen, deren Theils mit Ihnen zu Vehrdenn gelegen, Theilß auch auf das Haus Rotenburgh den Jahrknechten[102] zugeordnet.	Amtssachen / Streit über die Zuständigkeit. Der Hinweis auf den Tod des Bischofs sollte nur den Zeitraum beschreiben.

zu	**Zuordnung**
1	Bei Johann **Nacke** selig handelte es sich um den Scheeßeler Amtsvogt, der 1573 das Amt als Vogt an seinen Sohn Johann, welcher 1604 des Amtes enthoben wurde, abgab.
	1586 Appelkrieg Der neue Verdener Bischof Philipp Sigismund von Braunschweig-Wolfenbüttel ließ seine Landwehr wegen entstandener Unruhen zusammenrufen. Da dieses in der Zeit der Apfelernte geschah, wurde diese Drohgebärde hier „Appelkrieg" genannt.
	Auch anderswo gab es den Begriff „Appelkrieg":
	1725 *Appelkrieg* Leer wird zum Schauplatz eines Treffens zwischen den Emder und fürstlichen Truppen. 7. April 1726. Emder und fürstliche Truppen stoßen .....
	im *Appelkrieg* 1727 nahmen die Emder Soldaten die Anlage, wurden aber von fürstlichen Soldaten wieder daraus vertrieben. Das Gebäude war Gerichts- und ...

[100] StA Stade Rep.8 Fach 26 Nr. 63 Bl.7

[101] Dörfler, 2004, Seite 837

[102] Jahrknecht, weil der Vertrag nur ein Jahr galt!

1586, Mord eines Hetzwegers

Aufzeichnungen des Scheeßeler Vogts [103] - [104]

Scheeßeler Vogt Magnuß **Cluver** ab 1604

Etzliche bei meiner Zeitt vertrenkten *(ertrunkenen)* Persohnen auch entleibten belangende, ist es folgendermaßen darumb bewandt.

Nr	Text
1	Zu Underhaltung deroselben haben die Uberwummeschen[105], sowohll aus den streitigen als ohnstreitigen Dorffern, nacher Scheßell contribuiren und alle Sontage in wehrender Zeit ruhrigh machen mußen. Ferner ist kund und offenbar, daß hernacher, bei des Herren Drosten Johan **von Seggerde** Zeiten, ein Rentmeister, Heinrich **Koch** geheißen, zu Rotenburgh gewesen, der einen Schäffer gehabt. Denselben hat Tiheken **Holtermans** Sohns aus Heetzwegde außen bei Rotenburch im Moratz ermordet, in eine Torffkhule geschleppet. Welchen Theter Johan **Holtermans**, nahmens obgedachter Herr Droste und Rentemeister, aus seines Vattern Hause von Heetzewegde durch die Fueßknechte holen laßen, den **Kopff abschlagen** und auf ein Ratt setzen laßen. Dagegen sein zwei Hausleudte zu Scheßell aus dem Meyerhove nacher Vohrde geholet, sein aber hernach ohne engelttnuße loßgegeben.

zu	Zuordnung	Hof / Haus
1	Drost Johan **von Seggern** (✳...) († lange vor 1574 ...) ∞ mit Hiseke **von Behr** (✳ 1537), die dann Staats **von Münchhausen** ehelichte (✳ 1539, ⚔ vor 1574)	AMTSHAUS Rotenburg
	Rentmeister (Amtmann) Heinrich **Koch** (✳...) (†...)	AMTSHAUS Rotenburg
	Tietke **Holtermann** Hetzwege, 1584-1600 erwähnt	JAKKERS Haus Nr.3
	Täter Johann **Holtermann**, Tietkes Sohn ✳um 1570 † hingerichtet 1586	JAKKERS Haus Nr.3
	...zwei Hausleute zu Scheeßel aus dem Meierhof. „offensichtlich beides Herrenmeier" Peter **Meyer** aus Haus 2, 1584-1587 erwähnt Harm **Gerken** aus Haus 3, 1584-1600 erwähnt	MARTENS und HARMS Haus Nr.2 und 3

[103] StA Stade Rep.8 Fach 26 Nr. 63 Bl.7R, 1586

[104] Dörfler, 2004, S.837-838, Anlage 28 7R

[105] Mit „die Uberwummeschen", sind jene Ortschaften und Einzelgehöfte gemeint, die sich rechts der Wümme, wie z.B. Rehr befanden.

1587

Nachweise Scheeßeler Landgerichtstage [106] - [107]

Nr	Text	Bemerkung
1	(...), daß zu Schessel uff dem Gerichte mit 26 Personen 20 Rthlr und 15 ß verzeret wurden.	Personenzahl / Kosten

Dieser Eintrag belegt nur einen Scheeßeler Landgerichtstag mit seinen Kosten und der Anzahl der dabei zu versorgenden Personen.

Hier handelt es sich offensichtlich um die von Amtswegen daran beteiligten Menschen, wie den Amtmann und seine Schreiber, die Vögte, die Untervögte und sonstiges Begleit- und Wachpersonal.

Halbhof „Harms im Meierhof“ [108]

[106] StA Stade Rep. 76 Nr.1365 Bl.164R, 1587
[107] Dörfler 2004, S.178
[108] Abb. 11 Postkarte Scheeßel um 1920

1587, (Ostern 1587 – Ostern 1588)
Einnahmen und Ausgaben des Hauses Rotenburg [109]

Die nachfolgenden Brüche sind unter folgender Überschrift verfasst:

Ambt Register des Huses Rodenburg alles innhemens und Uthgevens ahn Gelde angefangen in den Oestern des Sieben und Achtzigsten Jars, und geendiget den Oestern des Acht und-Achtzigsten Jars durch Johan von Seggern Drosten und Hinrichen Rath Rentmeister.

Ubergeben und berechnet durch mich Hinrich Koch den 20ten Augusti Ao ut aupra

In diesem Text sind einige wichtige Informationen enthalten:

1. Es handelt sich um das Amtsregister der Einnahmen und Ausgaben des Amtes Rotenburg.
2. Es wurde von Ostern 1587 bis Ostern 1588 geführt, womit der Zeitraum eines Haushaltsjahres erfasst war.
3. der damalige Drost war Johann **von Seggern**
4. der damalige Rentmeister (Amtmann) war Hinrich **Rath**
5. der damalige Amtsschreiber war Hinrich **Koch**
6. da dieses Register erst im August 1588 niedergeschrieben wurde, kann davon ausgegangen werden, dass der Amts- oder Kornschreiber hiermit eine Reinschrift verfasst hatte und die Kladden aus den zwei jährlich stattfindenden und in den Vogteien abgehaltenen Landgerichtstagen dazu die Grundlage bildeten.

Nachfolgend sind zuerst die Brüche der Vogtei Scheeßel aufgeführt. Die Akte enthält zu den Brüchen am Ende noch zwei weitere Register:

1. Weinkäufe und Hofgewinnungen
2. Einnahmen an Geldern für Vieh (Viehsteuer)

Die Weinkäufe sind nicht in diesem Buch erfasst, werden aber im dritten Buch zu dieser Reihe „***Weinkauf und Hofgewinnung***“ enthalten und nachzuschlagen sein.

---

[109] StA Stade Rep.76 Nr.1365 Seite 74 -119, gemeine Brüche, 1587

1587

Innhame Bruche aus dem Carspel Scheßel und Brockel (1) [110] - [111]

Nr	Text	Strafe	Vorwurf
1	Die Wohlsdtorper haben des herrn dienst versessen und keine heide uff den howe zu Lune gefhuret, zu bruche	4 Rthlr 2 ß	Dienst-pflicht verletzt
2	Die Westervesede haben wegen des Rottbundes den Graffel genannt(en) waldes sie davor seit bis anhero ohne erlaubnuß gebraucht	30 M 15 ß	Holz-frevel
3	Joachim **Weselo** zum Vahlde hatt vier schwein vor kaufft (verkauft) ehr m. g. f. undt h. das hoffschwein ziehen laßen.	4 Rthlr 1 ß	Unter-schlagung
4	Schwiebert **Brunkhorst**, daß ehr zween Pferde im Schatz nicht beschreiben lassen, auch daß er sich sonst mit ungebührlichen Drauworten vernehmen lassen	30 M 15 ß	Betrug / Bedroh-ung
5	Johan **Tietken** zu Westervesede, das ehr den Herrn dienst versessen und keinen mißt gefhuret zu bruch	4 Rthlr 2 ß	Dienst-pflicht
6	Johan **Meier** zu Scheeßel, das ehr sein Hofschwein sterben lassen zu bruche	10 M 5 ß	Dienst-pflicht
7	Cord **Eindorpes** zu Ostervesede, das ehr den Herrn Dienst versessen	4 Rthlr 2 ß	Dienst-pflicht
8	Hinrich **Eindorpes** zu Ostervesede, das ehr den Herrn Dienst versessen	4 Rthlr 2 ß	Dienst-pflicht
9	Cordt **Heeßling** zu Wolsdorf, das ehr uff Ahlstorf Holz gehauwen	4 Rthlr 2 ß	Holz-frevel
10	Harmen **Gerke** zu Wolsdorf, das ehr Holz uff Aelstorff gehauwen	4 Rthlr 2 ß	Holz-frevel
11	Harmen **Heeßling** zu Barchelsdorf das ehr holtz uff Wohlsdorf gehauwen	4 Rthlr 2 ß	Holz-frevel
12	Jost **zur Bult** das den vogt zu Scheeßel aus der Aelstorff besatz gegangen	6 Rthlr 4 ß	Dienst-pflicht
13	Claus **Berendt** zu Barthelstorp das er den Herrn Dienst versessen	4 Rthlr 4 ß	Dienst-pflicht
14	Harmen **Meyer** zu Hemsbünde, das ehr ein Zuschlag gemacht	10 M 5 ß	Land-nahme
15	Henrich **Meyer** zu Hemsbünde, das ehr ein Zuschlag gemacht	10 M 5 ß	Land-nahme

[110] StA Stade Rep.76 Nr. 1365 Seite 74-99 gemeine Brüche 1587

[111] HStA Hannover Def.76c Be Rotenburg Nr.1 Geldregister 1587 (alt)

zu	Zuordnung	Hof / Haus
3	Joachim **Weseloh** Vahlde, 1587-1610 erwähnt 2. Wirt auf dem Vollhof	SLOHS / WESELOHS Haus Nr.1
4	Schwiebert **Brunkhorst** Vahlde, 1584-1587 erwähnt	aus BRUNKS Haus Nr.4
	Bem.: Die Unterschlagung von Viehbestand und der damit verbundene und versuchte Steuerbetrug wurden hier bestraft. Verschärfend kam wohl hinzu, dass er auch noch mit Worten gedroht hatte.	
5	Johan **Tietken,** Westervesede (=falsch) Ostervesede, 1587-1628 erwähnt	JACOBS Haus Nr.4
6	Johan **Meyer** Scheeßel, 1587-1628 erwähnt	MEIERS Hof Nr.6
	Bem.: Hier könnte es sich um den Eber gehandelt haben, den nur einer vorhielt u. der für die ganze Dorfschaft zur Verfügung stand.	
7	Cord **Indorf** Ostervesede, 1587 2x erwähnt	KLAUS Haus Nr.10
8	Hinrich **Indorf**, (Ostervesede = falsch) Bartelsdorf, 1584-1631 erwähnt	HINNERS Haus Nr.3
9	Cordt **Heeßling** (1599, Nr.39, S.137) Wohlsdorf, 1587-1599 erwähnt (Knecht)	✳(Helvesiek) Haus 18 oder 19
10	Harmen **Gerken** Wohlsdorf, 1560-1587 erwähnt	LANGEN einst GERKEN Haus Nr.8
11	Harmen **Heeßling** (ein Knecht) Bartelsdorf, 1587-1592 ebenda erwähnt	✳(Helvesiek) Haus 18 oder 19
12	Jost zur Bult, auch **Bultmann** genannt Einstelliger Hof Bult, 1587 erwähnt, Wirt	BULTMANNS Haus Nr.1
13	Claus **Behrens** Bartelsdorf, 1560-1587/88 erwähnt Bem.: Behrenshof wurde 1560 „auf dem Hofe" bezeichnet!	BEHRENS Haus Nr.4
14	Harmen **Meyer** [112] Hemsbünde, 1587-1600 erwähnt	1. Baumann 1587 von 6
15	Henrich **Meyer** Hemsbünde, 1587 erwähnt, ab 1599 Peter **Meyer**	2. Baumann 1587 von 6 → siehe Nr.58

Dörfler stellt dazu fest, dass es in diesem Bruch keine Beschränkung auf linkswümmische Fälle gibt.[113]

[112] Zuschlag machen bedeutete, er hat unerlaubt Heide geflügt und als Ackerland genutzt.
[113] Dörfler 2004, Seite 178

1587

Innhame Bruche aus dem Carspel Scheßel und Brockel (2) [114] - [115]

Nr	Text	Strafe	Vorwurf / Tat
16	Claußß **Reinken** tho Hemsbünde, das ehr seinen Immenzaun uff ein andere stede gesetzt ohn erlaubniß	10 M 5 ß	Verstoß gegen Regeln
17	Jürgen (**Schülermann**) zu westerholt das ehr Hinrich **Huygings**[116] mit einem spieße in den Kopff gehauwen, darum...	6 M 3 ß	Körper-verletzung
18	Claus **Holtmann** zu Westervesede hatt Johan **Hanhorst** sein Korne und wiese gefrettet	10 M 5 ß	Erntediebstahl
19	Hinrich **Heitmann** zu Westervesede das ehr hat den Lütke **Walers** den Daumen halb abgehauwen	6 M 1 ß	Körper-verletzung
20	Jürgen **zum Reder** das ehr Lutken **Meyer** uff freyer straße ahn den Hals geschlagen	4 Rthr 2 ß	Körper-verletzung
21	Hilmer **Grabouw** zu Scheeßel das ehr Jürgen **Barchfredes** geschlagen	1 Rthr 2 ß	Körper-verletzung
22	Hans **von der Bult** das ehr Lutken **Heitmans** vorgelegt die seinen weren ahm galgen vör dröget (vertrocknet)	8 Rthr 3 ß	Beleidigung
23	Cord **Ferseman** zu Ostervesede davor ehr Hans **Meiern** mit einem schwepensteel (Schaufelstil) geschlagen	8 Rthr 3 ß	Körper-verletzung
24	Lütke **Heitmans** das ehr Johan **Lüders** bezichtiget ehr hatt ihm sein schwein dodt geschlagen und nich können beweisen	6 Rthr 3 ß	Sach-beschädigung
25	Johan zum **Grimshoep** das ehr Jürgen **zum Reder** uff Keiserlichher freyer straße geschlagen	6 Rthr 3 ß	Körper-verletzung
26	Peter **Inselman** zu Westervesede das ehr sich mit Jürgen **Shülerman** zu der Kirch gezanket	6 Rthr 3 ß	Verstoß gegen die Kirchen-ordnung

°Strafen in Mark z.B. 1, oder Mark/Schillinge = z.B. 10 M 5ß

[114] StA Stade Rep.76 Nr.1365 Seite 74-99 gemeine Brüche 1587

[115] HStA Hannover Def.76c Be Rotenburg Nr.1 Geldregister 1587 (alt)

[116] Huiginges = Hoyns; Der ehemalige Ort liegt bei Westerholz, siehe Dörfler, 2004, Seite 192, auch Hungenck bzw. Hungarge oder Hungange (Anno 1437)

zu	Zuordnung	Hof / Haus
16	Claußs **Reinken** (siehe Nr.49) Hemsbünde, 1587-1599 erwähnt, Sohn	6. Bm 1587 von Haus Nr.6
17	Jürgen **Schülermann** (→ siehe Nr.25 u. Nr.27) Westerholz, 1560-1587 erwähnt[117]	JÜRNS Haus Nr.6
	Hinrich **Hoyns**, aber kein Baumann vermutlich aus Wittkopsbostel	(HOYNS) (Haus Nr.6)
18	Claus **Hollmann** Westervesede, 1587-1613 erwähnt	CLAUS Haus Nr.12
	Johann **von Honhorst** Herr auf den Rittergütern Veerse und Trochel	Ritter auf Gut Veerse
19	Hinrich **Heitmann** Westervesede, 1587-1631 erwähnt	HEITMANN Haus Nr.8
	Lütke **Wahlers** Westervesede, 1587-1628 erwähnt	LÜGGERS Haus Nr.18
20	Jürgen **Bellmann** (siehe Nr.24) Rehr, 1587 erwähnt (wohl Lütkes Sohn)	REHRMANN Haus Nr.1
	Lütke **Meyer**, wohl nur Knecht in Appel vermutlich aus Helvesiek Haus Nr.11 gebürtig.	APPELMANN Haus Nr.1
21	Hilmer **Grabow** Scheeßel, 1587 erwähnt	GROBBERS Haus Nr.10
	Jürgen **Bargfrede** Scheeßel, 1560-1587 erwähnt	LÜTJENS Haus Nr.11
22	Hans **von der Bult** (siehe Bem. S.75) Einstelliger Hof Bult, 1587 erwähnt, Knecht	BULTMANN Haus Nr.1
	Lütke **Heitmann** (siehe Bem. Seite 75) Westervesede, 1584-1587 erwähnt	SLÜTEN Haus Nr.9
23	Cord **Veersemann** Ostervesede, 1587 erwähnt, vermutlich Knecht	VERSEMANN Haus Nr.11
	Hans **Meyer** (siehe 1592/93 Nr.9, S.111) Ostervesede, 1587-1628 erwähnt	KLAUS Haus Nr.10
24	Lütke **Heitmann**, Halbhöfner im Meierhof Westervesede, 1584-87 gen. (siehe Nr.22)	SLÜTEN Haus Nr.9
	Johann **Lüders** (nicht zuzuordnen)	
25	Johan zum Grimshop = Johann **Bellmann** 1587 erwähnt, war wohl nur Häußling	einstelliger Vollhof
	Jürgen zum Reder = Jürgen **Bellmann**	→ siehe Nr.20
26	Peter **Inselmann** Westervesede, 1567-1598 erwähnt	PEETS Haus Nr. 11
	Jürgen **Schülermann**	→ siehe Nr.17

[117] Bem: Nicht mit Jürgen **Schüler** von RÖHRS, Westerholz Hof Nr. 3 verwechseln.

1587

Innhame Bruche aus dem Carspel Scheßel und Brockel (3) [118] - [119]

Nr	Text	Strafe°	Vorwurf / Tat
27	Jürgen **Shülerman** davor das ehr sich in der Kirch gezanket	1 Rthr 6 ß	Verstoß gegen die Kirchenordnung
28	Die Westerhoolter darvor das sie ihre Planken[120] ahn dem Kirchhoffe nicht zu gemacht.	24 Rthr 15 ß	Verstoß gegen die Kirchenordnung
29	Dierich **brase** zu Helvesyeck das ehr sich mit Claus **feersemans** und Lutken **ditmers** frauwen in der kirchen gehadert.	3 Rthr 2 ß	Verstoß gegen die Kirchenordnung
30	Johan **Cordes** das ehr ohne Erlaubnis ein Zuschlag gemacht	4 Rthr 2 ß	unerlaubte Landnahme
31	Henrich **Garbers** zu Botel das ehr ein Zuschlag ahn seiner wiese gemacht	3 Rthr 2 ß	unerlaubte Landnahme
32	Claus **fahlemans** zu Bothel des ehr ahn seiner Immenstede ein Zuschlag gemacht	10 Rthr 5 ß	Er hatte unerlaubt mehr Bienenkörbe
33	Hinrich Cordes **Lüntzman** zu Botel das ehr hier den Hardwedell florde, ahn der weiße zu gereumet	12 Rtlr 6 ß	Er hat eine Zufahrt versperrt
34	Drewes **Kramer** zu Brockel das seine magd Harmen **Küsels** Mutter zugehörig zugeleget, und der von seinem broch befahren	6 Rtlr 3 ß	unerlaubt über das Land des anderen gefahren
35	Harmen **Küsel** das sein Bruder Cord (den) Drewes **Kramers** magt mit einer Schippe uf freyer straße geschlagen	4 Rtlr 2 ß	Köperverletzung
36	Harmen **Gerke** zu Brockel das ehr **Wiegers** dochter nach einmahl beschlafen	4 Rtlr 2 ß	Unzucht
37	Hans **Gerke** zu Brockel das ehr Reineke **Gerke** mit einer keulen uf den Kopf geschlagen	1 Rtlr 1 ß	Köperverletzung
38	Harmen **Gercken**	1 Rtlr 6 ß	nicht erwähnt

[118] StA Stade Rep.76 Nr. 1365 Seite 74-99 gemeine Brüche 1587

[119] HStA Hannover Def.76c Be Rotenburg, Nr.1, Geldregister 1587 (alt)

[120] Planken an einem Kirchhof, war die Umzäunung / Kirchenmauer. Jedes Dorf hatte einen zugeteilten Abschnitt instandzuhalten und jedes Haus seinen Teil davon.

zu	Zuordnung	Hof / Haus
27	Jürgen **Schülermann** (siehe Nr.17)	JÜRNS Haus Nr.6
29	Dierich **Brase** Helvesiek, 1575-1599 erwähnt	DIERS Haus Nr.17
	Claus **Veersemann** Ostervesede, 1587 erwähnt	VERSEMANN Haus Nr.11
	Lütke **Dittmers** Ehefrau (er siehe Nr.52) Helvesiek, 1578-1600 erwähnt	DITTMERS Haus Nr.21
30	Johan **Cordes** (1592/93 Nr.18 S.121) Bothel, (1592/93, Nr.21, S.113)	
31	Henrich **Garbers**, ½ Höfner Bothel, (s. 1592/93 Nr.10 S.121)	GARBERS Haus Nr.20
32	Claus **Vahlemann** Bothel, Verwandter von Harm in Hemsbünde	
33	Hinrich Cord **Lünzmann** Bothel, ein Baumann	
34	Drewes **Kramer** (1599, Nr.30-31, S.151) Brockel, hier ist aber seine Magd erwähnt	
	N.N. **Küsel**, Mutter von Harm, ½ Höfner) Brockel	→ siehe Nr.35
	N.N., Magd bei Drewes **Kramer** zu Brockel	
35	Harmen **Küsel** Brockel, (Enkel siehe 1631/32 Nr.1-2, 6 S. 189)	→ siehe Nr.42 ½ Höfner
	Cord **Küsel**, Bruder von Harm Brockel	→ siehe Nr.35
	Drewes **Kramers** Magd Brockel, Hatte der Übergriff der Brüder **Küsel** mit der Beschimpfung gegen deren Mutter zu tun?	
36	N.N. **Wiegers**, Tochter von Olrick **Wiggers** Rotenburg, 1575 im Michaeliszins erwähnt	
	Harmen **Gerke** Brockel	→ siehe Nr.38 und Nr.57
37	Hans **Gerke** Brockel	
	Reinke **Gerke** (1592/93, Nr.22, S.113) Bothel, 1599-1628 gen., (1592, Nr.26, S.109)	
38	Harmen **Gerke** Brockel	→ siehe Nr.36

1587

Innhame Bruche aus dem Carspel Scheßel und Brockel (4) [121] - [122]

Nr	Text	Strafe°	Vorwurf / Tat
39	Jürgen uf der Kartstede (Kate) das ehr Christoffer **Delvendahl** sein Korn gefrettet	2 Rthlr 1 ß	Ernteschaden
40	Christoffer **Delvendahl** zu Soling das ehr Cord **Cordes** und Peter **Hannhoepf** zu Grauen sie heten ehr sein Korn gefrettet und nich bewejsen	4 Rtlhr 2 ß	Verleumdung Ernteschaden
41	Jürgen **Hülsing** zu Brockel das ehr Peter **Roers** vor ein Schelm und bösewicht gescholten	6 Rthlr 2 ß	Beleidigung
42	Harmen **Kusel** zu Brockel das ehr seinen Zaun nicht gezaunet undt dem Pastoriy seine Koe die dadurch umbkam zu bruche	2 Rthlr 1 ß	Die Kühe des Pastors liefen fort.
43	Lüder **Gerke** zu Brockel das ehr dem Ambt gebot verachtet und Mary **Schröder** nichs bezahln zu bruche thutt	2 Rthlr 1 ß	Zahlung nicht geleistet.
44	Hinrich **Schneider** zu Botel das ehr Claus **Meigers** mit seinem Krose vor den Kopf geschlagen und geblutwundet	2 Rtlhr 1 ß	Körper-verletzung
45	Harmen **Kusel** zu Brockel hat Ludolff **Hanhorst** sein Zehent Imme nichst geben, wollen zu Bruche	6 Rtlhr 1 ß	Abgabe nicht entrichtet.
46	Lütke **Delvendal** zu Botel hat bei seiner wiese zu gereumet zu Bruche thutt	4 Rthlr 4 ß	Landnahme
47	Lütke **Lüdeman** zu Wurdt hat ohne erlaubnis zwey aalwahr uff fromb wasser Geschlagen zu bruche thutt	10 Rthlr 5 ß	Verstoß gegen das Fischereirecht
48	Peter **(...)** zu Hemsbünde hat uber verbott seine gense die nacht der gemeinen weide gehabt zu bruche thutt	3 Rthlr 3 ß	Verstoß gegen ein Verbot.
49	**Reincke** zu Hemsbunde seiner gense gleichfals zu bruche thutt	3 Rthlr 3 ß	wie Nr.48
50	Lütke **Delvendal** zu Botel das ehr Henrich **Welff** uff Berghoff Eberhardt Christmutter gedecktmaß[123] das jenige so ihme ohn felde und wischlande nicht folgen lassen wollen, zu bruche thutt	3 Rthlr 2 ß	Scheinbar Ungehorsam

[121] StA Stade Rep.76 Nr. 1365 Seite 74-99 gemeine Brüche 1587
[122] HStA Hannover Def.76c Be Rotenburg, Nr.1, Geldregister 1587 (alt)
[123] Das bedeutet, dass der Bischoff bereits verstorben war.

zu	Zuordnung	Hof / Haus
39	Jürgen **(...)**, ein Kötner Brockel	
	Christoffer **Delvendahl** (1599, Nr.70, S.143) Söhlingen, 1587-1599 erwähnt, Halbhöfner	→ siehe Nr.40 und 68
40	Christoffer **Delvendahl** Söhlingen	→ siehe Nr.39
	Cord **Cordes** (1610, Nr.32, S.161) Söhlingen (6.6.1599, Nr.57, S.140)	
	Peter **Hannhoepf** Grauen	
41	Jürgen **Hülsing** Brockel	
	Peter **Röhrs** Hemslingen), (1592, Nr.31, S.109)	
42	Harmen **Küsel** Brockel	→ siehe Nr.35
43	Lüder **Gerke**, einzige Erwähnung Brockel	
	Mary (Marie) **Schröder** (Hemslingen)	
44	Hinrich **Schneider** (Schnieder) Bothel, 1587-1628 erwähnt	 Brinkkötner
	Claus **Meyer** (siehe 1592 Nr.26 S.113) **Bothel**, (siehe 1599 Nr.23 S.149)	CLAUSMEYER Brinkkötner
45	Harmen **Küsel** Brockel	→ siehe Nr.35
	Ludolff Hanhorst = **von Hohnhorst**, de Düwel Gut Veerse (1587, Nr.18, S.69)	1471 Ritter auf Gut Veerse
46	Lütke **Delventhal**	→ siehe Nr.50
47	Lütke **Lüdemann** Worth	
48	Peter **(...)** Hemsbünde	
49	Clauß **Reinken**, (siehe Nr.16) Hemsbünde 1587-1599 erwähnt	6. Baumann 1587 von 6
50	Lütke **Delvendahl** Bothel	→ siehe Nr.46
	Henrich **Schomaker** oder **Lohmann** Barkhoff	BARKHOF
	Eberhardt Christoffer **Richter** Brockel (1631 wird Hinrich **Richers** erwähnt)	

1587

Innhame Bruche aus dem Carspel Scheßel und Brockel (5) [124] - [125]

Nr	Text	Strafe°	Vorwurf / Tat
51	Claus **Heitmans** zu Botel das seine Kinder ein alten eichen baum uffn Hardwedel abgebrandt	7 Rtlr 4 ß	Holzfrevel
52	Lütke **Ditmers** zu Helvesiek darman das ehr Appelsmeyer Knecht geschlagen	2 Rtlr 1 ß	Körper-verletzung
53	Jochim **Ratken** und Claus **Brase** zu Helvesiek das sie uff w.g.f. und herrn hoffe zu Helvesyiek gemalt getan	20 Rtlr 10 ß	Verstoß gegen den Mühlen- u. Mahlzwang
54	**Appelsmeyer Knecht** das ehr Lütke **Ditmers** dafür uff w.g.f. und Hoffe geschlagen	1 Rtlr 6 ß	Körper-verletzung
55	Claus **Heitmans** zu Botel das ehr haus schweine über der ambtsverbot in den Hartwedel gelaßen	10 Rtlr 5 ß	Verstoß gegen ein Verbot
56	Reinke **Früchtenicht** des ehr seine frauwen ehe (bevor) ihn (er) vortrauet (getraut = verheiratet wurde) geschwengert.	24 Rtlr 12 ß	Unzucht
57	Harmen **Gerke** hat vor sich und Becke **Gerke** das ehr boßhaft abgehandelt und gibt vor sich und seiner frauwen zu bruche thutt	30 Rthlr 15 ß	Sie haben wohl üble Sachen verbreitet.
58	Dierich **Carstens** das ehr Henrich **Megers** sein Korn gefrettet zu Bruche thutt	2 Rthlr 3 ß	Ernteschaden

[124] StA Stade Rep.76 Nr. 1365 Seite 74-99 gemeine Brüche 1587

[125] HStA Hannover Def.76c Be Rotenburg, Nr.1, Geldregister 1587 (alt)

zu	Zuordnung	Hof / Haus
51	Claus **Heitmann** (siehe Nr.55) ½ Höfner Bothel, 1587-1599 erwähnt	HEITMANNS Haus Nr.2
52	Lütke **Dittmer** (siehe Nr.29) Helvesiek, 1578-1600 erwähnt	DITTMERS Haus Nr.21
53	Jochim **Ratchen** Helvesiek, 1587 erwähnt	RÖTENS Haus Nr.7
	Claus **Brase (Braasch)** Helvesiek, 1587 erwähnt	DIERS Haus Nr.17
54	Appelsmeyer Knecht **N.N.** Appel, einstelliger Hof im Kirchspiel Scheeßel	
55	Claus **Heitmann**, ½ Höfner Bothel, 1587-1599 erwähnt	→ siehe Nr.51
56	Reinke **Früchtenicht**, ½ Höfner Brockel, erwähnt 1587, ⚭ 1587	
57	Harmen **Gerke** Brockel	→ siehe Nr.36
	Becke **Gerke**	Harms Ehefrau
58	Diederich **Carstens** Brockel, 1631 wird sein Sohn Diedrich erwähnt.	
	Henrich **Meyer** (siehe Nr.15) Hemsbünde, 1587 erwähnt, ab 1599 Peter Meyer	2. Bm 1587 von Haus Nr.6
	Anmerkung zu Lfd Nr.22, Seite 69	
	Hans **von der Bult** Einstelliger Hof Bult, 1587 erwähnt, Knecht	BULTMANN Haus Nr.1
	Lütke **Heitmann** Westervesede, 1584-1587 erwähnt	SLÜTEN Haus Nr.9
	<u>Bem.:</u> Hans **von der Bult** wirft Lütke **Heitmann** vor, dass die Seinen, also Mitglieder seiner Familie, womit offensichtlich seine Vorfahren gemeint waren, am Galgen vertrocknet seien. Gehängte ließ man seinerzeit zur Abschreckung am Galgen baumeln bis sie von selbst herabfielen. Es scheint so, dass hier der Vorwurf, dass ein Verwandter von Lütke **Heitmann** wegen eines Verbrechens zum Tod durch den Strang verurteilt worden war.	
	<u>Bei der Suche nach Lütke **Heitmann** sind ausgeschieden:</u>	
	…aus Westervesede Haus Nr.10 LÜTTEN, ✳um 1520	
	…aus Bartelsdorf Haus Nr. 1 RAMAKERS, ✳um 1520	
	…aus Deepen Haus Nr. 2 SLOHS, ✳um 1560	

Vergleichsbrüche im Amt Rotenburg

Die nachfolgenden Brüche des Amtes Rotenburg dienen lediglich einem Vergleich von Vergehen und Bußen, innerhalb der Vogteien des Amtes, zur vorhergehenden Vogtei Scheeßel. Die Vogteien sind in alphabetischer Reihenfolge aufgeführt. [126]

1587

Innhame ahn Gelde van Bruchen vom Carspel Auhusen (Ahausen)

Nr	Text	Strafe	Vorwurf / Tat
1	Ties **warnecken** zu Understede hat die herrn dienst versessen und bei dem hofschwein nicht gewesen zu bruche thutt	1 Rthlr 2 ß	Dienstpflicht-verletzungen
2	Claus **Inteman**, Lütke **Curdes** und Johan **Küsell** zu Hellwede, haben den herrn gebobt verachtet und die hunde nicht gebunden noch abgeleget zu bruche thutt	6 Rthlr 3 ß	Dienstpflicht-verletzungen
3	Die Hellwedeler haben das herrn verbot verachtet und des Montags zu dem Pfingst auch der Dienstag gesessen und die Trommel geschlagen zu bruche thutt	22 Rthlr 7 ß	Ein Verstoß gegen ein Verbot und Lärmen!
4	Die Ahuser haben das herrn verbot verachtet und des Montags zu dem Pfingst gesessen zu bruche thutt	20 Rthlr 6 ß	Ein Verstoß gegen ein Verbot!
5	Harmen zum Menden (…) und Johan **Gercken** zu Ahusen das für die Hunde nichs abgeleget - zu bruche thutt	3 Rthlr 2 ß	Dienstpflicht-verletzungen
6	Die Ahuser haben vor dheme Thumb-capitel geklaget, das sie mit angeben in ge…p fertigt - zu bruche thutt	22 Rthlr 11 ß	…
7	Claus **Reineken** zu Hellwede das ehr kartreen **Lange** zu Auhusen beschlafen zu bruche thutt	20 Rthlr 10 ß	Dienstpflicht-verletzungen
8	Peter **Lange** zu Auhus vorigen seiner da verbergen und johan **Walers** eß die geschwengern zu bruche thutt	20 Rthlr 10 ß	Betrugsversuch und Mittäterschaft

[126] StA Stade Rep.76 Nr. 1365 Bl. 74-112, gemeine Brüche 1587

zu	**Zuordnung**	**Hof / Haus**
1	Ties **Warnecken** Unterstedt, 1663 wird ein Johann **Warneken** im Kopfschatz ebenda erwähnt.	
2	Claus **Intemann** Hellwege, 1663 wird ein Lütke **Intemann** im Kopfschatz ebenda erwähnt.	
	Lütke **Cordes,** ½ Höfner Hellwege, 1663 wird ein Lütke **Kordes** im Kopfschatz ebenda erwähnt.	LüT CORS ½ Hof Haus Nr.19
	Johann **Küsel** Hellwege, 1663 wird ein Johann **Küsel** im Kopfschatz ebenda erwähnt.	
5	Harmen zum Menden (...)	
	Johann **Gercken** Ahausen, 1646 werden ein Hinrich und ein Jacob **Gercken** zu Ahausen erwähnt.	
7	Claus **Reinken** Hellwege, 1646 werden ein Hinrich und ein Lütke **Reinken** zu Hellwege erwähnt.	
	Kartreen **Lange** Ahausen, offensichtlich Peters Schwester, sonst wäre sie als seine Ehefrau mit dem Hinweis auf Ehebruch oder den Ehemann erwähnt worden.	→ siehe Nr.8
8	Peter **Lange**, Pflugkötner Ahausen, 1663 wird im Kopfschatz die Witwe eines Peter **Lange** in Ahausen erwähnt, womit wohl sein Enkel gemeint war.	PETER LANGEN Pflugkatc Haus Nr.11
	Johann **Wahlers** Vermutlich Ahausen, eine Familie **Wahlers** wird in den Registern von 1646 bis 1691 nicht mehr im Kirchspiel Ahausen erwähnt.	
Bem.: Die Hinweise auf den Kopfschatz von 1663 oder die Kontribution von 1646 belegen, dass die Familien 2-3 Generationen später hier lebten.		

1587

Innhame Bruche aus dem Carspel Walsede (Kirchwalsede)

Nr	Text	Strafe	Vorwurf / Tat
1	Reincke zum Borstel **(...)** hatt ohne erlaubniß vier Ellern im Radesbroeck hauwen laßen zu Kornstall brin(g)en zu bruche thutt	10 Rthlr 5 ß	Holzfrevel
2	Hinrich **Hesse** zu Suderwalsede das ehr Anneken **Langen** beschlafen zu bruche thutt	13 Rthlr 2 ß	Unzucht
3	Harmen **Lange** zu Kirchwalsede hat wegen seiner dochter Anneken, so Heinrich **Haßstede** beschlafen, abgeschandet und gibt zu bruche hier	18 Rthlr 2 ß	Unzucht der Tochter / er hat wohl Selbst-justiz geübt = abgeschandet!
4	Lütke **Ludeman** zum Borstel darum das ehr Harmen **...** zum Hassel gebludwundet zu bruche thutt	10 Rthlr 5 ß	Körperver-letzung
5	Johan **Schürman** zum Borstel das ehr Claus **Schmid** zu Wittorf geschlagen zu bruche thutt	10 Rthlr 5 ß	Körperver-letzung
6	Reincke **Ludeman**, Reinckens Knecht zum Borstel das ehr den **Schmid** helfen (zu) schlagen zu bruche thutt	10 Rthlr 5 ß	Beihilfe zur Körperver-letzung
7	Johan **Kedenborch** zu Walsede, das ehr Claus **Schmid** helfen (zu) schlagen, zu bruche thutt	12 Rthlr 6 ß	Beihilfe zur Körperver-letzung
8	Johan **Moller** zum fedderloh das ehr Jochim **Hoppen** ohne seinen Willen uff seine Weise etlich haue gefüret und ihme die Nahse zerprochet, zu bruche thutt	2 Rthlr 1 ß	Körperver-letzung

zu	Zuordnung	Hof / Haus
1	Reincke (vermutlich **Ludemann**) Riekenborstel, früher nur *zum Borstel* genannt.	
2	Hinrich **Hesse** Süderwalsede, 1646 werden zwei **Hesse** im Ort erwähnt.	
	Anneken **Langen** Kirchwalsede, Harmen **Langes** Tochter wurden gleich zwei Unzuchtdelikte vorgeworfen.	→ siehe Nr.3
3	Harmen **Lange**, ½ Höfner um 1587 Kirchwalsede, Enke Tietge wird 1631 erwähnt.	MANSFELD Haus Nr.16
	Heinrich **Hastede** … (nicht im Ksp Ahausen gebürtig)	
4	Lütke **Lüdemann** Riekenborstel, früher nur *zum Borstel* genannt. 1631 werden zwei Familien im Ort erwähnt.	
	Harmen **(…)** Hassel	
5	Johann **Schünemann** Riekenborstel, früher nur *zum Borstel* genannt. 1631 wird eine Familie im Ort erwähnt.	
	Claus **Schmidt** Wittorf im Kirchspiel Visselhövede	
6	Reincke **Lüdemann** Riekenborstel, früher nur *zum Borstel* genannt. 1631 werden zwei Familien im Ort erwähnt.	
	Claus **Schmid**	→ siehe Nr.5
7	Johann **Kedenburg** Kirchwalsede	
8	Johann **Müller** Fedderlohmühlen	
	Jochim **Hoppen** …	

1587

<u>Innhame ahn Bruchen im Carspel Nienkirchen</u> (Neuenkirchen) [1]

Nr	Text	Strafe	Vorwurf / Tat
1	Claus zu Grauen **(...)** das ehr seinen nachauren bey Beschoff Eberhardts Regierung einen hoff abfendigh gemacht und etzlich zum Halm entfhuret und das ehr die Koten van dem Vogt **Ballm** und nicht bei den Hauß Rodenborch gewinnung zu bruche	3 Rthlr 2 ß	Er hat seinen Nachfolger die Hofgewinnung beim Vogt und nicht beim Amt zahlen lassen.
2	Claus **Lüntzman** zu Brochdorf, das ehr seine hoffschwein abgestorben.	3 Rthlr 2 ß	Dienstpflicht-verletzung
3	Claus **Rodesbroeck** zu Tevell das ihm sein hoffschwein abgestorben, zu bruche thutt	3 Rthlr 2 ß	Dienstpflicht-verletzung
4	Cordt **Muller** zu Delmsen das ihm sein hoffschwein abgestorben.	6 Rthlr 3 ß	Dienstpflicht-verletzung
5	Harmen **Baden** zu Schwalen das er sein hoffschwein sterben laßen zu bruche	10 Rthlr 5 ß	Dienstpflicht-verletzung
6	Johan **Moller** zu Tewel das er sein Hoffschwein sterben laßen	3 Rthlr 2 ß	Dienstpflicht-verletzung
7	Hinrich **Heins** zu Schwalen das ihm sein Hoffschwein gestorben, zu bruche	3 Rthlr 2 ß	Dienstpflicht-verletzung
8	Meineke zum Hardböhn **(...)** das ehr etzliche Ellen gehauwen und seine schweine uff der Mast bei nacht fretten im Rodesbruch gehabt zu bruche	22 Rthlr 6 ß	Holzfrevel und Vertoß gegen ein Verbot.
	<u>Bem.:</u> Seine Schweine sind nicht gestorben. Möglicherweise, <u>weil</u> er ihnen zu fressen gab, wenn auch an einer verbotenen Stelle.		
9	Claus **Baden** zu Delmsen das her des **Mollers** Sohn zu Lüntzen geschlagen zu bruche thutt	2 Rthlr 1 ß	Körperver-letzung

zu	Zuordnung	Hof / Haus
1	Claus **N.N.** Grauen	
	Vogt **Ballm**	
2	Claus **Lüntzmann** Brochdorf, sein Vater Hans wird am 29.9.1575 ebenda im Michaeliszins erwähnt.	
3	Claus **Rodesbroeck** Tewel, er wird 1591 im Roggenzins erwähnt.	
4	Cordt **Müller** Delmsen	
5	Harmen **Baden** Schwalingen	siehe 1592/93 Nr.12 S.104 Nr.12 S.110
6	Johan **Müller** Tewel	
7	Hinrich **Heins** Schwalingen, 1600 im Nottgeld ebenda erwähnt.	[127]
8	Meincke **Baden** Hardböhn, am 29.9.1575 im Michaeliszins gen.	siehe Nr.18
9	Claus **Baden** Delmsen, er wird nicht, aber zwei Hans **Baden** werden 1587 im Michaeliszins ebenda erwähnt. Möglicherweise war Claus ein Sohn des seligen Tewes. Da Claus dort nicht eingetragen ist, hatte er keinen Hof, war eher ein Knecht im Dorf.	
	N.N. Sohn des Müllers in Lüntzen	

[127] Nottelgeldregister, StA Stade Rep..., 1600

1587

<u>**Innhame ahn Bruchen im Carspel Nienkirchen**</u> (Neuenkirchen) [2]

Nr	Text	Strafe	Vorwurf / Tat
10	Claus zu Hertel **(...)** das ehr falsche Zeughunge (und dass) ehr geschlagen, zu bruche thutt	2 Rthlr 1 ß	Er machte falsche Angaben zum Holzschlag
11	Hans **Schmedes** zu Grauen das ehr falsche Zeughunge gegeben, zu bruche thutt	2 Rthlr 1 ß	Er machte falsche Angaben!
12	Claus zu Hertel **(...)** das ehr seinem Sohn den fenger durch zu stechen wolen auch das ehr den fenger gestochen, zu bruche	20 Rthlr 10 ß	Körperverletzung
13	Meineke **Westerman** zu Nienkerken das ehr der alten Pastorschen Knecht vor ein Brunnenken Dreger geschulden und nicht konnen beweisen, zu bruche thutt	2 Rthlr 1 ß	Beleidigung geschulden = gescholten = beschimpft = genannt
14	Hans **schroder** zu nienkerken, das seine frauwen durch **Rorings** frauwen vor ein koken benkerschen geschulden, zu bruch thutt	2 Rthlr 1 ß	
15	Otto **Hopes** tho Gilmerding das ehr Tonnies **Baden** zu Brochdorf frauwen alß hettet sie Röne gestolen zu geweßen, zu bruche thutt	3 Rthlr 1 ß	
16	Jürgen **Meigers** Knecht Peter **Oldehoff** das ehr zu Otten **Hopes** gesaget Hans Tönnies **Baden** schelt die vor ein R...ff, zu bruche thutt	1 Rthlr 3 ß	
17	Tönnies **Baden** das ehr Otten **Hopes** mit einem stule geschlagen zu bruche thutt	1 Rthlr 6 ß	
18	Meincke uffm Hardböhn **(...)** das ehr Marten **Moller** vor ein schelm, wirker und filler geschulden zu bruche thutt	4 Rthlr 2 ß	Beleidigungen geschulden = gescholten
19	Heinrich zum Platenkampe **(...)** das ehr zweighester zu **fryman** hoffe gehauwen, zu bruche thutt	4 Rthlr 2 ß	Holzfrevel
20	Aleken **(...)** Sohn zu Schwalm das ehr Peter **Roers** zu Tewel vor ein Bösewicht geschulden, zu bruche thutt	2 Rthlr 1 ß	

Die Seiten 86V – 89R (Nr.21-62) sind hier nicht erfasst.

zu	**Zuordnung**	**Hof / Haus**
10	Claus **N.N.**, möglicherweise ist er der Müller-sohn, des 1575 erwähnten Hans **Müller**? Hertel	
11	Hans **Schmedes**, möglicherweise ist er der Sohn, des 1575 ebenda erwähnten Claus **Schmedes**? Grauen	
12	Claus **N.N.**, Hertel	→ siehe Nr.10
	Sohn von Claus **N.N.** Hertel	
13	Meineke **Westermann** Neuenkirchen	
	Der alte Pastor zu der Zeit war Johann **Jentis**	
14	Hans **Schröder** Neuenkirchen	
	Rorings Frau, 1646 und 1663 wird ein Nachfahre mit Namen Hinrich **Röring** ebenda erwähnt. Gilmerdingen	
15	Otto **Hopes**, 1576 noch als *thom Hope* erwähnt. Gilmerdingen	
	Tonnies **Baden** Brochdorf	
16	Jürgen **Meigers**	
	Knecht Peter **Oldehoff**	
	Otto **Hopes** Gilmerdingen	→ siehe Nr.15
	Tönnies **Baden** Brochdorf	→ siehe Nr.15
17	Tönnies **Baden**	→ siehe Nr 15
	Otto **Hopes** Gilmerdingen	→ siehe Nr.15
18	Meineke **Baden** Hardböhn, am 29.9.1575 im Michaeliszins gen.	→ siehe Nr.8
	Marten **Müller**	
19	Heinrich zum Platenkamp, vermutlich **BADE** Platenkamp	PLATENKAMP Vollhof
	Freimanns Hof …	FREIMANNS
20	Aleken **N.N.** ihr Sohn ist nicht ermittelbar. Schwalingen	
	Peter **Röhrs**, er ist weder 1575, noch 1591 in den Listen zu Tewel erwähnt worden. Tewel	

1587

<u>Innhame ahn Gelde von Bruchen im Carspel Rodenburg</u> [Rotenburg]

Nr	Text	--	Vorwurf / Tat
1	Lütke zu Wordt **(...)** hat uff L... Ruten zu Karten gefuren, zu bruche	10 Rth 2 ß	unerlaubte ...
2	Johann **Berendes** von Hastede das ehr Ludolff **Honhorts** Magd geschwengert und ohne geleide wurden in des Stifts kommen, zu bruche thutt	20 Rthlr 8 ß	Unzucht
3	Johan **Trochelman** das ehr seine frauwen im ehrenwerten dumb capitels borde ehr ihr den ... und geschwengert, zu bruche thutt	20 Rthlr 8 ß	Unzucht
4	Claus zu Hemesbunde **(...)** das ehr sein schwein in den Hard...d.. gehen laßen, zu bruche thutt	2 Rthlr 1 ß	Schweinemast am verbotenen Ort
5	Harmen **Berendes** zu Hastede Sohn war etzlicher vieler ab gehen ... Hester uff Lintel (Kirchlinteln), zu bruche	1 Rthlr 10 ß	Holzfrevel
6	Johan **Schele** zum Hassel das ehr fünf Rinder nicht beschreiben laßen und nicht verschatzet und dieselben verborgen im Immen Zaune gehabt, zu bruche	10 Rthlr 6 ß	Unterschlagung - falsche Angaben
7	Herman **Lange** das ehr ein Pferd nicht verschatzet (angegeben), zu bruche thutt	10 Rth 5 ß	falsche Angaben
8	Hans **Ludeman** das ehr fünf Rinder im Immen Zaune verborgen gehalten und nichts verschatzet gehabt, zu bruche ...	24 Rthlr 12 ß	Unterschlagung - falsche Angaben
9	Henske **Heins** zum Hassel das ehr fünf Rinder im Immen Zaune verborgen gehalten und nichts verschatzet, zu bruche thutt	12 Rthlr 6 ß	Unterschlagung - falsche Angaben
10	Peter **Katmann** das ehr Jochim **Hoppes** vor den Kopff gebludwundet, zu bruche	1 Rthlr 6 ß	Körperverletzung
11	Lorenz **Imeker** dat sein sohn Christoffer **Banderß** Jung geschlagen, zu bruche	6 Rthlr 5 ß	Körperverletzung
12	Gabriel **Stöver** das ehr sich vor dem gehaltenen Burgergericht, alßser Ihnes **Radts** geschworigert sei, mit drauen unreden warnehmen laßen, zu bruche thutt	10 Rthlr 5 ß	Drohungen, ungebührliches Verhalten als Mitglied des Rates

zu	**Zuordnung**	**Hof / Haus**
1	Lütke **Wortmann**, Vollhöfner Worth, 1591/1592 im Michaeliszins erwähnt.	
2	Johann **Behrens** Hastedt	
	Gleichwohl, dass Johann **von Honhorst** zu der Zeit dieses Bruches auf dem Gut selbiges führte, wurde sein seliger Urgroßvater Ludolff, der 1471 *„de Düwel"* genannt wurde, im Sprach- und Schriftgebrauch noch in aller Munde.	Rittergut Trochel und Veerse
3	Johann **Trochelmann** Rotenburg	
4	Claus **Reinke** Hemebünde, 1587 auch im Geldregister erwähnt	
5	Harmen **Behrens** Hastede, Baumann	
	Johann **Behrens**, Harms Sohn Hastede	→ siehe Nr.2
6	Johann **Scheele**, ½ Höfner Hassel, 1587 auch im Geldregister erwähnt.	
7	Herman **Lange**, ½ Höfner Hassel, er wurde 1599 und 1600 zusammen mit Johann **Scheele**, wie 1628 auch veranlagt.	LANGE u. SCHEELE waren einst ein Vollhof!
8	Hans **Lüdemann**, ½ Höfner Hassel	
9	Henske **Hoyens** Hassel, 1600 im Michaeliszins ebenda erwähnt.	
10	Peter **Katmann**, Kötner Rotenburg, 1598/99 im Michaeliszins wird Kord **Katmann** ebenda, wohl sein Sohn erwähnt.	
	Jochim **Hoops** Rotenburg, 1600 zahlte er für Wiesengeld ebenda	
11	Lorenz **Immekers** Sohn hieß vielleicht: Harm Rotenburg, im Michaeliszins ist Harmen I. gen.	
	Christoffer **Bander**, sein Jung (Sohn) …	
12	Gabriel **Stöver** Rotenburg	

1587

Innhame ahn Gelde van Bruchen im Carspel Schneverding [1]

Nr	Text	Strafe	Vorwurf / Tat
1	Cords Sohn Hans zum Brocke **(...)** ist uff Bezuhzigung Claus **Haares**, als hatt ehr mit ihm gestolen gefengtlichen gesetzt aber uff genugstem verstede derselben wieder erlaßen, zu bruche thutt	20 Rthlr	Diebstahl
2	Teves **Hinrichs** zu Lüntzen das ehr den herrndienst versessen, zu bruche thutt	10 Rthlr	Dienstpflicht-verletzung
3	Hans **Westermann** zu Lüntzen, dass ehr den herrendienst versessen, zu bruche ...	10 Rthlr	Dienstpflicht-verletzung
4	Hinrich **Schroder** zu Lüntzen, dass ehr den herrendienst versessen, zu bruche ...	10 Rthlr	Dienstpflicht-verletzung
5	Tonnies **(...)** tho Schulern, dass ehr den herrendienst versessen, zu bruche ...	10 Rthlr	Dienstpflicht-verletzung
6	Hans uff der Liest **(...)**, dass ehr den herrendienst versessen, zu bruche ...	10 Rthlr	Dienstpflicht-verletzung
7	Ties **Westermann** zu Hansalen, dass ehr den herrendienst versessen, zu bruche thutt	14 Rthlr 7 ß	Dienstpflicht-verletzung
8	Lütke **Kröger** zu Wolterding das ehr Jacob **Bokelmans** zu Reimern schaff heimlich in seinem Kunen gehabt, zu bruche thutt	2 Rthlr 1 ß	Diebstahl
9	... uf dem Barchfrede das ehr den Schneider uff fryer straßen mit einem stein geworffen, zu bruche thutt	10 Rthlr 5 ß	Tätlicher Angriff
10	Des Pastoren Knecht Hans **Willers** das ehr im gehege Plaggen gehauen, zu bruche thutt	4 Rthlr 2 ß	Verstoß gegen ein Verbot
11	Der Schneider Hans **Moring** das ehr von Nisrs (uf dem Barchfrede mit ...) geworffen, zu bruche thutt	10 Rthlr 5 ß	Tätlicher Angriff
12	... uf dem Barchfrede das ehr dem Schneider nicht beweisen konnen das ehr ihm war ein Dieb geschelden, zu bruche thutt	4 Rthlr 2 ß	Verleumdung

zu	**Zuordnung**	**Hof / Haus**
1	Cords Sohn, Hans **zum Brocke (Brockmann)** …, Hans wird 1614 im Roggenzehnt zu Insel erwähnt.	
	Claus **Haares** Osterbrock, Nachfolger werden 1628 erwähnt	
2	Teves **Heinrich** Lüntzen, noch 1628 ebenda erwähnt	
3	Hans **Westermann** Lüntzen, 1628 wird Clauß W. zu Fintel erwähnt.	
4	Hinrich **Schröder** Lüntzen, die Familie wird noch 1691 erwähnt.	
5	Tonnies **Gerken** Schülern, 1591 im Kornregister ebenda erwähnt	
6	Hans N.N., **zur Lieste** Lieste, so wurde er auch noch ebenda 1628 erwähnt.	
7	Ties **Westermann** Hansahlen	
8	Lütke **Kröger** zu Wolterdingen	
	Jacob **Bokelmans** zu Reimerdingen	
9	.... uf dem Barchfrede	
10	Johann **Jentis**, der alte Pastor Neuenkirchen	
	Des Pastoren Knecht Hans **Willers** Neuenkirchen	
11	Hans **Möhring**, Schneider …	
	... uf dem Barchfrede	→ siehe Nr.9
12	... uf dem Barchfrede	→ siehe Nr.9
	Schneider Hans **Moring**	→ siehe Nr.11

<u>Innhame ahn Gelde van Bruchen im Carspel Schneverding</u> [2]

13	Des Lütken **Peters** Sohn zu Sprengel hatt Engelken zu Osterwede in den ..hen zu der Kirchen bei den Haren gerissen, zu bruche thutt	2 Rthlr 1 ß	Verstoß gegen die Kirchenordnung
14	Peter **Möring** zu Schneverding das ehr den Groffschmid mit einer Kannen in den Pfingsten in der Kösterey de Kopff geblutwundet vor sich und sein Kegenteil, zu bruche	4 Rthlr 2 ß	Köperverletzung
15	Jochim **Roers** zu Schneverding das ehr dem Meiger ein Nesedonk mit zweiy stücke geldes aus den Böpsen (ein Behälter) genommen und heimlich behalten, zu bruche thutt	20 Rthlr 10 ß	Diebstahl
16	Dierich im Meigerhaus **(...)** das ehr stein entwendet und genommen geld ohn erlaubnis wieder genommen, zu bruche thutt	10 Rthlr 5 ß	Diebstahl von Steinen und Geld
	Nr.17 bis 36 sind hier nicht aufgeführt		
37	Die Langeloer Bauernschaft das Lorentz zu Falzten (Vahlzen) uff dem, nach Zellen (Celle) froinbdeschafft in seinen Schweinestall gehabt, und sechs nicht gewieget wurden, darnur gibt ein Jeder zu bruch 1 Rthlr thutt	20 Rthlr 2 ß	Wohl der Versuch einer Unterschlagung / falschen Angabe

zu	**Zuordnung**	**Hof / Haus**
13	Lütken **Peters** Sohn Peter **Peters** Sprengel	
	Engelken **N.N.** Osterwede	
14	Peter **Möhring** Schneverdingen	
	N.N., der Grobschmid Schneverdingen	
15	Jochim **Röhrs** Schneverdingen, 1592 im Nottgeld erwähnt.	
16	Dierich **Meyer** Schneverdingen	MEIERHOF
37	Lorentz **N.N.** zu Valtzen Vahlzen, die Familie wird noch 1646 so genannt.	

1587

Innhame ahn Bruche aus dem Carspel Sottrum [1]

Nr	Text	--	Vorwurf / Tat
1	Claus **manecken** zu Bötersen das ehr Ellern Rinde im Glinde[128] geauwenn, zu bruche	3 Rthlr 2 ß	Körper-verletzung
2	Claus **Missner** zu Bötersen ein zuschlagh ahn seiner wische gemacht, zu bruche	3 Rthlr 2 ß	Unerlaubte Landnutzung
3	Cordt **Faye** zue hoperhovede ein zuschlag ahn seiner wische gemacht, zu bruche	3 Rthlr 2 ß	Unerlaubte Landnutzung
4	Johan **Staveshitter** zu Botersen ein Zuschlag ahn seiner wische gemacht, zu bruche	3 Rthlr 2 ß	Unerlaubte Landnutzung
5	Harmen **Wilckens** ein Zuschlag ahn seiner wischen gemacht zu bruche	3 Rthlr 2 ß	Unerlaubte Landnutzung
6	Claus **Holste** ein zuschlagh bei der Steinwische gemacht zu bruche	3 Rthlr 2 ß	Unerlaubte Landnutzung
7	Claus **Holste** das her ein fuder Rinde aus dem Glinde geholet zu bruche	2 Rthlr	Diebstahl
8	Cordt **Hastede** zu Bötersen, hat ein Zuschlagh bei seiner wische gemacht	3 Rthlr 2 ß	Unerlaubte Landnutzung
9	Hinrich **Faie** im Glinde (wohnhaft) [129] hatt wegen seiner wische im Glinde die ehr bei Bischoff Eberhardts zeitten freygehabt und diess Jahr das grass daruff mayer muthe zu bruche.	6 Rthlr 3 ß	Hatte seine Wiese wohl ohne Erlaubnis gemäht.

[128] Im Glinde, am Glind, der Glindes Bach, im Glindbusch ist eine Gemarkung bei Mulmshorn aber auch der Name eines kleinen Baches ebenda auf der Ellern am Bachufer wuchsen und sich Wiesen befanden, wie oben beschrieben.

[129] So steht es im Rep.5b Nr.1800 S.62R unter Nr. 6

zu	Zuordnung (1)	Hof / Haus
1	Claus **Mahnken** Bötersen, 1575 im Michaeliszinz ebenda erwähnt	
2	Claus **Miesner** Bötersen, Halbhöfner	
3	Cordt **Fahjen** Höperhöven, Halbhöfner	
4	Johann **Stavenhitter** Botersen, sein Vater Henrich wird 1567 im Pflugschatz ebenda erwähnt	
	Bem.: Dieser Familiennahme hat sich vor zirka 150-200 Jahren im Kirchspiel Sittensen zu „**Stahmleder**“ gewandelt.	
5	Harmen **Wilckens** ...	
6	Claus **Holste** Bötersen, 1575 im Michaeliszins ebenda erwähnt	
7	Claus **Holste**	→ siehe Nr.6
8	Cordt **Hastedt** Bötersen, Sohn von Clauß oder Tietke, die 1575 im Michaeliszins ebenda erwähnt wurden.	
9	Hinrich **Fahjen** Höperhöfen im Glinde (bei Mulmshorn) genannt	siehe 1546 Nr.6 Seite 59

1587

<u>Innhame ahn Bruche aus dem Carspel Sottrum</u> [2]

Nr	Text	--	Vorwurf / Tat
10	Claus **zum Re** hatt ein Zuschlag gemacht und funff Eichen und eine Buch bezeunet, zu bruche thutt	14 Rthlr 7 ß	Unerlaubte Landnutzung und Holzfrevel
11	(Claus **zum Re**) da ehr auch den Herrn dienst versessen[130]	3 Rthlr 1 ß	Dienstpflicht-verletzung
12	Schwiebert **zum Re** das ehr ein zuschlagh ahn seinem Kohlgarten gemacht zu bruche	3 Rthlr 2 ß	Unerlaubte Landnutzung
13	Johan **Staveshitter** zu Botersen das ehr ein Zuschlag ahn seiner wische gemacht und die wische uber verbott gemeieyt zu bruche	3 Rthlr 2 ß	Unerlaubte Landnutzung und Verstoß gegen ein Verbot
14	Cordt **Lange** zu Hoperhovede das ehr den Hern dienst ahn mistfhuren versessen zu bruche thutt	3 Rthlr 2 ß	Dienstpflicht-verletzung
15	Jochen **Lange** zu Boterßen hat wegen Johan **Stavenhitters** des Zuschlags an seiner wische abgehandelt zu bruche thutt	3 Rthlr 2 ß	Selbstjustiz
16	Cordt **Harmens** zu Hoperhovede das ehr frawen in seiner Katen, welche ihm zu wonen (unterzubringen) vorboten, gehabt zu bruche thutt	6 Rthlr 3 ß	Verstoß gegen ein Verbot

[130] versessen = nicht erschienen, ist sitzen geblieben und hat seinen Herrn sprichwörtlich „sitzen lassen".

zu	Zuordnung	Hof / Haus
10	Claus **Hopes** Reeßum	
11	Claus **Hopes** Reeßum	→ siehe Nr.10
12	Schwiebert **Hopes** Reeßum, bereits 1575 im Michaeliszins erwähnt.	
13	Johann **Stavenhitter** Botersen	→ siehe Nr.4
14	Cordt **Lange** Höperhöfen	
15	Jochen **Lange** Bötersen	
	Johann **Stavenhitter** Botersen	→ siehe Nr.4
16	Cordt **Harmens** Höperhöfen	

1587

Zerung uff den Gerichten und Forst [131] [auszugsweise]

In dieser Aufstellung sind folgende Ortschaften erwähnt:
Hamburg, Hittfeld, Lauenburg, Nartum, Neuenkirchen, Ramelsloh, Salzhausen, Scheeßel, Schneverdingen,Selsingen, Sittensen, Sottrum, Stade, Tonningsdorff, Tostedt, Visselhövede, Wittorf, Wolffenbüttel.

Sie zeigen nur, wie weitläufig die Geschäftsverbindungen des Amtes waren. Nachfolgend ein Beispiel der Ausgaben:

7 Rthlr 1 ß M.g.f. und Herrn Dienser alß die nach wolffenbüttel gelag zu Visselhovede mehr in einem nach ahn Hamburger bier vor drinken

[131] StA Stade Rep. 76 Nr. 1354, S.163 V -164 V, Landgerichtstage 1587

1587

Innhame Bruche aus dem Carspel Visselhövede

Nr	Text	Strafe	Vorwurf / Tat
1	Heinrich zum Tadel **(...)** hat den herrn dienst beim Haffmohr ein tagh versessen, zu bruche thutt	1 Rthlr	Dienstpflicht-verletzung
2	Jochim zum Dressel **(...)** das ehr 16 schweine uff die heinhorst nach der herrn verbott gehen laßen, zu bruche	8 Rthlr 4 ß	Verstoß gegen ein Verbot, dort zu mästen.
3	Johan **Rodesbrocks** von frawen krug Dressel ein zuschlag ahn der wiese gemacht bei der heinhorst, zu bruch thutt	8 Rthlr 4 ß	Unerlaubte Landnahme
4	Heinrich **Hüner** zum Oldenborßtel das sein Koje (Kühe) in das Rodenbrook uff die Mast gegangen, zu bruche	8 Rthlr 4 ß	Verstoß gegen ein Verbot, dort zu mästen.
5	Drewes zue Levern **(...)** das ehr nicht zu gerichte erschienen, zu bruche	7 Rthlr 3 ß	Vorladung nicht eingehalten.
43	Lüdeman **Faje** zu Wittorff das ehr ein Zuschlag gemacht, zu bruche thutt	4 Rthlr 2 ß	Unerlaubte Landnahme
47	Hermen **Hastede** zu Hedding das ehr ein Zuschlag an seiner Wische gemacht, zu bruche thutt	6 Rthlr 3 ß	Unerlaubte Landnahme
56	Hans **Giltmann** das ehr Cord zur Kreepen Dochter geschwengert, zu bruche thutt	20 Rthlr 10 ß	Unzucht [eine beachtlich hohe Strafe]
62	Frantz **Delmendahl** das ehr Heinrich **Sundermanns** dochter zu Nindorff beschlaffen vor sich und die Magdt, zu bruche thutt	30 Rthlr 15 ß	Unzucht [eine beachtlich hohe Strafe]
64	Frantz **Ordmann** zu Visselhovede das ehr Cord **Schnieder** frauwe mit 2 starke Lappen geschlagen, zu bruche thutt	2 Rthlr 1 ß	Tätlicher Angriff
78	Hinrich **Norden** zu Hedding das ehr ein Broch gehauwen, zu bruche thutt	2 Rthlr 1 ß	Holzfrevel
96	Peter **Eggers** zu Nindorff das ehr eine Eich gehauwen, zu bruche thutt	1 Rthlr 6 ß	Holzfrevel
128	Johann **Boeckholt** zu Schwitschen das ehr sein theil ahn der Erkern Wand nicht zugemacht, zu bruche	1 Rthlr 6 ß	Hat ein Tor aufgelassen.
131	Titke **Hillermann** zu Barkholt das ehr ahne glinter malz verkaufet, zu bruche	4 Rthlr 2 ß	unerlaubter Verkauf

Bem.:
Mit 132 Einträgen ist dieser Bruch aus dem Kirchspiel Visselhövede sehr unfangreich und, um ihn hier vollzählig aufzulisten, zu umfassend. Deswegen ist er nur in Auszügen in diesem Buch enthalten.[132]

zu	Zuordnung	Hof / Haus
1	Heinrich **zum Tadel** (vermutlich **Norden**) Tadel, Vollhöfner	Einstelliger Hof TADEL
2	Jochim **N.N.** Dreeßel	
3	Johann **Rosebrock**, 1/3 Höfner Dreeßel	
4	Heinrich **Hühner** Borstel, einst Oldenborstel genannt	
5	Drewes **N.N.** Leverdingen	
43	Lüdemann **Fahjen** Wittorf	
47	Hermen **Hastede** Hiddingen, wohl Berendts Sohn	
56	Hans **Giltmann** Visselhövede, wohl Sohn von Dierich	
	N.N., Tochter von Cord **N.N.** Kreepen im Kirchspiel Kirchlinteln	
62	Frantz **Delventhal** Lüdingen oder Rollmannshof	
	Heinrich **Sundermanns** Tochter N.N. Nindorf, ein Pflugkötner	
64	Frantz **Ordmann** Visselhövede	
	Cord **Schnieder** seine Frau	
78	Hinrich **Norden** Hiddingen	
96	Peter **Eggers** Nindorf	
128	Johann **Bockholt** Schwitschen	
131	Titke **Hillermann** Buchholz	
132	Heinrich **Odding** Hiddingen, Wittorf oder Schwitschen	

[132] StA Stade Rep.76 Nr. 1365 Bl. 91 V – 99 R, gemeine Brüche 1587

1587

Innhame ahn Gelde van Bruche außerhalb des Amts gefallen [133]

Nr	Text	Strafe	Vorwurf / Tat
1	Jochim **Missener** zu Hesedorf hat bei dem Lütingsbrocke eine Eichenbaum gehauwen, zu bruche thutt	6 Rthlr 3 ß	Holzfrevel
2	Titke **Misseners** Knecht zu Hesedorf hat ein Bom hester[134] im Glinde gehauwen, zu bruche	4 Rthlr 2 ß	Holzfrevel
3	Tonnies **Albers** Sohne zu Salzhausen hatt Peter **Schroders** dochter beschlafen, zu bruche	17 Rthlr	*N.B.* Unzucht
4	Hein **Meger** zu Salzhausen hatt M.g.f. und F. des Ouchfutter nach der Lue ehelichen zu bremen geschwängert, zu bruche	10 Rthlr 5 ß	*N.B.* Unzucht
5	Die Hesedorfer habe im Glinde etzliche Buschen Eichen und Ellernholz gehauwen und die sch…er nicht nur…. Nach ve….tz, zu Bruche thutt	33 Rthlr	Holzfrevel
6	Hans Hinrichs van Derm… von Land B.. burgh uff	3 Rthlr 2 ß	
7	Caspar **Westermann** zu Seppensen hatt das herrn dienst versessen das korn beim luner Vorwerk nicht helffen zu furen, zu bruche thutt	4 Rthlr 2 ß	Dienstpflicht-verletzung
8	Christoffer **Niemeiger** von Ellingen das ehr detmars zum kroge **(…)** im freyen market zu nienkerken gestochen, zu bruche thutt	33 Rthlr	Körperver-letzung
9	detmars zum kroge **(…)** hat steins begangen mitt willens deßselben zu bruche geben.	10 Rthlr 5 ß	…
10	Johan **Meiger** zu Horst wegen eines vorschwiegenen Kalbes und außgebrochener Immen zu bruch thutt	1 Rthlr 3 ß 3 Pfg	Unterschlagung / falsche Angaben
11	Johan **Cordes** vor ein verschwiegen Immen(zaun), zu bruche	7 Rthlr	Unterschlagung / falsche Angaben

[133] StA Stade Rep.76 Nr. 1365 Bl. 105 V – 106 R, gemeine Brüche 1587
[134] Junge Bäume / auch Büsche wurden als „Hester" bezeichnet.

12	Helmeke **Lüers** zu Ramelsloh vor ein verschwiegenen Zehentlam (Lamm)	7 Rthlr	Unterschlagung / falsche Angaben
13	Hans **Gerkens** zu Ramelsloh vor ein verschwiegenen Zehentlam (Lamm), zu bruche	7 Rthlr	Unterschlagung / falsche Angaben
Nr. 14 bis 22 sind hier nicht aufgeführt			
23	Carsten **Kramer** zu Walsrode das ehr Peter **Giltman** mit einem Schwerde in die Hand gehauwen, zu bruche	4 Rthlr 2 ß	Körperver-letzung

zu	**Zuordnung**	**Hof / Haus**
1	Jochim **Miesner** Hesedorf	
2	Titke **Miesner** (Knecht ohne Namensnennung) Hesedorf	
3	Tonnies **Albers** Sohn Salzhausen	
	Peter **Schröders** Tochter	
4	Hein **Meyer** Salzhausen	
6	Hans Hinrichs van Derm…	
7	Caspar **Westermann** Seppensen	
8	Christoffer **Niemeyer** Ellingen	
	Detmars zum kroge **N.N.**	
9	Detmars zum kroge	→ siehe Nr.8
10	Johann **Meyer** Horst	
11	Johan **Cordes** …	
12	Helmeke **Lüers** Ramelsloh	
13	Hans **Gerkens** Ramelsloh	
23	Carsten **Kramer** Walsrode	
	Peter **Giltman** …	

1588, den 26. Juni

Schreiben des Sittensener Vogtes vom 26. Juni 1588, Kopie an den Scheeßeler Vogt Johann Nacke. [135] - [136]

Nr	Text	Vorwurf / Tat
1	23. Juni 1588 (...), dass der tehedtlicher Infahll und Angriff auf dem **Meiger zu Bulte**, (...).	Tätlicher Angriff
2	(...) bei Zeit Erztbischoff Christoffer, hochlöblich und Christmilder gedechrnuß, dass ein frawens Person von Jerstorff vor eine Zaubersche sei geschulde und mit **Zauberei** bezichtigt, dasselbe sei an den Greven zu Sittenßenn geklagt, auch dieselbe Sache vor den Gerichtszwange zu Rechte geortert und ausgefunden worden, dahin sie dann Rechts wegen gehoret, gehalet.	Zauberei

zu	**Zuordnung**	**Hof / Haus**
1	Der Vogt der Börden von Sittensen, Elsdorf und Selsingen wertete den Pfändungsversuch des Scheeßeler Vogts **Nacke** gegen seinen Meier Jost **thor Bult**, auch BULTMANN genannt, als einen ungerechtfertigten Überfall und Angriff.	
	Bei dem Meier zu Bult handelt es sich um Jost **thor Bult**, der 1587 zweimal erwähnt wurde. Bei dem 1587/88 erwähnten Hans **thor Bult** wird es sich um einen engen Verwandten des Hofmeiers gehandelt haben, vielleicht sogar seinen Bruder.	BULTMANN Haus Nr.1 siehe auch 1587/1588 LfdNr.12
2	Um welche Person es sich hier gehandelt haben könnte, und von welchem Hof die Frau stammte, lässt sich nicht mehr klären. Fest steht aber, dass der Vogt *(Grefe)* von Sittensen und nicht das Amt Rotenburg den Fall verhandelt hatte. Fest steht auch, Sittensen hat sich für sie zuständig gefühlt und gehandelt, wogegen nicht protestiert wurde.	

[135] StA Stade Rep.5b Fach 83 Nr. 13b Bl.18-21

[136] Dörfler, 2004, Anl.17, Seite 785-786

1589

Bremer Irrungen lt. Rotenburger Beambten Bericht vom 21. Dezember 1593 [137]-[138]-[139]-[140]

Nr	Text	Vorwurf / Tat
1a	Anno 89 bey in der Fastenzeiten, Claus **Luetings** und Jürgen **N**. von Westerholtz, wegen dieberey nach Rotenburgk gebracht, der eine als Claus Lutings gehenckt, der ander erlassen	Diebstahl
1b	Auch sindt dabey von Anno *(15)*89 in der Fasten(zeit) Ihrer Zwene Claus **Lutings** und Jürgen der Dieberei als Immen- und Schapstelens halber alhie beruchtigt, derowegen von Westerholtz gefenglich anhero geholet. Der eine, Lutinges, mit dem Strange gerichtet, der Ander aber, weil Er nicht mehr als zwei Schaffe gestolen zu haben bekennet, aus befehl Unsers Allerseits gnedigen Fursten und Heren mehrfach gedacht, an gelde gestrafet und wieder entlediget. (...)	
	Bem.: Der Ottersberger Beamte Jost **Varendorff** schrieb: Am 26. Decembris (1588) haben die von Rotenburgk aus dem Dorf Westerhote, welches im Stifft Bremen und nach Ausfindungk der Otterßbergischen Grentze weit genugk in deßelben Gerichte belegen, einem Claweßen **Lutings**, der dem Drösten Johan **von Seggerde** und andern Immen auch Schaffe gestohlen, nach Rotenburg geholet und alda gehenckt. [141]-[142]	

zu	Zuordnung	Hof / Haus
1a	Jürgen **Dreyer** Westerholz, 1599 und 1619 erwähnt	BECKER Haus Nr.18
	Noch im Protokollum Sottrumb vom 20. Oktober 1619 [143] wurde Jürgen **Dreyer** zu Westerholz erwähnt, weil er die Frau des alten Tidtken **Heitmann** zu Jeersdorf *(TIETEN Haus Nr.8)* mit einem Beil *braun und blau* geschlagen und eine Strafe von 3 Talern zu zahlen hatte.	
1b	Claus **Luetings** wurde zu Rotenburg am 26.12.1588 gehängt! Möglicherweise war er ein Verwandter von Cordt **Lütings** aus Waffenen, der einst im Dorf Luhne wohnte.[144]-[145]	

---

[137] StA Stade Rep.5b Fach 83 Nr. 13c Blatt 295-348 Protokollum
[138] Sottrumb 1619 S.325 Actus criminalis (1a)
[139] StA Stade Rep.5b Fach 83 Nr. 13b Bl. 32R (1b), 1589
[140] Dörfler, 2004, Anl.18, Seite 789
[141] Dörfler, 2004, Seite 369 und Anl.20, Bl. 12R (III) Seite 804
[142] StA Stade Rep.8 Fach 3 Nr. 16 Blatt 0-21
[143] StA Stade Rep.5b Fach 83 Nr. 13 Seite 319ff
[144] StA Stade Rep.5b Fach 83 Nr. 13b Bl. 18-21

1590

<u>Bestrafung wegen Ehebruch</u> [146] - [147]

Nr	Text	Vorwurf / Tat
1	Das fur etlichen abgelauffenen Wochen Sie *(der)* Drost und Renthemeister, Johann **Rörßen** von Westerholte, Ehebruchs halber gestrafet, wehre man ihnen solchs und dergleichen Excesse, als nun gedachter Johan **Rörß** begangen, dem Ertzbischoffe zu Bremen, unter dessen territorio Westerholtt, wegen des Hauses Otterßberges, belegen, zu straffen gespühren. Derwegen wes in deme geschehen, Sie sich gleichfalß erkleren wöllen? (...) Wegen des Ehebruchs ließen sie es bey dem Abscheide *(Bescheid)* bewenden, der zwischen beiden Stifften zu Landwedell gegeben. (...) Wehren aber woll gestendigk, dass der Ehebrecher alda abgehandelt, dan sie, bis beide Hern sich dessen entscheiden, zu Westerholte und was sie dessen in possessione, merum et mixtum imperium hetten.	

zu	Zuordnung	Hof / Haus
1	Der Drost Dietrich **von Galen**, Drost und Rentmeister (✝ 1592) ∞ Bernharda **von Wulff**	[148]
	Johann **Röhrs** Westerholz, 1587-1599 erwähnt	RÖHRS Haus Nr.3
	„...dem Erzbischof zu Bremen..." Seit 1567 führten vom Bremer Domkapitel gewählte, lutherische Administratoren das Bistum Bremen. 1585-1596 hatte Johann Friedrich **von Schleswig-Holstein-Gottorf** das Amt inne.	
	<u>Bem.:</u> In Einsetzungsurkunden für Statthalter in Reichsitalien und Burgund findet sich häufig die Formel *merum et mixtum imperium et* gladii potestatem. Das *merum et mixtum imperium* galt als Inbegriff der Herrschaftsgewalt und konnte vom Kaiser verliehen werden.	

[145] Dörfler, 2004, Anl.20, Bl. 12 Seite 804

[146] StA Stade Rep.8 Fach 3 Nr. 16 Bl. 15 R, 1590

[147] Dörfler, 2004, Anl.20 Seite 806

[148] Adelslexikon Band IV, Band 67, C. A. Starke Verlag, Limburg (Lahn) 1978

1590

Protokollum Sottrumb (1619) [149] - [150] - [151]

Nr	Text	Strafe°	Vorwurf / Tat
1	Im Protokoll von 1619 steht: Anno 1590 haben die Rotenburgische Beambten einen bey Westerholtze erhanckten Corper holen, und dürch den Scharffrichter an gehorigen orth bringen lassen	...	Amtsangelegenheiten
2	Im Protokoll von 1619 steht: Anno 1590 den 27. September Der Rotenburger Drost und Renthemeister *(hatte)* Johan **Rörßen** von Westerholte Ehebruchs halber gestraffet. Bem.: 60 Taler Strafe war eine sehr hohe Strafe, wobei Röhrs wohl nicht ohne Grund in dieser Höhe gemaßregelt wurde.	60 Rthlr	Ehebruch

°Strafen in Mark z.B. 1 M, oder Mark/Schillinge = z.B. 10 M 5ß

zu	**Zuordnung**	**Hof / Haus**
1	Der Name des Menschen, der sich erhängt hatte, ist unbekannt, da nicht überliefert. „...*gehorigen orth...*“. Damit ist der Galgenberg gemeint, an dem die Leichen überlicherweise verscharrt wurden, wenn es der Scharfrichter tat.	
2	Johan **Röhrs** Westerholtz, 1587-1609 erwähnt	RÖHRS Haus Nr.3

[149] StA Stade Rep.5b Fach 83 Nr. 13c Blatt 295-348 Protokollum 1619
[150] Sottrumb 1619 Seite 325R Actus criminalis
[151] Dörfler, 2004, Seite 711 und Seite 806 Anl.20 Bl.15R

1592

Gemeine Brüche aus der Vogtey Scheßell [152] - [153]

Nr	Text	Strafe°	Vorwurf / Tat
1	Cordt **Rorß** zur Soling welcher wegen leichtfertig von tradierter (vergebenem) Eheverlöbnis auß M. gr. undt Herrn Gericht Ein Zeitlang mit gefengnuß gestrafet. Ist derselbe uff gewonliche verschworen, undt mit Henrich **Bergfrede** und Johan **Roerß** verbürgten Urfriedens erlaßen, Aber dafür zur Geldt strafet.	Ge-fäng-nis / Geld	Verstoß gegen das Ehever-sprechen!
	Der Eintrag ist am Ende im Schmalzehnt von 1592 vor den Gemeinen Brüchen enthalten, aber als einziger Bruch mit der Bezeichnung „aus der Vogtei Scheeßel" und mit 12 Talern Strafe belegt.	12 Rthlr	

°Strafen in Mark z.B. 1, oder Mark/Schillinge = z.B. 10 M 5ß

zu	**Zuordnung**
	Cordt **Röhrs** .... Söhlingen, er wurde zu Gefängnis verurteilt. Cordt wird in keiner Steuerliste erwähnt. 1592 gab es mit Cordt und Johann zwei Röhrs im Dorf. 1631 wurden im Einwohnerverzeichnis zwei Familien Röhrs zu Söhlingen erwähnt: [154] 1. Baumann Johann mit Frau Metke, Söhne: Claws und Dierich 2. Baumann Hans mit Frau Gesche, Kinder: Ludke und Gesche 1610 wird im Bruchregister ebenda auch ein Johann **Rors** genannt, der ein Sohn von Cordt gewesen sein könnte
	Henrich **Bargfrede** Söhlingen, nur 1592 erwähnt! Im Einwohnerverzeichnis von 1631 steht auch eine Familie Hinrich Bargfrede zu Söhlingen, möglicherweise sein Sohn.
	Johan **Röhrs** Söhlingen, (1610, Nr.30, S.161)
	<u>Bem.:</u> Eine Zuordnung der Höfe ist erst nach einer kompletten Verkartung des Dorfes möglich.

[152] StA Stade Rep.76 Nr. 3 Schmalzehnt, Seite 49R 1592 (alt) Gemeine Brüche aus der Vogtei Scheeßel

[153] StA Stade Rep.76 Nr. 1367 S.50 V Gemeine Brüche aus der Vogtey Scheeßel, 1592

[154] Einwohnerverzeichnis 1631, Rotenburger Schriften, Heft 8, Jg. 1958

1592

Gemeine Brüche (1) [155] - [156]

„Nachfolgend, Das Sie bey Abfürung des Heugraset von M. g. f. und herrn Wiesen jeder von dem großen ganze Secke (Säcke) voll und bunde entfehret und darüber betreten (erwischt), gebe zur strafe:"

Die nachfolgenden Auflistung Nr. 1 bis Nr. 12 ist identisch mit dem Bruch von 1592/1593 auf der Seite 110			
Nr	Text	Strafe°	Vorwurf / Tat
1	Claus **Wicherung** zu Westervesede Knecht: Heinrich **Wicherung**	1	
2	Joachim **Hastede**	2	
3	**Bellmans** Balzers Sohn Meinke	1	
4	Johan **Reinken** (hat) Hanß (...) von Broke (Brokhof / Einem Brokhof im Kirchspiel Schneverdingen) Knecht	1	
5	Heinrich **Inselman**	2	
6	Lüte (Lütke) **Wahlers**	1	
7	Johan **Titken** von Ostervesede	2	
8	Hanß **Schmidt**	2	
9	Hanß **Meiers** Knecht Peter **Holman**	1	
10	Johan **Indorfs** zu Bartelsdorf Knecht	1	
11	Johan **Berens** Knecht Lorenz	½	
12	Johan **Schröder** zu Hemßling, daß er Marike **Bade** von Schwalinge verlassen vor sich und die geschwengerte	7	
Bem.: Die Zuordnung entnehmen sie auf der Seite 111. Sie ist hier nicht enthalten, damit keine doppelte Auswertung im Buch stattfindet.			

[155] StA Stade Rep.76 Nr. 3 Schmalzehnt, 1592 (alt)
[156] StA Stade Rep.76 Nr. 1367 S. 50 V Gemeine Brüche, 1592

1592

Gemeine Brüchel (2) [157] - [158]

Nr	Text	Strafe°	Vorwurf / Tat
13	Heinrich **Brockman** zum Lohe das er den herrendienst einen tag Verlaßen	½	Verletzung der Dienstpflichten
14	Johan **Rörß** zu Botell, das er einen halben tag den dienst verlaßen	½	Verletzung der Dienstpflichten
15	Johan **Lünzman** zu Botell, das ehr ohne geheiß auß mutwillen einen in Hartwedel [159] zum Heber gehauenen Balcken absichtlich zu kurz verhauen.	3	Holzfrevel und Sachbeschädigung oder Betrug?

°Strafen in Mark z.B. 1, oder Mark/Schillinge = z.B. 10 M

zu	Zuordnung	Hof / Haus
13	Heinrich **Brockmann**, Hein auch thom Loh zum Lohe = Drenlo, auch Benkeloh 1587-1600 erwähnt, Sohn von Hein.	BROCKMANN Haus Nr.1
14	Johann **Röhrs** (1610, Nr.25, S.161) Bothel, 1592-1610 erwähnt, , ½ Höfner 1631 wird nur eine Johann Röhrs Familie und der Witwer Hinrich Röhrs in Bothel erwähnt.	RÖHRS
15	Johann **Lünzmann**, Vollhöfner Bothel, 1592-1599 erwähnt 1631 im Einwohnerverzeichnis werden mehrere Familien **Lünzmann** in Bothel erwähnt. [160] (siehe 1592/93 Nr.13, S.113)	MEIERHOF auch MICHELS später KÖHRS genannt.

[157] StA Stade Rep.76 Nr. 3 Schmalzehnt, 1592 (alt)
[158] StA Stade Rep.76 Nr. 1367 S. 50 V Gemeine Brüche, 1592
[159] Der *Hartwedel* bei Bothel hat als alter, historischer Waldstandort, der einst reich an Eichen und Hainbuchen war und noch heute ist.
[160] Einwohnerverzeichnis 1631, Rotenburger Schriften, Heft 8, Jg. 1958

1592, den 17. Oktober

Gemeine Brüche (3) [161] - [162]

<table>
<tr><th colspan="2"></th><th>Text</th><th>Strafe°</th><th>Vorwurf / Tat</th></tr>
<tr><td colspan="5">Die nachfolgenden Auflistung ist identisch mit dem Bruch 1592/1593 Seite 112 (LfdNr. 13-21, siehe Spalte X)</td></tr>
<tr><td>Nr</td><td>X</td><td>17. 8br (17. Oktober)</td><td></td><td></td></tr>
<tr><td>14</td><td>13</td><td>Johan Lüntzmann (hat) Hinrichs zu Botel das er vergangener Woche den herrndienste beim Vorwerg versessen</td><td>½</td><td rowspan="8">siehe Seite 113</td></tr>
<tr><td>15</td><td>14</td><td>Item Hanß Roerß zu Hemslingen</td><td>½</td></tr>
<tr><td>16</td><td>15</td><td>Item Johan Lünzman Sen. zu Botell</td><td>½</td></tr>
<tr><td>17</td><td>16</td><td>Item Berendt Walers zu Hembsling</td><td>½</td></tr>
<tr><td>18</td><td>17</td><td>Item Cpher Delvendahl zu Hemsbling</td><td>½</td></tr>
<tr><td>19</td><td>18</td><td>Johan Dreier zu Söling</td><td>½</td></tr>
<tr><td>20</td><td>19</td><td>Joachim Röhrs</td><td>½</td></tr>
<tr><td>21</td><td>20</td><td>An Carstens</td><td>½</td></tr>
<tr><td colspan="5"><u>Bem.:</u>
Die Zuordnung entnehmen sie der Seite 113. Sie ist hier nicht enthalten, damit keine doppelte Auswertung im Buch stattfindet. Die Nummer dort sind hier unter: X kursiv gekennzeichnet.</td></tr>
<tr><td>22</td><td colspan="2">Dierick Heitman zu Bartelsdorf, das er durch falsches vorwande den, alß erwiesene seine frawe im Kindbette, den dienst zu versessen (nicht erschienen).</td><td>1</td><td>Dienstentziehung durch Täuschung</td></tr>
<tr><td>23</td><td colspan="2">Jürgen Schülerman zu Westerholte, das er die vergangene Woche, sei Antheil Steine zum Geber nicht gefurett.</td><td>½</td><td>Verletzung der Dienstpflicht</td></tr>
<tr><td>24</td><td colspan="2">Item Heinrich Tietken</td><td>½</td><td>Verletzung der Dienstpflicht</td></tr>
</table>

°Strafen in Mark z.B. 1, oder Mark/Schillinge = z.B. 10 M

[161] StA Stade Rep.76 Nr. 3 Schmalzehnt, 1592 (alt)

[162] StA Stade Rep.76 Nr. 1367 S. 50 V Gemeine Brüche, 1592

zu	Zuordnung	Hof / Haus
22	Ditrich / Dierck **Heitmann** Bartelsdorf, 1591-1631 erwähnt	HANSCHEN Haus Nr.5
23	Jürgen **Schülermann** Westerholz, 1587-1613 erwähnt	JÜRNS Haus Nr.6
24	Heinrich **Tietjen** Westerholz, 1567-1592/93 erwähnt	TIETEN Haus Nr.1

1592, den 27. März

Gemeine Brüche (4) [163] - [164]

Nr	Text	Strafe°	Vorwurf / Tat
	27. märz:		
25	Lorenz **Heigens** zu vahlde, das er in der Oster : und Wochen .... den dienst im ... versessen	¼	Verletzung der Dienstpflichten
26	Reinke **Gerken** zu Brockel, das er in der Woche Jubilate den Burgtags dienst versessen	¼	Verletzung der Dienstpflichten
27	Item Peter **Heitmans**	½	Verletzung der Dienstpflichten
28	Claus **Delvendahll**, das er den ersten Tag den Herrendienst verlaßen.	¼	Verletzung der Dienstpflichten
29	Item Johan **Brunkhorst**	¼	Verletzung der Dienstpflichten
30	Item Jürgen **Korten** zu Soling	¼	Verletzung der Dienstpflichten
31	Item Peter **Roerß** zu Hemsling	¼	Verletzung der Dienstpflichten
32	Item Jürgen **Walers**	¼	Verletzung der Dienstpflichten
33	Heinrich **Meier** zu Hemßling das er 1 ½ tage den Herrendienst (versessen)	½	Verletzung der Dienstpflichten
Bem.: Diese Aufstellung endet hier im Original dieses Bruchs.			

°Strafen in Mark z.B. 1, oder Mark/Schillinge = z.B. 10 M 3 ß

[163] StA Stade Rep.76 Nr. 3 Schmalzehnt, 1592 (alt)

[164] StA Stade Rep.76 Nr. 1367 S. 50 V Gemeine Brüche, 1592

zu	Zuordnung	Hof / Haus
25	Lorenz **Hoyens**, 27. märz 1592: Vahlde, 1587-1628 erwähnt	VRENTZ Haus Nr.8
26	Reinke **Gerken** (1587, Nr.37, S.71) Bothel, 1599-1628 erwähnt	
27	Peter **Heitmann** Brockel, 1631 Sohn Peter als Baumann erwähnt	
28	Claus **Delventhal** (1600, Nr.17, S.147) Bothel (1639, Nr.35, S.225)	Brinkkötner
29	Johan **Brunkhorst**, Häusling Vahlde	JAKERS Haus Nr.5
30	Jürgen **Korten** Söhlingen	
31	Peter **Röhrs** (1587, Nr.41, S.73) Hemslingen, er wird noch 1628 erwähnt	
32	Jürgen **Wahlers** Söhlingen	
33	Heinrich **Meyer** Hemslingen, 1628 im Michaeliszins erwähnt	
Bem.: Diese Aufstellung endet hier im Original dieses Bruchs mit der Lfd Nr.33: Heinrich **Meyer**.		

1592/1593

Gemeine Brüche aus der Vogtey Scheßell (1) [165] - [166]

„Nachfolgend, Das Sie bey Abfürung des Heugraset von M. g. f. und herrn Wiesen jeder von dem großen ganze Secke (Säcke) voll und bunde entfehret und darüber betreten (erwischt), gebe zur strafe:“

Nr	Text (siehe auch Seite 104)	Strafe°	Vorwurf / Tat
1	Claus **Wicherung** zu Westervesede Knecht: Heinrich **Wicherung**	1	
2	Joachim **Hastede**	2	
3	**Bellmans** Balzers Sohn Meinke	1	
4	Johan **Reinken** (hat) Hanß (...) von Broke(l) Knecht (wohl geschlagen),	1	Körper-verletzung
5	Heinrich **Inselman**	2	
6	Lüte (Lütke) **Wahlers**	1	
7	Johan **Titken** von Ostervesede	2	
8	Hanß **Schmidt**	2	
9	Hanß **Meiers** Knecht Peter **Holman**	1	
10	Johan **Indorfs** zu Bartelsdorf Knecht	1	
11	Johan **Berens** Knecht Lorenz	½	
12	Johan **Schröder** zu Hemßling, daß er Marike **Bade** von Schwalinge verlassen vor sich und die geschwengerte.	7	Unzucht und Bruch Eheversprechen

°Strafen in Mark z.B. 1, oder Mark/Schillinge = z.B. 10 M 5ß

[165] StA Stade Rep.76 Nr. 3 Schmalzehnt, 1592 (alt)
[166] StA Stade Rep.76 Nr. 1367 S. 50V gemeine Brüche, 1592

zu	Zuordnung	Hof / Haus
1	Claus **Wichern** Westervesede, 1587-1613 erwähnt	WICHERN Haus Nr.7
	Heinrich **Wichern** vermutlich Knecht beim Bruder Claus	WICHERN Haus Nr.7
2	Joachim **Hastedt** Hetzwege, 1592-1599/1600 erwähnt	LINDES Haus Nr.1
3	Balzer **Bellmanns** Sohn Meinke Westervesede, Baltzer, 1587-1613 erwähnt Westervesede, Meinke, 1592 erwähnt	BALTZ Haus Nr.2
4	Johann **Reinken**, Vollhöfner Westervesede, 1591-1611 erwähnt	SIEMS Haus Nr.1
	Hanß (...) von Broke(l)	(Knecht)
5	Heinrich **Inselmann** Westervesede, 1592-1613 erwähnt	PEETS Haus Nr.11
6	Lütke **Wahlers** (1599, Nr.23, S.133) Westervesede, 1587-1613 erwähnt	HINNERS Haus Nr.5
7	Johann **Tietjen** Ostervesede, 1587-1628 erwähnt	JACOBS Haus Nr.4
8	Hanß **Schmidt** Ostervesede, 1592-1631 erwähnt	SCHMEDT Haus Nr.6
9	Hans **Meyer** (1599, Nr.8, S.131) Ostervesede, 1587-1628 erwähnt	KLAUS Haus Nr.10
	Peter **Hollmann**, Knecht von Hans Meyer gebürtig vermutlich aus Westervesede	(KLAUS) Haus Nr.12
10	Johann **Indorf** zu Bartelsdorf Knecht auf Nr.3 Bartelsdorf, vermutlich später Kötner auf Nr. 11 KÖTS zu Bartelsdorf (1599, Nr.14, S.133)	(HINNERS) Haus Nr.3
11	Johann **Behrens** Bartelsdorf, 1592-1613 erwähnt	BEHRENS Haus Nr.4
	Lorenz **N.N.**, Knecht bei Johann Behrens Bartelsdorf	nicht zuzuordnen
12	Johann **Schröder** (1599/1600, Nr.28, S.151) Hemslingen, 1592-1600 erwähnt	
	Marike (Marie) **Bade** aus Schwalingen Im Jahre 1600 wurde im Notgeldregister Harm **Bade** aus Schwalingen erwähnt.[167] Ob sie nun dessen Tochter oder Schwester war, lässt sich nicht mehr feststellen.	Harm siehe 1587 Nr.5 S.81

[167] Nottelgeldregister, StA Stade Rep..., 1600

1592/1593

Gemeine Brüche aus der Vogtey Scheßell (2) [168] - [169]

Vom Landgericht zu Schessell

Nr	Text (siehe auch Seite 106)	Strafe°	Vorwurf / Tat
	17. 8br (17. Oktober)		
13	Johan **Lüntzmann** *(hat NN)* **Hinrichs** zu Botel das er vergangener Wochen den Herrendienste beim Vorwerk versessen	½	Er hat seinen Herrendienst nicht geleistet.
14	Item Hanß **Roerß** zu Hemslingen	½	ebenso
15	Item Johan **Lünzman** Senior zu Botell	½	ebenso
16	Item Berendt **Walers** zu Hembsling	½	ebenso
17	Item Christopher **Delvendahl** zu Hemsbling	½	ebenso
18	Johan **Dreier** zu Söling	½	
19	Joachim **Röhrs**	½	
20	An **Carstens**	½	
21	Johan **Cordes** zu Botel das er seinen schuldigen Dienst in der Hofferndte versessen.	¼	Er hat seinen Herrendienst nicht geleistet.
22	Item Reinke **Gerken**	¼	ebenso
23	Item Reinke **Delvendahl**	¼	ebenso
24	Item Johan **Lünzmanns** Titke (Sohn)	¼	ebenso
25	Item Henrich **Schwiebert**	½	ebenso
26	Item Claus **Meier**	¼	ebenso

°Strafen in Mark z.B. 1, oder Mark/Schillinge = z.B. 10 M 5ß

[168] StA Stade Rep.76 Nr. 3 Schmalzehnt, 1592 (alt)
[169] StA Stade Rep.76 Nr. 1367 S.50 V gemeine Brüche, 1592

zu	Zuordnung	Hof / Haus
13	Johann **Lünzmann** (1592, Nr.15, S.105) Bothel, 1592-1599 erwähnt	MEIERHOF Haus Nr.1
14	Hans **Röhrs** (1599/1600, Nr.25, S.149) Hemslingen, noch 1628 erwähnt	
15	Johann **Lünzmann** senior, Vollhöfner Bothel, 1592-1599 erwähnt	MEIERHOF Haus Nr.1
16	Berend **Wahlers** Hemslingen, (1599/1600, Nr.10, S.145)	
17	Christopher **Delventhal** Hemslingen, (1599, Nr.49, S.139)	
18	Johann **Dreyer** Söhlingen, 1628 wird der Sohn Hans erwähnt	
19	Joachim **Röhrs** Söhlingen, (1599, Nr.73, S.143)	→ siehe Nr.31
20	An **Carstens**, möglicherweise ist sie die Ehefrau des 1599 im Bruch erwähnten Henrich oder Johann Carstens zu Hemslingen gewesen?	
21	Johann **Cordes** (1592/93 Nr.18 S.121) Bothel, (1587 Nr.30 S.71)	
22	Item Reinke **Gerken** Bothel, 1587-1628 erwähnt, (1587, Nr.37, S.71)	
23	Item Reinke **Delventhal** Bothel	
24	Titke, Johann **Lünzmanns** Sohn Bothel	MEIERHOF Haus Nr.1
25	Item Henrich **Schwiebert** Bothel	
26	Claus **Meyer** Bothel, (1587, Nr.44, S.73)	CLAUSMEIER Brinkkötner

1592/1593

Gemeine Brüche aus der Vogtey Scheßell (3) [170] - [171]

Vom Landgericht zu Schessell

Nr	Text	Abg°	Vorwurf / Tat
27	Item Johan **Rorß**	¼	Er hat seinen Herrendienst nicht geleistet.
28	Item Johan **Garbers**	½	ebenso
29	Item Claus **Volkmers**	¼	ebenso
30	Item Johan **Lünzman** im Meyerhofe	¼	ebenso
31	Item Jochim **Roerß** zu Solingen	¼	ebenso
32	Item Johan **Carstens**	½	ebenso
33	Item Peter **Früchtenicht**	½	ebenso
34	Item Johan **Lüntzmann**, Hanß Sohn	¼	ebenso
35	Harmen **Heißling** zu Bartelsdorf	½	ebenso
36	Item Carsten **Heitman**	½	ebenso
37	Item Claus **Schülerman**	¼	ebenso
38	Item Claus **Lünzman**	¼	ebenso
39	Item Cordt **Eggers**	¼	ebenso

°Strafen in Mark z.B. 1, oder Mark/Schillinge = z.B. 10 M 5ß

[170] StA Stade Rep.76 Nr. 3 Schmalzehnt, 1592 (alt)

[171] StA Stade Rep.76 Nr. 1367 S. 50 V gemeine Brüche, 1592

zu	Zuordnung	Hof / Haus
27	Johann **Röhrs**, ½ Höfner Bothel, 1592 erwähnt, (1599, Nr.30, S.135)	RÖHRS Haus Nr._
28	Johann **Garbers** Hemslingen, (1599/1600, Nr.12, S.147)	
29	Claus **Volkmer** Bothel, 1592/1593-1631 erwähnt	VOLKMANN Haus Nr._
30	Johann **Lünzmann** im Meierhof Bothel, Sohn Lütke (1639, Nr.29, S.225	MEIERHOF Haus Nr.1
31	Joachim **Röhrs** Söhlingen, (1592, Nr.19, S.113)	
32	Johann **Carstens** (1599, Nr.55, S.139) Hemslingen, (1592/93, Nr.20, S.113)	
33	Peter **Früchtenicht** (1599, Nr.53, S.139) Hemslingen, 1592-1599 erwähnt	
34	Hans **Lünzmann**, Johanns Sohn Bothel, einzige Erwähnung (Vater siehe Nr.30)	MEIERHOF Haus Nr.1
35	Harmen **Heeßling / Heeßel** Bartelsdorf, 1587-1592 erwähnt	NEPERS Haus Nr.15
36	Carsten **Heitmann** Bartelsdorf, 1592 erwähnt	HEITMANNS Haus Nr.9
37	Claus **Schülermann** Westerholz, 1587-1613 erwähnt	MIEßELS Haus Nr.7
38	Claus **Lünzmann** Bartelsdorf, 1592 erwähnt	ECKEWORT Haus Nr.14
39	Cordt **Eggers** Bartelsdorf, 1592/1593 erwähnt	EGGERS Haus Nr.7

1592/1593

Vom Landgericht zu Scheeßel [172]

Nr	Text	Strafe°	Vorwurf / Tat
1	Johann **Schomaker** zu Brockel undt Ludolff im Meierhofe zu Botell, das Sie sich miteinender geschlagen und verwundet	½ ½	Schlägerei
2	Dirick **Brunkhorst** und Marten vom Boizen zu Vahlde, die sich miteinander geschlagen und verwundet haben	1 1	Schlägerei
3	Drewes **Bremer** das ehr Gerdt **Richers** einen Dieb gescholten	1	Beleidigung
4	Gerdt **Richers**, das er den Kramer verlaßen ..., der so loß, alß schaue ufm ... und ... damit zweimahl gebraven were.	1	Er hatte ihn wohl verhauen und ging.
5	Johann **Heitman** zur Bartelsdorp, daß er Curt **Möller** zur Lauenbrügke er mit ein Glaße uff die Nase verwundet	½	Körperverletzung
6	Hebardt **Cordes** zu Botell, das er Clauß **Heitmans** mit blanker wehre (Waffe) uf seinen Hoff gelauffen und zwei Fenster ausgeschlagen	3	Sachbeschädigung

°Strafen in Mark z.B. 1, oder Mark/Schillinge = z.B. 10 M 5ß

[172] StA Stade Rep.76 Nr. 1367 S. 72 R, Vom Landgericht zu Schessell, 1592/93

zu	Zuordnung	Hof / Haus
1	Johann **Schomaker / Schuhmacher** Brockel; es wird kein weiterer **Schomaker** bis nach 1700 erwähnt. Dieser war dort wohl nur ein Knecht	
	Ludolf **N.N.** im Meierhofe Bothel	
2	Dirck **Brunkhorst** Vahlde	(Häusling)
	Marten vom Boizen zu Vahlde ist Marten **Hövet**, Vollhöfner zu Boitzenbostel	Einstelliger Hof Boitzenbostel
3	Drewes **Bremer** 1631 wird ein einziger weiterer Bremer im Kirchspiel Brockel mit Didrich **Bremer** zu Hemslingen erwähnt. Es könnte sein Sohn sein.	
	Gerdt **Richers** (s. 1587, Nr.50, S.73) Brockel, 1587 wird Eberhardt Christoph **Richers** ebenda erwähnt. Vielleicht sein Vater.	
4	Gerdt **Richers** Brockel	→ siehe Nr.3
5	Johann **Heitmann** (1599/1600, Nr.32, S.151) Bartelsdorf	HANSCHEN Haus Nr.5
	Curt / Cord **Müller** Lauenbrück	Mühle
6	Herbert **Cordes** Bothel (siehe 1592/93, Nr.1, S.119)	
	Claus **Heitmann** Bothel, ½ Höfner	HEITMANN Haus Nr.2

1592/1593

Gerichtsbrüche der Vogtei Scheeßel (1) [173]

Vom Landgericht zu Schessell

Nr	Text	Strafe°	Vorwurf / Tat
1	Harmen **Rorß**, daß er Herbert **Cordes** auff freyer straß zu überfallen und mit ein Meßer ins Angesicht verwundett	1	Überfall und Körper-verletzung
2	Harmen **Holste** zu Brockel, daß er Johann **Cordes** mit einem Zaun Pfahle zu boden geschlagen	1	Tätlicher Angriff und Körper-verletzung
3	Heinrich **Bischop**, daß er Heinrich **Jürgens** einen Boteller wegge außm Schappe genommen Bem.: „wegge" war vielleicht ein kleines Brot (umgangssprachlich)?	2	Diebstahl
4	Herbertt **Cordes**, daß er Heinrich **Scheelen** mit bewerter (bewaffneter) handt uff sein Anwesen gelaufen und ime ein fenster ausgeschlag	2	Sachbeschä-digung
5	Heinrich **Schnieder**, das er **Cordes** darüber geschlagen und verwundett	½	Körper-verletzung
6	Johann **Rorß** Peters Sohn zu Hemseling daß er Hermen **Niemeyer** zu Bothel uff die Nase geworfens und verwundett	½	Körper-verletzung
7	Heinrich **Jürgens**, daß er Heinrich **Bischop** in seinen Arm gestochen	½	Körper-verletzung

°Strafen in Mark z.B. 1, oder Rthlr/Schillinge = z.B. 10 Rthlr 5ß

[173] StA Stade Rep.76 Nr. 1367 S. 73 V, Gerichtsbrüche (Vogtei Scheeßel), 1592/93

zu	Zuordnung	Hof / Haus
1	Harmen **Röhrs** Bothel	→ siehe 1599 Nr. 35, S.137
	Herbert **Cordes** Bothel (siehe 1592/93, Nr.6, S.117)	
2	Harmen **Holste** Brockel	
	Johann **Cordes** …	
3	Heinrich **Bischoff** …	→ siehe Nr.7
	Heinrich **Jürgens** Bothel	→ siehe 1599 Nr.9, S.131
4	Herbert **Cordes** Bothel	→ siehe Nr.1
	Heinrich **Scheele** (Sohn: 1639, Nr.34, S.225) Bothel, ½ Höfner ⚭ mit Mette **N.N.**	→ siehe 1610 Nr.26, S.161
5	Heinrich **Schnieder** Bothel, siehe auch 1628 im Michaeliszins.	Brinkkötner
	… **Cordes**	
6	Peters Sohn Johann **Röhrs** Hemslingen, (siehe 1599 Nr.54, S.139)	
	Hermen **Niemeyer** Bothel, möglicherweise ein Verwandter von Hinrich **Niemeyer**, ½ Höfner in Abbendorf auf NEMANNS, Hof Nr. 2	
7	Heinrich **Jürgens**	→ siehe Nr.3
	Heinrich **Bischoff**	→ siehe Nr.3

1592/1593

Gerichtsbrüche (2) [174]

Vom Landgericht zu Schessell

Nr	Text	Strafe°	Vorwurf / Tat
8	Heinrich **Lüemann** zur Hemßling, das ehr	1	Körperverl.
	Cordt **Schrodern** zur Brockel geschlagen		
9	Olrich **Bargstede**, das	1	Überfall / Körperverl.
	er Heinrich **von Zarnhausen** Schwestern uf dreier straße überfallen und geschlagen		
10	Heinrich **Garbers** zur Bothell, dass er neben ezlichen seiner Nachbarn zwei Jahre verboten, er Eichen Bäume gehauen und weggefuret.	1	Holzdiebstahl / Holzfrevel
11	Item Reineke **Gerkens**	1	dto
12	Item Hinrich **Lüntzman** Cords	1	dto
13	Item Hanß **Schriebers**	1	dto
14	Item Heneke **Heitmans**	1	dto
15	Item Reineke **Lünzmans** Witwe	1	dto
16	Item Johan **Garbers**	1	dto
17	Item Johan **Lüntzman** im Meierhofe	1	dto
18	Item Johann **Cordes**	1	dto
19	Item Johan **Delvendahl**	1	dto
20	Item Harmen **Fruchtenicht**	1	dto
21	Item Lütke **Delvendahl**	1	dto
22	Item Johan **Rorß**	1	dto
23	Item Claus **Volckmers**	1	dto
	Lataris	16	

°Strafen in Mark z.B. 1, oder Rthlr/Schillinge = z.B. 10 Rthlr 5ß

[174] StA Stade Rep.76 Nr. 1367 S. 73 R, Gerichtsbrüche (Vogtei Scheeßel), 1592/93

<table>
<tr><th>zu</th><th>Zuordnung</th><th>Hof / Haus</th></tr>
<tr><td rowspan="2">8</td><td>Heinrich Lüemann
Hemslingen</td><td></td></tr>
<tr><td>Cordt Schröder
Brockel,</td><td></td></tr>
<tr><td rowspan="2">9</td><td>Olrich Bargstedt
stammt wohl aus dem Kirchspiel Neuenkirchen</td><td></td></tr>
<tr><td>Schwester des Heinrich von Zahrenhausen
Rittergut Trochel oder Rittergut Veerse</td><td></td></tr>
<tr><td>10</td><td>Heinrich Garbers, ½ Höfner
Bothel (s. 1587, Nr.31, S.71 / 1599, Nr.4, S.131)</td><td>GARBERS
Haus Nr.20</td></tr>
<tr><td>11</td><td>Reineke Gerken
Bothel, zahlt 1628 im Michaeliszins 8 ß</td><td></td></tr>
<tr><td>12</td><td>Hinrich Lüntzmann Cords
Bothel (s. 1599 Nr.36, S.137)</td><td>HOOPS
Haus Nr.31</td></tr>
<tr><td>13</td><td>Hans Schriebers
Bothel</td><td></td></tr>
<tr><td>14</td><td>Heneke Heitmann
Bothel</td><td></td></tr>
<tr><td>15</td><td>Die Witwe von Reineke Lüntzmann
Bothel</td><td></td></tr>
<tr><td>16</td><td>Johann Garbers
Bothel</td><td></td></tr>
<tr><td>17</td><td>Johann Lüntzmann, Vollhöfner im Meierhofe
Bothel</td><td>MICHELS /
KOHRS Nr.1</td></tr>
<tr><td>18</td><td>Johann Cordes
Bothel (s. 1587 Nr. 30 S.71 u. Nr.21 S.113)</td><td></td></tr>
<tr><td>19</td><td>Johann Delventhal
Bothel</td><td>
Brinkkate</td></tr>
<tr><td>20</td><td>Harmen Fruchtenicht, ½ Höfner
Brockel</td><td></td></tr>
<tr><td>21</td><td>Lütke Delventhal
...</td><td></td></tr>
<tr><td>22</td><td>Johann Röhrs
...</td><td></td></tr>
<tr><td>23</td><td>Claus Volckmer, ½ Höfner
Bothel</td><td>VOLKMANNS
Haus Nr.__</td></tr>
<tr><td colspan="3"><u>Bem.:</u>
Der alte Hofname Volkmann findet sich heute nicht mehr im Dorf wieder. Um 1639 heiratete Reineke Eggers aus Nindorf in den Hof ein.</td></tr>
</table>

1592/1593

<u>Gerichtsbrüche (3)</u> [175]

Vom Landgericht zu Schessell

Nr	Text	Strafe°	Vorwurf / Tat
24	Ludolff **im Meierhofe** zu Botell, daß er Heinrichen **Lüntzeman** Vater seinen Hestern Plaggen gehauern, auch ime an seinem Hause gewaltett gethan	1	Verstoß gegen ein Verbot
25	Heinrich **Lünzmann** vorm Holte, daß er swine gutt in der Boteler Korn gehen und inen das selbig fretzen laßen.	1	Verstoß gegen ein Verbot
26	Dierck **Carstens** zur Hemßling, daß er seine Wisch im Rodersbrock etwas zugemacht.	1	Verstoß gegen ein Verbot
27	Johann **Carstens**, daß er zur richten Zeit seine Handt nicht geschüttelt.	1	...
28	Meinkens Sohn zu Harstedt, daß er Harmen **Kroger** beim Kindtbier (Kindelbier) geschlagen	1	Körper-verletzung
29	Cordt **Schwacke** zur Hemßling, daß er wider Verbott sein Vieh den Solingern zu mehr und schaden getrieben.	1	Verstoß gegen ein Verbot
30	Heinrich **Cordes** zur Bothel, daß er Johan **Schroder** und Herman **Langen** zum Haßell die Vahekorbe (Reusen) gezogen	1	Fischereifrevel
31	Claus **Meier** zu Botell, daß er am Sontage ufm freie gearbeitet	1	Verstoß gegen die Kirchen-ordnung.

°Strafen in Mark z.B. 1, oder Rthlr/Schillinge = z.B. 10 Rthlr 5ß

[175] StA Stade Rep.76 Nr. 1367 S. 74 V, Gerichtsbrüche (Vogtei Scheeßel), 1592/93

zu	Zuordnung	Hof / Haus
24	Ludolf **Lüntzmann** im Meierhof Bothel	MICHELS / KOHRS Haus Nr.1
	Der Vater von Heinrich **Lüntzmann** ist n.b. Bothel	
25	Heinrich **Lüntzmann**	→ siehe Nr.24
26	Dierck **Carstens** Hemslingen	
27	Johann **Carstens**	
28	Sohn von Meinken **Wortmann** Hastedt, ½ Hof im Kirchspiel Rotenburg	
	Harmen **Kröger** …, wohl auch aus dem Kirchspiel Rotenburg	
29	Cordt **Schwacke** Hemslingen (war der einzige Schwacke ebenda)	
30	Heinrich **Cordes** Bothel	
	Johann **Schröder** Hassel im Kirchspiel Rotenburg	
	Hermann **Lange**, ¼ Höfner Hassel im Kirchspiel Rotenburg	
31	Claus **Meyer** Bothel	

1592/1593

Gerichtsbrüche (4) [176]

Vom Landgericht zu Schessell

Nr	Text	Strafe	Vorwurf / Tat
32	Reinken **Harmens** Knecht zum Borstell der Lütken **(...)** Sohne zur Wordt mit einem Becher ufn Koop verwundett.	½	Körperverletzung
33	Henrich **Lüntzmann** vorm Holtze, daß er Alcke **(...)** im Meierhofe vor eine *Zaubersche* gescholten.	1	Verleumdung / Beleidigung
34	Johann **Kröger** zu Botell, daß er wider verbott einen Heußling hielt.	1	Verstoß gegen ein Verbot
35	Johann **Rodersbrock** zum Borstell daß er Lütken **Rorß** zu Harstede Sohn verwundet.	½	Körperverletzung
36	Lütke **Walers** das er Cordt **Walers** Maul und Nase enzwei geschlagen.	½	Körperverletzung
37	Lütken **Rorß** daß er Metken **Gerkens** beschlafen, ehe er sie geschlaget hatt	4	Körperverletzung und Unzucht
38	Cordt **Rorß** daß er Gesche **Bergfreden** beschlafen vor gehaltener Hochzeit	5	Vorehelicher Beischlaf
39	Harmen **Rorß** zu Hemßling, daß er Mettken **Rorß** geschwengertt, ehe sie ihne getraut worden.	4	Vorehelicher Beischlaf. *Kirchenbuße*
40	Johann **Carstens** zu Soling, daß er wird gegen Willen und Verbott bey 60 Taler Bruchen seinen hundt umb dermind-(er)ung des Vieschadens dem die zu Hemßling an ihrem Vieh erlitten nicht abgeschafft.	1	Er hat einen Schaden nicht beglichen und den Hund nicht abgeschafft.
41	Item Hans **Dreier**	1	dto
42	Item Harmen **Carstens**	1	dto
43	Item Hinrich **Bergfrede**	1	dto
44	Hanske **(...)** zur Wordt, daß er hinter Lintell wo ime nicht gehuret (gehört), heide gehauwen.	1	Heidefrevel
45	Peter, Jochim **Suringes** zu Wohlsdorf Sohn daß er den Rotenburger Schaffer (Schäfer) geschlagen.	1	Tätlicher Angriff

[176] StA Stade Rep.76 Nr. 1367 S. 73 R, Gerichtsbrüche (Vogtei Scheeßel), 1592/93

zu	Zuordnung	Hof / Haus
32	Knecht von Reinken **Harmen** zum Borstel, wohl im Kirchspiel Kirchwalsede	
	Hans, der Sohn von Lütke **Wortmann** Wordt	Vollhof
33	Henrich **Lüntzmann** (der alte 2/3 Höfner) Bothel, vorm Holtze	HOOPS Haus Nr.31
	Alcke **(Lüntzmann)** im Meierhofe Bothel, wohl Johann Frau	MICHELS / KOHRS Nr.1
34	Johann **Kröger** Botell	
35	Johann **Rodersbrock** (Familien leben auch im Ksp Neuenkirchen) zum Borstel, aber in diesem Fall zu welchem?	
	Lütke **Röhrs** Hastedt im Kirchspiel Rotenburg	
36	Lütke **Wahlers** (1592/93, Nr.6, S.111) Westervesede, ½ Höfner	HINNERS Haus Nr.5
	Cordt **Wahlers** (siehe 1599, Nr.24 S.135) vermutlich aus Westervesede Nr.19	gebürtig aus WAHLS
37	Lütke **Röhrs**	→ siehe Nr.35
	Metke **Gerke**	
38	Cordt **Röhrs** ∞ Gesche Bergfrede Söhlingen, (1599, Nr.1, S.131)	
	Gesche **Bergfrede**, nun Cordt Röhrs Ehefrau gebürtig aus Söhlingen oder Hemslingen	
39	Harmen **Röhrs** ∞ Mettke Röhrs Hemslingen	
	Mettke **Röhrs**, nun Harmen Röhrs Ehefrau	
40	Johann **Carstens** Solingen	
41	Hans **Dreyer** ...	
42	Harmen **Carstens** ...	
43	Hinrich **Bergfrede** Söhlingen (siehe 1592 Nr.1, S.103)	
44	Hanske, auch Hans **Wortmann**, Vollhöfner Wordt	
45	Peter, Sohn von Jochim **Sühring** Wohlsdorf	SÜRINGS Haus Nr.2

vor 1593

Bremer Irrungen lt. Rotenburger Beambten Bericht vom 21. Dezember 1593 [177] - [178]

Nr	Text	Strafe°	Vorwurf / Tat
1	Hanßke **Lüemans** zu Abendorf hat vor Jaren Anneken **Costers** von Dußhorn, so noch im Leben ist und zu Schessell sich enthelt, beschlaffen. Ist deshalber durch die domalingen Beambten alhir von Abbendorff gefenglich anhero geholt, mit gefangnus und an gelde deswegen gestraft worden.		Unzucht
2	Jasper, Peter **Robone** zu Abbendorf knecht ist aus Ursachen, daß Er einen armen sinlosen menschen vom Heitzweder holze einen Immenschwarm entfehrnet, gefenglich von Abbendorp anhero geholet worden.		Diebstahl (ist 1619 im Protokollum Sottrum aufgeführt)
3	(...) einer mit Namen Roelff von **Bremen**, Heinrich **Meincken** zu Heitzwede bestohlen im Wenekelohe diesseits der Richterbeke, also in des Amt Rotenburg Territorio, gefangen und anhero uffs Haus Rotenburg gebracht, auch seiner dieberei und unthatt halber mit dem Schwerdt gerichtet worden. (...)		Dieser Diebstahl wurde mit dem Leben bezahlt!

[177] StA Stade Rep.5b Fach 83 Nr. 13b Bl. 28-37, vor 1593
[178] Dörfler, 2004, Anl. 18, Seite 787-789

zu	Zuordnung	Hof / Haus
1	Hanske **Lühmann** Abbendorf, 1548-1587 erwähnt	JOHMS Haus Nr.4
	Anneken **Köster** aus Düßhorn	
2	Jasper, Peter **Robone** Abbendorfs, Knecht beim Bruder	Knecht auf Haus Nr.2
	Peter **Robone**, Jurat 1571-1591 Abbendorf, 1560-1593 erwähnt	NEMANNS Haus Nr.2
3	Heinrich **Meinken** Hetzwege, 1548-1593 erwähnt	HEINS Haus Nr.5
	Rolf **von Bremen**	**hingerichtet**

1593, 21. Dezember

Bremer Irrungen lt. Rotenburger Beamtben Bericht vom 21. Dezember 1593 [179] - [180] Text Dr. Dörfler

Hermann **Fresen** aus Nartum hatte sich im Westerholzer Holz selbst an einer Ellern (Erle) erhängt. Der Ottersberger Kötner Johann Riers (**Röhrs**) hat auf seiner Wische beim Emme, die Ellern gefällt, an dem Frese sich erhängte und er wurde auf "gennehalb Rodenburgk" auf dem Lindenbergk begraben.
Hieraus entstand nun ein Streit der beiden Bistümer von Bremen und Verden, auf welchem Gebiet dieses geschah. Es wurde gefordert, die Leiche wieder auszugraben und mit dem gefällten Holze an das Bistum Verden zu überstellen, weil es auf deren Gebiet geschah. Das Problem war, dass das Dorf Westerholz zu der Vogtey Scheeßel gehörte, welches zum Amt Rotenburg und dieses zum Stift Verden zugehörig war, aber das Stift Bremen sah das Dorf in ihrer Gerichtsbarkeit liegend. Es war ein Grenzstreit. Der Drost von Rotenburg **Segebade** schilderte sein Vorgehen: "Nachdem mir dießer leidige Fähll durch die Dorfschafft Westerholt wissend gemacht (*worden war, habe*) ich denselben todten Corper zusambt dem Baume, daran er sich gehengkt, abgawen, anhero bringen und durch den Nachrichtter (*Henker*) an ein sollichen Ordt, da man dergleichen Leute zu begraben pflegt, in die Erde habe verscharren lassen." Weiterhin "Auch habe sich dieser leidige fall zugetragen un dem Bruche bei Westerholte in einer Wisch, welche bei Meines gendigenn Fursten und Hern Höfe einem zu Westerholte, den Johann **Roers** (Hs 3) und Johann **Meyer** (Hs 4) bebawen, aigenthumblich gehoret. Wie ..."

[179] StA Stade Rep.5b Fach 83 Nr. 13b Bl. 28-37, Rotenburger Beamter 21.12.1593
[180] Dörfler, 2004, Seiten 372-374

1596, 26. März

<u>**Zwei Fälle aus dem Protokoll einer Grenzbesprechung**</u> [181] - [182]

Nr	Text	Vorwurf / Tat
1	(...) Der Konflikt ist sehr handfest. Die Rotenburger hatten zwei Personen verhaftet, aus Höperhöfen war es eine Frau, die von einem Bötersener namens Hermen **Dörneman** wegen „**Zauberei**" angeklagt wurde. Er habe auch *caution und Vorstandt (Vorsicht) gethan (walten lassen), daß er sie daselbst zu Rechte verfolgen und ausclagen wolte. (...)*	Zauberei
2	*(...)* Der andere war ein Mann aus Jeerhof, Von ihm wehre *notorium kund und offenbar, daß derselbe seines Eheweibs leibliche Schwester geschwengert. (...)*	Unzucht und Ehebruch

zu	**Zuordnung**	**Hof / Haus**
1	Harm **Dörnemann**, Baumann Bötersen, Sohn von Johann oder Jürgen	
	Die Zaubersche aus Höperhöfen war offensichtlich die Ehefrau von Harm **Hoops**. Söhne: ∗um 1584 Joachim (Anerbe) ∗um 1586 Warneke, † 15.06.1598 Suicid durch ertränken in der Oste [183]	HOOPS Haus Nr.6
	<u>Bem.:</u> Harm **Hoops** Schwester Mette wurde 1664 der Zauberei angeklagt und nahm sich durch Erhängen das Leben. (siehe Seite 265). Mettes Tochter Gretke **Meinken** wurde als Hexe 1664 in Rotenburg verurteilt und auf dem Scheiterhaufen verbrannt. Im Laufe der Ermittlungen wurde ausgesagt, dass Mettes Mutter, also die Ehefrau von Joachim **Hoops** (um 1584) aus Höperhöfen, um 1625 herum, im ganzen Amt als Zauberin "verschrieen" sei. Da es nur wenige Höfe in Höperhöfen zu der Zeit gab, liegt es nahe, dass Jochims Mutter die 1596 beschuldigte Frau war.	
2	Hier lässt sich keine Zuordnung vornehmen. Es scheint aber, als habe er in den Hof der Schwestern eingeheiratet.	

[181] StA Stade Rep.5b Fach 83 Nr. 13b, Bl. 38-57, 1596

[182] Dörfler, 2004, Seite 378

[183] StA Stade Rep.5b Fach 83 Nr. 13b, „Bremische Irrungen"

1599

Landgericht zu Scheeßel [184] - [185]

Nr	Text	Strafe°	Vorwurf / Tat
1	Drewes **Zimmermann** zu Grauen, hat seinen Vater für einen Schelm gescholten, zu Bruche	2	Beleidigung und Verstoß gegen das 4. Gebot
2	Henrich **Lunßmann** zu Hemßlingen Fraue hat Henrich **Lunßemanns** Tochter zu Bothel aus dem Gestule in der Kirche gestoßen, zu Bruche	2	Verstoß gegen die Kirchen-ordnung
3	Ulrich **Brunkhorst** und Diterich **Schumacher** haben zu nachtschlafender Zeit Eicheln geschüttelt, zu Bruche	je ½ Taler	Diebstahl ? / Ruhestörung

°Strafen in Taler

zu	Zuordnung	Hof / Haus
1	Drewes **Zimmermann**, Sohn Grauen, er scheint den Hof nicht geerbt zu haben	
	Peter **Zimmermann**, Drewes Vater Grauen, 1640 als Vollhöfner erwähnt	Vollhöfner
2	Henrich **Lünzmann** Hemslingen	Kötner
	Henrich **Lünzmanns** Tochter Bothel, (1599/1600, Nr.27, S.149)	HOOPS Haus Nr.31
3	Ulrich **Brunkhorst** (1600, Nr.30, S.151) Brockel, Im Einwohnerverzeichnis von 1631[186] wird sein Sohn / Enkel Olrich mit der Ehefrau ebenda erwähnt. Das ist der letzte **Brunkhorst**. Auf Grund des Vornamens könnte er auf der Brinkkate gesessen haben, auf denen um 1700 Ölrich **Carstens** oder Ölrich **Meyer**, beide Hohnhorstmeier, gesessen hatten.	
	Diterich **Schumacher**, der Familinname weist eher auf eine Herkunft aus Sottrum oder Ottersberg hin. Möglicherweise war er Knecht bei **Brunckhorst**. Die familiären Bindungen in das Kirchspiel Sottrum sind vielfach belegbar.	
	Bem.: Eicheln dienten u.a. zur Schweinemast. Hier hat wohl eher der Diebstahl als die nächtliche Ruhestörung die entscheidende Rolle gespielt.	

[184] StA Stade Rep.76 Nr. 1368 (alt Rep.76 Rtbg Nr.3)
[185] Meyer 1955, Seite 39, Auf dem Landgericht zu Scheeßel
[186] Einwohnerverzeichnis 1631, Rotenburger Schriften, Heft 8, Jg. 1958

1599, wurde nach dem 6. Juni abgehalten

<u>Einnahme von Land: Burg undt Holtzungs gerichtß (1)</u>

<u>Brüche vom Scheßeler Landgericht</u> [187]

Nr	Text	Strafe°	Vorwurf / Tat
1	Jürgen **zu Bellen** Haußfrawe hat Curdt **Rörs** für einen Schelm gescholten	1-16-6	Beleidigung
2	Hanß **Dreyer** und Peter **Wahlers** haben ihres nachpaupers (armen Nachbarn) Landt abgeflüget	3-0-0	Diebstahl der Ernte
3	Cordt **Schröder** zu Horstede hat Harmen **Berendes** Landt abgeflüget	1-16-6	Diebstahl der Ernte
4	Henrich **Garbers** hat Clauß **Heitman** uf freier straße den Bart außergehauet	2-0-0	Körper-verletzung
5	Johan **Lünßman** zu Hemslingen hat verboten 2 Ochsen verkaufet	2-0-0	Unterschlagung
6	Henrich **Meyer** hat verboten 2 Ochsen verkaufet	2-0-0	Unterschlagung
7	Cordt **Carstens** 1 Ochsen	1-0-0	Unterschlagung
8	Hanß **Meyer** 2 Ochsen	2-0-0	Unterschlagung
9	Henrich **Jürgens** 1 Ochsen	1-0-0	Unterschlagung
10	Cordt **Schröders** Witwe hat Harmen **Berends** für einen Schelm gescholten	1-0-0	Beleidigung
11	Cordt **Schröder** hat hinter seines Hoffe etwas zugeräumet.(Heide umgebrochen)	1-0-0	unerlaubte Landnahme
12	Hilmer **Nacke** hat Henrich **Garbers** auf freier straßeins gesicht geschlagen	2-0-0	Körper-verletzung
13	Hinrich **Barchfrede** hat wiederverbot 2 Ochsen verkauffet, gibt	2-0-0	Unterschlagung

°Strafen in Taler / Schillinge / Pfennige z.B. 0-16-6

[187] StA Stade Rep.76 Nr.1369 , Geldregister Amt Rotenburg, 1599

zu	Zuordnung	Hof / Haus
1	Jürgen **Heitmann** (siehe Nr.30) Bellen	HEITMANNS
	Cordt **Röhrs** Söhlingen, (1592, Nr.38, S.125)	
2	Hanß **Dreyer** Hemslingen, (siehe Nr.52, S.139)	→ siehe Nr.52 → siehe Nr.75
	Peter **Wahlers** Söhlingen, (1610, Nr.34, S.163)	
3	Cordt **Schröder** (siehe Nr.10, 20, und 28) Hastedt im Kirchspiel Rotenburg	→ siehe Nr.28 Pflugkate
	Harmen **Behrens** (1599/1600, Nr.7, S.145) Hastedt im Kirchspiel Rotenburg	→ siehe Nr.10 → siehe Nr.20
4	Henrich **Garbers** (1592/93, Nr.10, S.121) Bothel, 1631 noch erwähnt mit Frau Anke	GARBERS Haus Nr.20
	Claus **Heitmann** (s. Nr.51) ½ Höfner Bothel, 1587-1599 erwähnt	HEITMANNS
5	Johann **Lünzmann** Hemslingen	→ siehe Nr.45
6	Henrich **Meyer** Hemslingen, noch 1628 im Michaeliszins gen.	→ siehe Nr.43
7	Cordt **Carstens** Hemslingen, (1610, Nr.16, S. 159)	
8	Hanß **Meyer** (1592/93, Nr.9 S.111) Ostervesede, 1587-1628 erwähnt	MEYER Haus Nr.2
9	Henrich **Jürgens** (s. 1592/93, Nr.3 S.119) Bothel,	
10	Cordt **Schröders** Witwe Hastedt im Kirchspiel Rotenburg	→ siehe Nr.3
	Harmen **Behrens** Hastedt im Kirchspiel Rotenburg	→ siehe Nr.3
11	Cordt **Schröder** (! wohl danach verstorben) Hastedt im Kirchspiel Rotenburg	→ siehe Nr.3 → siehe Nr.10
12	Hilmer **Nacke** Scheeßel, wohlmöglich Sohn des Scheeßeler Amtsvogts Johann **Nacke**	
	Henrich **Garbers** (1587, Nr.31, S.71) Bothel, Halbhöfner verheiratet mit Anke N.N.	GARBERS Haus Nr.20
13	Hinrich **Bargfrede**, ½ Höfner (s. Nr.74, S.143) Brockel, 1599 erwähnt, Sohn Johann folgt ihm	UNTERVOGT

1599

Einnahme von Land: Burg undt Holtzungs gerichtß (2)

Brüche vom Scheßeler Landgericht [188]

Nr	Text	Strafe°	Vorwurf / Tat
14	Peter **Schleßelman** zu Vesede hat Johan **Eindorpes** im Hause geschlagen	1-0-0	Körper-verletzung
15	Jochim **Mormann** von Tewel hat Johan **Bergfrede** mit einem Messer in die Seite gestochen	1-0-0	Körper-verletzung
16	Johan **Barchfrede** hat mit Jochim **Mohrmanns** hir ehr das fisch gerich	0-16-6	Es gab zum Fischereirecht ein Gericht[189]
17	Hanß **Schwiebert** hat Curdt **Henrichs** auf der Bauerstede geschlagen	0-16-6	Körper-verletzung
18	Lammerdt **zum Wensebrock** und sein Bruder Claus haben Jürgen **Lünßmann** geschlagen undt holzschlags **Lünßmans** nicht geschlaget	1-0-0	Körper-verletzung <u>und</u> Freispruch zum Vorwurf Holzfrevel
19	Johan **im Meyerhof** hat ein Hartwedel [190] schlagen gelassen	0-16-6	Holzfrevel
20	Cordt **Schröder** hat Harmen **Berends** imme Knick (Bienenzaun) durch sein schwein laßen umbwühlen	0-16-6	Sachbeschä-digung
21	Ludolph **Lünßman** hat Johan **Carstens** in die Hand gestochen	0-16-6	Körper-verletzung
22	Harmen **Rörß** hat den Untervogt zu Brockel mit dem Beil geschlagen	2-0-0	Körper-verletzung
23	Lütke **Wahlers** hat Reinke **Wahlers** auf der heide geschlagen	1-0-0	Körper-verletzung

°Strafen in Taler / Schillinge / Pfennige z.B. 0-16-6

[188] StA Stade Rep.76 Nr. 1369 , Geldregister Amt Rotenburg, 1599
[189] Dieses Fischgericht ist analog zum Holzgericht zu sehen und keine Speise.
[190] Der *Hartwedel* bei Bothel ist ein alter, historischer Waldstandort

zu	Zuordnung	Hof / Haus
14	Peter **Schleeßelmann**, gebürtig aus Hetzwege Vesede = Oster- oder Westervesede?	wohl Knecht
	Johan **Indorf** (1592, Nr.10, S.111) Bartelsdorf, 1592-1600 erwähnt	KÖTS Haus Nr.11
15	Jochim **Mohrmann**, ½ Höfner Tewel, Kirchspiel Neuenkirchen	BÖHLENS
	Johan **Bargfrede** Söhlingen oder Brockel	
16	Johan **Bargfrede**	→ siehe Nr.15
	Jochim **Mohrmann** Tewel	→ siehe Nr.15
17	Hanß **Schwiebert**, ½ Höfner Bothel	
	Cordt **Hinrich** Bothel, vermutlich aus dem Meierhof	
18	Lammerdt **Cordes** (1599, Nr.27, S.135) Wensebrock, wohl Knecht beim Bruder Claus	
	Lammerts Bruder Claus **Cordes**, ½ Höfner Wensebrock, (siehe 1610, Nr.19, S.161)	Halbhof
	Jürgen **Lünzmann** Hemslingen vermutlich	
19	Johann **Lünzmann** im Meierhof Bothel, Sohn Harm und Enkel Lütke 1631 erwähnt. (1639, Nr.29, S.225)	MEIERHOF Haus Nr.1
20	Cordt **Schröder** Hastedt im Kirchspiel Rotenburg	→ siehe Nr.3 Pflugkate
	Harmen **Behrens** Hastedt im Kirchspiel Rotenburg	→ siche Nr.3
21	Ludolph **Lünzmann** Bothel oder Hemslingen	
	Johann **Carstens** Hemslingen, (1592/93, Nr.32, S.115)	→ siehe Nr.55
22	Harmen **Röhrs** Bothel	→ siehe Nr.35
	Untervogt zu Brockel (sein Name ist nicht genannt, siehe aber hier LfdNr.13)	
23	Lütke **Wahlers** (1592/93, Nr.6, S.111) Westervesede, 1592-1613 erwähnt	HINNERS Haus Nr.5
	Reinke **Wahlers,** Vollhöfner und Interimswirt Jeersdorf, 1567-1599 erwähnt	GERKEN Haus Nr.3

1599

Einnahme von Land: Burg undt Holtzungs gerichtß (3)
Brüche vom Scheßeler Landgericht [191]

Nr	Text	Strafe°	Vorwurf / Tat
24	Jochim **Krüger** hat Curdt **Wahlers** aufm Kirchhof für einen Dieb gescholten	1-0-0	Verstoß gegen die Kirchen-ordnung und Beleidung
25	Curdt **Wahlers** hat Jochim **Krügern** Vischkörbe weggedragen	1-0-0	Diebstahl der Reusen
26 [192]	Herberdt **Henrichs** hat Harmen im Meyerhofe belanget (angezeigt) und ist selber nicht für gericht erschienen	1-0-0	Verstoß gegen eine Vorladung vor Gericht
27	Christoffer **Garbers** hat nicht geklagt das ihm Lammert zum Wensebrock geschlagen	0-16-6	Körper-verletzung
28	Cordt **Schröder** zu Horstedt hat wiederverboten ochsen verkaufet	0-16-6	Unterschlagung
29	Henrich **Lange** undt Johan **Bergfrede** haben sich untereinander geschlagen	1-0-0	Rauferei
30	Johan **Rörß** frau hat Jürgen **zu Bellen** für einen hurers gescholten	1-0-0	Beleidigung
31	Jürgen **Ratken** hat uff der gemeinde graß gemeiget (gemäht)	0-16-6	Unerlaubte Handlung, auch Diebstahl
32	Berendt **Wahlers** hat Curdt **Schröder** alß er ihn pfänden wollen geschlagen	1-0-0	Körper-verletzung
33	Henrich **Gerke** hat Cordt **Gerken** beweglagert (aufgelauert) und ihm mit der Sestell (Sichel zur Sestellung der Saat) und dem Meßer forken (aufspießen) wollen.	2-0-0	hinterhältiger Mordversuch

[191] StA Stade Rep.76 Nr. 1369, Geldregister Amt Rotenburg, 1599
[192] Harmen wurde wegen seines Holzfrevels angezeigt, aber derjenige ist der Vorladung zum Gericht nicht gefolgt.

zu	Zuordnung	Hof / Haus
24	Jochim **Kröger** Ostervesede	KRÖGERS Haus Nr.5
	Cordt **Wahlers** (siehe 1592/93, Nr.36, S.125) Westervesede	WAHLS Haus Nr.19
25	Cordt **Wahlers**	→ siehe Nr.24
	Jochim **Kröger**	→ siehe Nr.24
26	Herberdt **Hinrichs** (1599, Nr.20, S.149) Bothel, möglicherweise BUSCHMANNS Kate	
	Harm **Lünzmann** im Meierhof, Johanns Sohn Bothel, (1592, Nr.30, S.107)	MEIERHOF Haus Nr.1
27	Christoffer **Garbers** Bothel vermutlich	
	Lammerdt **Cordes** (1599, Nr.18, S.133) Wensebrock, wohl Knecht beim Bruder Claus	
28	Cordt **Schröder** Hastedt im Kirchspiel Rotenburg	→ siehe Nr.3 (Pflugkate)
29	Henrich **Lange**, Sohn (1639, Nr.27, S.225) Söhlingen, 1599-1610 erwähnt, ½ Höfner	LANGEN
	Johann **Bargfrede** Brockel, möglicherweise Sohn des Untervogts	
30	Johann **Röhrs** Frau (1610, Nr.25, S.115) Bothel, 1592 erwähnt, ½ Höfner	RÖHRS
	Jürgen **Heitmann** Bellen, (siehe Nr.1)	HEITMANNS
31	Jürgen **Ratchen**	
32	Berend **Wahlers**, Hemslingen, (1592/93, Nr.16, S.113) Er war entweder der Unter- oder der Bauern-vogt, denn er durfte eine Pfändung vollstrecken.	
	Cordt **Schröder** Hastedt im Kirchspiel Rotenburg	→ siehe Nr.28
33	Henrich **Gerke**, 1/3 Höfner Brockel	
	Cordt **Gerken** (1619, Nr.11, S.175) Scheeßel, 1591-1619 erwähnt	DIEKMANN Haus Nr.18

1599

Einnahme von Land: Burg undt Holtzungsgerichtß (3)
Brüche vom Scheßeler Landgericht [193]

<table>
<tr><th>Nr</th><th>Text</th><th>Strafe°</th><th>Vorwurf / Tat</th></tr>
<tr><td>34</td><td>Cordt Wichering hat nicht geklaget, das ihm Johan Heitmann geschlagen</td><td>0-16-6</td><td>nicht angezeigt</td></tr>
<tr><td>35</td><td>Lütke zur Worth hat nicht geklaget das ihm Harmen Röerß geschlagen</td><td>0-16-6</td><td>nicht angezeigt</td></tr>
<tr><td>36</td><td>Henrich Lünßman zu Botel hat ohn ehrlaubnis eines Kruges zugerichet</td><td>0-16-6</td><td>unerlaubter Krugbetrieb</td></tr>
<tr><td>37</td><td>Hilmer Nacke hat gleichermaßen exeß begangen</td><td>0-16-6</td><td>Schwarzer Ausschank</td></tr>
<tr><td>38</td><td>Cordt Röerß, Cordt Lüntzman Knecht und der Schäfer zu Hemslingen haben wieder verboten des montags in des Pfingsten das gielbier angefangen</td><td>3-0-0</td><td>Schwarzbrauen</td></tr>
<tr><td></td><td colspan="3">„Nachstehende sollen am 6. Juni 1599 auff das Römerbrief [194] gehoret haben und sind ausgeblieben undt gibt jeder ½ Rthlr“</td></tr>
<tr><td>39</td><td>Cordt Heißlinge von Wohlsdorf</td><td colspan="2" rowspan="7">Das Vergehen beruht darauf, dass der Begriff „Römerbrief“ hier für eine Anordnung vom Kaiser des heiligen römischen Reiches deutscher Nation verwendet wurde, ohne die Anordnung zu benennen. Damals wusster jeder, welches Vergehen damit gemeint war. Es wird sich um eine kaiserliche Steuer gehandelt haben.</td></tr>
<tr><td>40</td><td>Diedrich Eindörps von Bartelsdorf</td></tr>
<tr><td>41</td><td>Carsten Korte</td></tr>
<tr><td>42</td><td>Cordt Lünsman</td></tr>
<tr><td>43</td><td>Henrich Meyer</td></tr>
<tr><td>44</td><td>Henrich Lünsman</td></tr>
<tr><td>45</td><td>Johan Lünsman</td></tr>
</table>

°Strafen in Taler / Schillinge / Pfennige z.B. 0-16-6

[193] StA Stade Rep.76 Nr. 1369, Geldregister Amt Rotenburg, 1599

[194] Der **Brief des Paulus an die Römer** ist ein Buch des Neuen Testaments der christlichen Bibel, den Paulus von Tarsus in Korinth verfasst hat.

zu	Zuordnung	Hof / Haus
34	Cordt **Wichern** Westervesede	WICHERN Haus Nr.7
	Johann **Heitmann** Westervesede	HEITMANN Haus Nr.8
35	Lütke **Lüdemann**, ½ Höfner Worth, 1590-1600 erwähnt	
	Harmen **Röhrs** Bothel (siehe 1592/93, Nr.1 S.119)	→ siehe Nr.22
36	Henrich **Lüntzmann** Bothel, (1599, Nr.27, S.149)	HOOPS Haus Nr.31
37	Hilmer **Nacke** (1599, Nr.12, S.131) Scheeßel, wohlmöglich Sohn des Scheeßeler Amtsvogts Johann **Nacke**	
38	Cordt **Röhrs**, Cordt **Lünzmann** Knecht Hemslingen	
	Cordt **Lünzmann** Hemslingen	
	der Schäfer zu Hemslingen	
39	Cordt **Heeßling** (1587, Nr.9, S.67) Wohlsdorf, 1587-1599 erwähnt (Knecht)	✳ (Helvesiek) Haus 18 o. 19
40	Diedrich **Indorf** Bartelsdorf, 1560-1599 erwähnt (Knecht)	LÜNZMANN Haus Nr.8
41	Carsten **Korte**	
42	Cordt **Lünzmann** Hemslingen	→ siehe Nr.38
43	Henrich **Meyer** Hemslingen	→ siehe Nr.6
44	Henrich **Lünzmann** vermutlich Bothel	→ siehe Nr.36
45	Johann **Lünzmann** Hemslingen, (siehe 1599/1600, Nr.28, S.150)	→ siehe Nr.5

1599, 6. Juni

Einnahme von Land: Burg undt Holtzungs gerichtß (4)

Brüche vom Scheßeler Landgericht [195]

Nr	Text	Strafe	Vorwurf / Tat
46	Hans **Lünsman**		
47	Henrich **von Bellen**		
48	Johan **Jürgens**		
	von Hemslingen		
49	Christoffer **Delvendahl**		
50	Jochim **Rörs**		
51	Henrich **Bergfrede**		
52	Hans **Dreyer**		
53	Peter **Früchtenicht**		
54	Johan **Rörß**		
55	Johan **Carstens**		
56	Claus **Piper**		

[195] StA Stade Rep.76 Nr. 1369, Geldregister Amt Rotenburg, 1599

zu	Zuordnung	Hof / Haus
46	Hans **Lünzmann**	
47	Henrich **Carsten** Bellen, 1599-1628 erwähnt	
48	Johann **Jürgens** Hemslingen	Zweidrittelhof
49	Christoffer **Delvendahl** (1592/93, Nr.17, S.113) Hemslingen, 1592/93-1600 erwähnt	
50	Jochim **Röhrs**, Halbhöfner Hemslingen	RÖHRS Haus Nr.8
51	Henrich **Bargfrede** Hemslingen	
52	Hans **Dreyer** Hemslingen	→ siehe Nr.2
53	Peter **Früchtenicht** (1592/93, Nr.33, S.115) Hemslingen, 1592-1599 erwähnt	
54	Johann **Röhrs** (siehe 1592/93 Nr.6, S.119) Hemslingen, Sohn von Peter	→ siehe Nr.50
55	Johann **Carstens** Hemslingen, (1592/93, Nr.32, S.115)	→ siehe Nr.21
56	Claus **Pieper** Hemslingen, wohl ein Interimswirt	

1599, 6. Juni

Einnahme von Land: Burg undt Holtzungs gerichtß (5)

Brüche vom Scheßeler Landgericht [196]

Nr	Text	Strafe°	Vorwurf / Tat
57	Cordt **Cordes**		
58	Johan **Rörß**		
59	Henrich **Carsten**		

zu	**Zuordnung**	**Hof / Haus**
57	Cordt **Cordes** (1587 Nr.40 S.73) Söhlingen, (1610 Nr.32 S.161)	
58	Johan **Röhrs**	
59	Henrich **Carsten** Hemslingen	

zu	**Anmerkung**
39 - 59	Der Römerbrief hatte eine kirchengeschichtliche Wirkung wie kein anderes biblisches Buch. So hatte Martin **Luther**, während der Lektüre des Römerbriefs, genauer: beim Studium von Röm 1,16 und 17, die Erkenntnis, dass allein Gottes Gnade den Menschen vor Gott gerecht sein lässt, was später zentrales Element der Reformation wurde.
	Der Brief des Paulus an die Römer ist ein Buch des Neuen Testaments der christlichen Bibel. Verfasst hat den Brief Paulus von Tarsus in Korinth. Der Brief gehört zu den sieben Briefen von Paulus.
	Was war nun das Verwerfliche, Anno 1599 auf den Römerbrief gehört zu haben? *„sie sind fortgeblieben“* protokolliert der Schreiber! Sie haben wohl ihren Herrendienst nicht angetreten und meinten bestimmt, sich auf den Brief des Paulus berufen zu können.

[196] StA Stade Rep.76 Nr. 1369, Geldregister Amt Rotenburg, 1599

1599

Nr. 4 aus: Verzeichnis der Dokumenten, damit man zu beweißen, das der Wümmenstrom die rechte Grentz, und Scheidungh zwischen den Häußern Otterßbergh, und Rodenburgh... von 1610 [197]

Nr	Text	Anmerkung
1	Regelung Gerichtsgroschen und Brennmaterial zur Hinrichtung von Zauberinnen durch verbrennen.	Siehe 1610 Seite 164
2	Dem Kuhirten Herman **Thuneman** wurde vorgeworfen, es mit einer Kuh getrieben zu haben (Sodomie). Das hatte der alte Gogrefe Johann **zum Klünner** von seinem seligen Vater gehört.	Er wurde in Ottersberg auf dem Galgenberg verbrannt.
3	Um 1559 wurde Friedrich **Mühlenmeiger** verurteilt, weil er auf dem Vorwerck Luhne Schafe, Immen, Gänse und Hühner gestohlen hatte. Er wurde von Rotenburg gefangen genommen und an Ottersberg ausgeliefert.	Er wurde in Ottersberg auf dem Galgenberg gehenkt.
4 !	Johann **Quenckler**, ein Rotenburgmeier zu Waffensen wurde 1599 beschuldigt, seine Hausfrau (Ehefrau) und die Schwester von Hanschen **Schlobaum** zu Waffensen beschlafen zu haben. Er wurde deswegen von den Rotenburgern im Hause von Heinrich **Dreyer** in Waffensen gefangen gehalten, nach Rotenburg gebracht. Bezeugen konnten das: Johann **Tietcken** in Hipstedt und der alte Lorentz **Meinecken** zu Bülverstedt.	Er wurde wegen Unzucht vom Drost Friederich **Fülle** in Ottersberg verurteilt und am „Flörichen Teiche“ verbrannt.
	Bem.: Diese Strafen der Hals- und Handgerichtsbarkeit fielen nicht in die Zuständigkeit eines Landgerichtstages, sondern waren Angelegenheiten des zuständigen Drosten in einem ordentlichen Strafverfahren. Sie sind hier nur angeführt, um aufzuzeigen, wo sich die Grenzen der Verantwortlichkeiten befanden.	

[197] StA Stade Rep.5b F 84 Nr.13 f Brüche 1609 Nr.1800

1599, 5. Februar

Einnahme von Land: Burg undt Holtzungs gerichtß (5)

Brüche vom Scheßeler Landgericht [198]

	Vorwurf / Tat		
	Nachstehende sollen am 5. Februar Busch im Teich zu Rotenburg gehauen haben und … außgeblieben undt gibt jeder ½ Rthlr		
Nr	Text	Strafe°	Bemerkungen
61	Cordt **Körtte**	½	Holzfrevel
62	Henrich **Lümans**	½	Holzfrevel
63	Johan **Lünßmans**	½	Holzfrevel
64	Johan **Röreß**	½	Holzfrevel
65	Henrich **Jurgens**	½	Holzfrevel
66	Henrich **Carstens**	½	Holzfrevel
67	Harmen **Bleckwedel**	½	Holzfrevel
68	Lüteke **Lümans**	½	Holzfrevel
69	Hanß **Lümans**	½	Holzfrevel
70	Christoffer **Delvendaal**	½	Holzfrevel
71	Henrich **Lange**	½	Holzfrevel
72	Claus **Piper**	½	Holzfrevel
73	Jochim **Rörs** jun.	½ r	Holzfrevel
74	Henrich **Bargfrede**	½	Holzfrevel
75	Hanß **Dreyer**	½	Holzfrevel

zusammen 7-16-6

°Strafen in Taler / Schillinge / Pfennige z.B. 0-16-6 oder ½ Taler

[198] StA Stade Rep.76 Nr. 1369, Geldregister Amt Rotenburg, 1599

zu	Zuordnung	Hof / Haus
61	Cordt **Körtte**	
62	Henrich **Lühmann** Hemslingen vermutlich	
63	Johann **Lünzmann** Hemslingen	→ siehe Nr.5
64	Johann **Röhrs** Hemslingen oder Söhlingen	
65	Henrich **Jürgens**, noch 1628 erwähnt Hemslingen, (6.6.1599, Nr.9, S.131)	Zweidrittelhof
66	Henrich **Carstens** Wensebrock, (1610, Nr.20, S.161)	
67	Harmen **Bleckwedel**, Kötner Hemslingen, 1631 wird sein Enkel Hinrich erwähnt.	
68	Lüteke **Lühmann**	
69	Hans **Lühmann**	
70	Christoffer **Delventhal** (1587, Nr.40, S.73) Söhlingen, 1587-1599 erwähnt, Halbhöfner	
71	Henrich **Lange**, ½ Höfner Söhlingen, (1599, Nr.29, S.161)	LANGENS
72	Claus **Pieper** Hemslingen, wohl ein Interimswirt	→ siehe Nr.56
73	Joachim **Röhrs jun.** Söhlingen, (1592, Nr.19, S.113)	
74	Henrich **Bargfrede**, der Untervogt u. ½ Höfner Brockel, (6.6.1599, Nr.13, S.131)	UNTERVOGT
75	Hans **Dreyer** Hemslingen, (6.6.1599, Nr.2, S.131)	→ siehe Nr.2

1599/1600

Einnahme von Land: Burg undt Holtzungs gerichtß (1)

Brüche vom Scheßeler Landgericht [199]

Nr	Text	Strafe°	Vorwurf / Tat
1	Thomas **Wiedeman** hat Ulrich **Cordes** auf dem Seinen Gewalt getan, ihme seine Frawe zur erde geschmissen	2	tätlicher Angriff
2	Johan **Bellmans** hat ein Pferd auß der Pfandung genohmen (entführt)	1	Pfanddiebstahl, [200]
3	Jürgen **Dreyer** zum Lohe hat Heynen **Brockman** Dieberey beigemesse undt alß er im Blutgange gelegen hett er nicht zu ihm ins Hauß gewoldt	2	Diebstahl Bem.: Blutgang = Ruhr
4	Henrich **Hopes** zu Vahlde hat Luder **Brunkhorst** abgeflüget	1	Erntediebstahl
5	Der Kuhhirte zu Botel hat Jochim **Schünemann** zum Borstel Wisch (Wiese) fretten (abfressen) lassen.	1	Verstoß gegen eine Verordnung
6	Peter **Reineke** zu Hemsbünde hat bey seines Hause etwas außgemacht[201]	1	Hier unerlaubte Landnahme „Heiderodung“
7	Henrich **Wortmans** zu Horstede hat Harmen **Berendes** seinen (Bienen-)zaun niedergerissen. (umgestoßen)	½	Sachbeschädi-gung
8	Berend **Inselman** hat Thomas **Wiedeman** aufm Bauernbrink geschla-gen.	1	Körper-verletzung
9	Henrich **Lindes** ist beim dienst nicht erschienen	1	Dienst nicht geleistet!
10	Berend **Wahlers** hat Harmen **Schmidt** für ein Dieb gescholten	1	Beschimpfung / Beleidigung

°Strafen in Talern

[199] StA Stade Rep.76 Nr. 1369 Bl. 1-121, Geldregister Amt Rotenburg 1599/1600 Landgericht Scheeßel

[200] Er wird es wohl dringend auf dem Hof gebraucht haben.

[201] Wie „einen Zuschlag gemacht“, also Gemeindeland unerlaubt in Nutzung genommen.

zu	**Zuordnung**	**Hof / Haus**
1	Thomas **Wiedemann** Scheeßel, 1599-1633 erwähnt <u>Bem.:</u> Thomas Wiedemann ist ein verarmter Sohn des 1. ev. Scheeßeler Pastoren Thilo W.! Thomas wird über 30 Jahre als „Raufbold" in den Brüchen in Verbindung mit Gewalttaten erwähnt.	WIEDEMANN Haus Nr.22
	Ulrich **Cordes**, Brinkkötner u. Krüger Scheeßel, 1599 erwähnt	ÜLLERKS Haus Nr.25
2	Johann **Bellmann** Scheeßel, 1599-1600 erwähnt	BELLMANN Haus Nr.15
3	Jürgen **Dreyer**, stammt wohl aus Westerholz 18 Drenloh, war dort vermutlich Knecht	
	Heynen **Brockmann** Drenloh, 1600-1636 erwähnt	BROKMANN Haus Nr.1
4	Henrich **Hopes** [202] Vahlde, 1584-1600 erwähnt	HOOPS Haus Nr.7
	Lüder **Brunkhorst** Vahlde, 1600 erwähnt	BRUNKS Haus Nr.4
5	Jochim **N.N.** zum Börstel = Wittkopsbostel	
6	Peter **Reineke**, (Vater 1587, Nr.16, S.69) Hemsbünde, 1600 erwähnt	Halbhof
7	Henrich **Wortmann** (Fordemann) Hastedt, erwähnt 1598-1600	Halbhof
	Harmen **Behrens** (6.6.1599, Nr.3, S.131) Hastedt im Kirchspiel Rotenburg	
8	Berend **Inselmann** Scheeßel, 1599 erwähnt	FRESEN Haus Nr.9
	Thomas **Wiedemann** Scheeßel, 1599-1633 erwähnt	→ siehe Nr.1
9	Henrich **Lindes**, wohl Sohn des 1584 gen. Joh. Hetzwege,	LINDES Haus Nr.1
10	Berend **Wahlers** (1592/93, Nr.16, S.113) Hemslingen	
	Harmen **Schmidt** Scheeßel, 1599-1628 erwähnt	HILMERS Haus Nr.13

[202] Er ist ein direkter Ahne des Autoren

1599/1600

Einnahme von Land: Burg undt Holtzungs gerichtß (2)
Brüche vom Scheßeler Landgericht [203]

Nr	Text	Strafe°	Vorwurf / Tat
11	Thomas **Wiedeman** hat Hansche **Heitman** auff freier Straße blutig geschlagen	½	Körper-verletzung
12	Henrich **Curdes** hat Johan **Garbers** hinter dem Viehe zur erden geschlagen	1	Körper-verletzung
13	Henrich **Israel** undt Jürgen **Garbers** haben sich unter anders geschlagen und ein schwanger Weib zur erdes geworfen	1	Körper-verletzung
14	Ludolf **Holste** hat die Pfande Auß der gefandung genohmen	1	Pfanddiebstahl
15	Marten **Röers** hadt Carsten **Luemans** eine Sack mit Eicheln auf seines Hofe zerhauen	1	Sachbeschädi-gung
16	Peter **Rateken** zu Scheßello hat Johan **Eindorps** einen Diebstahl wegen eines Schafes beymessen wolle	½	Diebstahl
17	Claus **Delventhal** hat Harmen **Gerken** in die Handt verwundet	1	Körper-verletzung
18	Harmen **im Meyerhofe** und Hinrich **Hinrichs** haben Hinrich **Lünßman** für eine Schelm gescholten jeder gebe	2	Beleidigung
19	Harmen **im Meyerhofe** hat im Hartwedell plaggen[204] gehauen	1	Verstoß gegen eine Verord-nung

°Strafen in Talern

[203] StA Stade Rep.76 Nr. 1369, Bl. 1-121, Geldregister Amt Rotenburg, 1599/1600 Landgericht Scheeßel

[204] Das Abstechen von Grassoden (Plaggen) unter Bäumen und im Wald war verboten. Landgerichtsordnung von 1630, Nr. 7, siehe im Buch Seite 21

zu	Zuordnung	Hof / Haus
11	Thomas **Wiedemann** Scheeßel, 1599-1633 erwähnt	WIEDEMANN Haus Nr.22
	Hansche **Heitmann** (bleibt ungeklärt) Bartelsdorf HANSCHEN Haus Nr.5 Weservesede SLÜTEN Haus Nr.9 Beide wären um/über 80 Jahre alt gewesen. Auch ein Thomas W. hätte keine solch alten Leute geschlagen – oder doch?	HANSCHEN Haus Nr.5 oder SLÜTEN Haus Nr.9
12	Henrich **Cordes** (1610, Nr.31, S.161) Söhlingen	→ siehe Nr.26
	Johann **Garbers** (1592/93, Nr.28, S.115) Hemslingen	
13	Henrich **Israel**	einzige Nennung
	Jürgen **Garbers** Söhlingen, noch 1631 mit Frau Anke erwähnt	
14	Ludolf (Lütke) **Holsten**, ½ Höfner Westeresch,	LÜTEN Haus Nr.9
15	Marten **Röhrs**	
	Carsten **Lühmann**	
16	Peter **Ratchen** Scheeßel, 1584-1632 erwähnt	ORTMANNS Haus Nr.7
	Johann **Indorf** (1592/1593, Nr.10, S.111) Bartelsdorf, 1592-1600 erwähnt	KÖTS Haus Nr.11
17	Claus **Delventhal** Bothel, (1592, Nr.28, S.109)	Brinkkötner
	Harmen **Gerken**, Harms Hof im Meierhof Scheeßel, 1586-1600 erwähnt	HARMS Haus Nr.3
18	Harmen **Lünzmann** im Meierhof Bothel, 1599-1631 erwähnt, Johanns Sohn	MEIERHOF Haus Nr.1
	Hinrich **Hinrichs** Bothel	
	Hinrich **Lünzmann** Bothel, (1599, Nr.27, S.149)	
19	Harmen **Lünzmann** im Meierhof Bothel, 1599-1631 erwähnt, Johanns Sohn	MEIERHOF Haus Nr.1

1599/1600

Einnahme von Land: Burg undt Holtzungs gerichtß (3)
Brüche vom Scheßeler Landgericht [205]

Nr	Text	Strafe°	Vorwurf / Tat
20	Henrich **Henrichs** hat bei sein Hauß etwas Zugezäunett	1	Unerlaubte Landnahme
21	Jürgen **Bargfrede** hat ohn Uhrlaub (Erlaubnis) bier geschenkt	½	Unerlaubter Ausschank
22	Ulrich **Curdes** hat gleichmäßig Exces begangen bier geschenkt[206]	½	Unerlaubter Ausschank
23	Claus **Meier**, Henrich (Schröder) undt Cord **Schrod**(er) gebrüder haben sich unter anderes geschlagen, und sind alle verwundet, jeder 2 Rthlr	6	Körper-verletzung
24	Henrich **Schulermans** undt Johan **Steinken** haben sich auf freiem Felde gestriewet und ein den ander verwundett	2	Körper-verletzung
25	Christofer **Schröder** hat Hans **Röers** in den Kopf verwundett	1	Körper-verletzung
26	Ilsebe **Henrichs** hat Henrich **Curdes** frau ein Dieb gescholten	1	Diebstahl
27	Henrich **Lünßmans** frau zu hemslingen hat Henrich **Lünßmans** tochter zu Botel außen gestultt in der kirche gestoßen	2	Verstoß gegen die Kirchen-ordnung

°Strafen in Talern

[205] StA Stade Rep.76 Nr. 1369, Bl. 1-121, Geldregister Amt Rotenburg, 1599/1600
[206] Das Vergehen war: ohne Erlaubnis Alkohol ausgeschenkt zu haben, ggf. auch außerhalb erlaubter Zeiten, was bedeuten würde, sie hatten eine Erlaubnis.

zu	Zuordnung	Hof / Haus
20	Henrich **Hinrichs** Bothel, möglicherweise BUSCHMANNS Kate	→ siehe Nr.23
21	Jürgen **Bargfrede**, Brinkkötner (und Krüger) Scheeßel	LÜTJENS Haus Nr.11 [207]
22	Ulrich **Cordes**, Brinkkötner (und Krüger) Scheeßel, 1599 erwähnt	ÜLLERKS Haus Nr.25 [208]
	Bem.: Der Krug zu Scheeßel 1599: Meyer[209] wertet die Nennung der beiden Kirchenmeier und Brinkkötner im Haus Nr.11 und Nr.25 als erste Nachrichten über ein Krughaus. Aus dem unerlaubten Auschank sogleich eine Schankwirtschaft abzuleiten, erscheint ein wenig gewagt. Der offizielle Amtskrug hatte die Haus Nr.17.[210]	
23	Claus **Meyer**, Brinkkötner Bothel, (1587, Nr.44, S.73)	CLAUSMEIER
	Henrich **Schröder**, Cords Bruder Hastedt im Kirchspiel Rotenburg	→ siehe nächter Eintrag
	Cord **Schröder** (1599, Nr.3, S.131) Hastedt im Kirchspiel Rotenburg	Pflugkate
24	Henrich **Schülermann** Scheeßel vermutlich	
	Johann **Steinken** Hemsbünde vermutlich	
25	Christoffer **Schröder**	
	Hanß **Röhrs** (1599/1600, Nr.14, S.113) Hemslingen, 1628 im Michaeliszins erwähnt	
26	Ilsebe **Henrichs** (möglichweise Hinrichs Frau) Bothel, möglicherweise BUSCHMANNS Kate	→ siehe Nr.20
	Henrich **Cordes** Söhlingen, (1610, Nr.31, S.161)	→ siehe Nr.12
27	Henrich **Lünzmanns** Frau, Vollhöfner Hemslingen	
	Henrich **Lünzmanns** Tochter Margaretha Bothel, (1599, Nr.2, S.129)	HOOPS Haus Nr.31

[207] in Scheeßel heute Gasthaus Stahmleder, Große Straße 18
[208] in Scheeßel seit 1913 Heimathaus, einst ÜLLERS Haus
[209] Meyer 1955, Seite 527
[210] in Scheeßel heute das Gardienengeschäft Kolkmann, Zevener Straße 9

1599/1600

Einnahme von Land: Burg undt Holtzungs gerichtß (4)

Brüche vom Scheßeler Landgericht [211]

Nr	Text	Strafe°	Vorwurf / Tat
28	Cordt **Schröder** undt Johan **Schrod** haben Henrich **Lünßman** zu Hemslingen das Dorf uf und Nieder mit stocke gejaget, jeder 1 Rthr	2	Trieben einen Menschen mit dem Stock über den Hof.
29	Harmen **Berendes** hat Henrich **Wortman** von seiner Wisch gejaget	1	Von der eigenen Wiese vertrieben.
30	Ulrich **Brunckhörst** hat Drewes **Kramer** eine Korbe rogken genohmen	½	Diebstahl
31	Drewes **Kramer** hat Ulrich **Brunkhorst** für eine Dieb gescholten	½	Beleidigung[212]
32	Johan **Cordes** hat Johan **Heitman** 5 Pferde auß der Pfändung genohmen und die Wische gefrettet	1 ½	Nahm gepfändete Pferde und ließ sie unerlaubt grasen.
33	Ulrich **Brunkhorst** und Dietrich **Schumacher** haben bei nachtschaffender Zeit Eicheln geschutet. Jeder ½ Rthlr	1	Diebstahl, denn die Eicheln dienten der Schweinemast.
34	Reineke **Lüemans** zu Botel hat eines Zaun außgesetzet	½	Diebstahl eines Bienenkorbes

°Strafen in Talern

[211] StA Stade Rep.76 Nr. 1369 Bl. 1-121, Geldregister Amt Rotenburg, 1599/1600

[212] Hätte er den Diebstahl nur angezeigt und den Dieb nicht als solchen beschuldigt, wäre ihm die Strafe wegen Beleidigung erspart geblieben.

zu	Zuordnung	Hof / Haus
28	Cordt **Schröder** (1599, Nr.3, S.131) Hastedt im Kirchspiel Rotenburg	
	Johann **Schröder** Hemslingen, (1592/93 Nr.12 S.111)	
	Henrich **Lünzmann** Hemslingen, (1599, Nr.45, S.137)	
29	Harmen **Behrens** (1599, Nr.3, S.131) Hastedt im Kirchspiel Rotenburg	
	Henrich **Wortmann**, (1599/1600, Nr.7, S.145) Hastedt im Kirchspiel Rotenburg	
30	Ulrich **Brunkhorst** Brockel, (1599, Nr.3, S.129)	
	Drewes **Kramer** Brockel, (1587, Nr.34, S.71)	→ siehe Nr.31
31	Drewes **Kramer**	→ siehe Nr.30
	Ulrich **Brunkhorst** Brockel, (1599, Nr.3, S.129)	→ siehe Nr.30
32	Johann **Cordes** (1592/93, Nr.21, S.113) Bothel, (1587, Nr.30, S.71)	
	Johann **Heitmann** (1592/93, Nr.5, S.117) Bartelsdorf	HANSCHEN Haus Nr.5
33	Ulrich **Brunkhorst** Brockel, (1599, Nr.3, S.129)	→ siehe Nr.30
	Dietrich **Schumacher** (Brockel), (1599, Nr.3, S.129)	
34	Reineke **Lühmann** (1696 Lüdemann) Bothel	

1599/1600
Einnahme von Schneverdinger Landgericht [213]

Diese kleine Aufstellung dient ausschließlich einem Vergleich zwischen den beiden Vogteien.

	von Schneverdinger Landtgericht		
Nr	Text	Strafe°	Vorwurf / Tat
1	Lüteke **von Ellings** hat Magdalena zur Pitzen geschwengert, gibt	9	Unzucht
2	Johan **Langeloh** zu Schneverdingen hat Ilses Thomas dochter zu Zahrensen geschwengert	3	Unzucht
3	Peter im Meyerhof hat **Pitmans** dochter geschwengert und dornacher geehelicht	20	Unzucht, aber geehelicht
4	Claußَ **Ruschmeier** hat Margarete **Mohringes** geschwengert, gibt	8	Unzucht
5	Dietrich **Reinsehl** hat Ilses zu Langeloh geschwengert	6	Unzucht
Bem.: Diese kurze Aufstellung zeigt, dass für Unzucht ein Spielraum zwischen drei bis zwanzig Talern möglich war. Es ist aber kein Muster erkennbar. Dass Peter im Meierhof mit 20 Talern die höchste Strafe zu zahlen hatte, könnte den Schluss zulassen, dass die Bemessung vom Vermögen des „Bösewichtes“ abhängig gemacht sein könnte.			

°Strafen in Talern

[213] StA Stade Rep.76 Nr. 1369 Bl. 1-121, Geldregister Amt Rotenburg, 1599/1600

II

Die Jahre

1600 - 1630

1600
<u>Landgericht in der Vogtei Neuenkirchen</u> [214]

Pastor Wittkopf beschreibt unter Punkt 8 auf Seite 15
„Das Gericht Neuenkirchen"
folgendes:

„(…) Diese Gerichts-Schneede ist um 1600 aufgesetzt und umschließt die Vogtei oder das Landgericht Neuenkirchen. In derselben Urkunde wird eine Gerichtsordnung für Neuenkirchen gegeben und gesagt: *Das Landgericht wird auf dem Brink vor dem Kerkhove unter der Linden gehalten, wann es dem Amt zu Rotenburg gelegen ist. Mit den Inwohnern thor Nienkerken wird vor dem Landrecht erstens ein Vorgeding allein geholden (gehalten), nämlich dass sie ihre Wruge erstlich von sich allein inbringen und auch allein rechtfertigen; darnach wird das Landgericht angehalten und was unter den Gerichtsleuten Bussfertiges sich zugetragen das wird von Bauernschaft zu Bauernschaft gewrungen (abgeurteilt) und darnach durch den ganzen Haufen gerechtgertiget. Vor das Gericht gehört das Karspel zu Nienkernen.*
So weit diese alte Gerichtsordnung. Sie stimmt sonst mit der Scheeßeler und Visselhöveder überein, nur findet sich der Satz nicht: wonach durch den ganzen Haufen gerechtfertigt. Das war ein Vorrecht in Neuenkirchen und stammt aus den Zeiten des alten Freibanns. Nicht die Gaugrafen und Vögte und später die Rotenburger Amtmänner sprachen das Urteil, sondern der ganze Haufen der Gerichts-Eingesessenen musste es erst noch bestätigen. Dies hieß: *gewroget* oder gewruget, und solch ein Wroh-Gericht war nur hier und nur etwas dem ähnlich noch in Schneverdingen. (…)"

Wittkopfs Beschreibung dieser Urkunden ist ebenso interessant, wie er eine Gerichtordnung des Amtes Rotenburg von 1688 in Händen gehalten hatte, die möglicherweise, wie viele andere Archivalien auch, den Bombenangriff und Feuersturm in Hannover von 1943 nicht überstanden haben.
Für die Vogtei Scheeßel ist nichts Vergleichbares in den Archiven zu finden. Das Vogteihaus ist 1839 vollkommen abgebrannt.

[214] Wittkopf, 1897, Die Geschichte des Kirchspiel Neuenkirchen, S.14-15

1609

„Verzeichnis und Berichtt des Hauses Ottersberges..." [215] - [216]

Nr	Text	Vorwurf / Tat
1	Lfd Nr.8 Anno 1609 haben die Rodenborgischen Beambten aus Westerholz Johan **Roerß** sehl. Hergeweth getzogen und ungeachtet vieler Wechselschreiben nicht restituiren (wieder herstellen) wollen.	Einzug des Vermögens und Ausbleiben der Entschädigung
	Bem.: Hergewette meint ursprünglich die Bewaffnung des Mannes, wie die eines Milizionärs. Hier aber könnte auch ein gesonderter Teil seines Vermögens gemeint sein.	

zu	**Zuordnung**	**Hof / Haus**
1	Johann **Röhrs** Westerholz, 1587-1609 erwähnt.	RÖHRS Haus Nr.3
	siehe auch Anno 1619, Nr.13, S.175	

[215] StA Stade Rep.5b Fach 84 Nr. 13f, Bl.108 R / 109V

[216] Dörfler 2004, Anl.24, Seite 831

1610

Einnahme Landt Gerichts Brüche (1) [217] - [218] - [219]

Letztes Quartals Rotenburgsche Rechnung von Ostern Anno 1610 biß auff Trinitatis ... °Strafe

Nr	Text	°	Vorwurf / Tat
1	Thomaß **Bohling** undt Peter **Langelo** zu Tewel haben den Tewelern ihre Küheweide über Gebot mit ihren eingekauften Schafen abgehütet, jeder 2 Rthlr	4	Weidefrevel
2	Jaocb **Hops** zur Ilhorn undt Alberdt **Furnhop** von Dorfmarken haben ufm Kirchhofe zur Wolterdingen[220] unter der Predigt geschoßen, geben	4	Verstoß gegen die Kirchen-ordnung, Störung
3	Die Semptlichen menne zur Wolterding welcher in den Zahl elf sein haben diese vorgesetzte Wrogen (Vergehen) verschwiget, geben	11	Strafung einer Dorfschaft
4	Meinke **Baden** zue Nienkirchen hat Dietich **Schmedes** zu Schwalingen up ein freyen felde den arm entzwei geschlagen	2	Körper-verletzung
5	Die Semptlichen menne zue Hertel undt Behningen deren zu den Zahl 9 haben diese Wrogen (Vergehen) verschwiget, geben	9	Strafung einer Dorfschaft
6	Jürgen **Schlumbom**, Jochim undt Hans **Roers**, Tonnies **Oddings** von Schwalingen, Clauß **Baden** zu Delmsen, Jacob **Lümans** vor Schwalingen seint vom Holtzfuhren ausgeblieben, geben	4 ½	Verletzung der Dienstpflichten
7	Henrich **Roers**, Clawes **Bohling** von Tewel, Hans **Titke** von Schwalingen undt Hans **Baden** daselbst, Clawes **Richers** zu Brochdorff haben sich als wan sie holz gefuhret betrüglicher Weise an Schreiben laßen. Da sie doch weder Pferde oder wagen zur Rotenburg gehabt geben.	10	Sie haben sich die Arbeit als Herrendienst anschreiben lassen, der keiner war. Täuschung!
Obwohl die unter 1-7 aufgeführten Personen nicht zur Vogtei Scheeßel gehörten, habe ich alle Brüche dieser Akte aufgelistet und sie nur zum Vergleich der Bußgelder zu denen in der Vogtei Scheeßel gedacht. Die Bestrafung einer ganzen Dorfschaft war üblich, wenn es die Dorfschaft betraf, oder sie den Täter nicht benennen wollte.			

[217] StA Hann Def 76c Be Rotenburg, altes Geldregister Nr.4, 1610 (alt)

[218] StA Stade Rep.76 Nr. 1370 Bl.22, Geldregister Amt Rotenburg, 1610

[219] Dörfler 2004, Seite 177 und 179

[220] Wolterdingen gehörte zu der Zeit zur Vogtei Neuenkirchen im Amt Rotenburg.

zu	Zuordnung	Bemerkung
1	Thomas **Böhling** aus dem Kirchspiel Neuenkirchen	
	Peter **Langeloh** zu Tewel, Vollhöfner *Enkel Peter ✻r 1667 in Tewel † am 29.05.1731*	
2	Jaocb **Hops** zur Ilhorn *1610 wird ein Johann Hops zum Ilhorn gen.*	→ siehe Nr.10
	Alberdt **Furhop** von Dormark, dem Kirchspiel Dorfmark	
4	Meinke **Baden** zu Neuenkirchen *1628 im Michaeliszins mit einer Abgabe 0-8-0*	
	Dietrich **Schmedes** zu Schwalingen *1628 im Michaeliszins mit einer Abgabe 0-8-0*	
6	Jürgen **Schlumbom** zu Schwalingen *1646 im Kontr-Reg wird Hinrich S. ebenda gen.*	
	Jochim **Röhrs** zu Schwalingen *1591 wurde ein einziger Röhrs zu Schwalingen gen.*	Es gab nur eine Familie! Waren sie Brüder?
	Hans **Röhrs** zu Schwalingen *1628 wurde ein einziger Röhrs zu Schwalingen gen.*	
	Tonnies **Oddings (Otten)** von Schwalingen, *1587 wurden Claußß Oddings ebenda erwähnt.*	
	Claus **Baden** zu Delmsen, *1600 wurden ebenda Lütke, Harm u. Tönnies Bade erwähnt.*	
	Jacob **Lühmann** vor Schwalingen *1692 nur noch Lüntzmann im Dorf vertreten.*	Ein Wandel d. Schreibweise?
7	Henrich **Röhrs** zu Schwalingen *1591 wurde ein einziger Röhrs zu Schwalingen gen*	→siehe Nr.6
	Clawes **Böhling** von Tewel *1640 im Michaeliszins wird Claus senior erwähnt.*	
	Hans **Tietke** von Schwalingen *1600-1640 in den Steuerlisten erwähnt*	
	Hans **Baden** daselbst in Schwalingen *1575-87 wurden Hans u. Cord ebenda erwähnt.*	
	Clawes **Richers** zu Brochdorf (Kirchspiel Neuenkirchen)	

Die hier *kursiv* gestellten Anmerkungen geben lediglich Hinweise auf weitere Nennungen von Personen mit dem gleichen Vor- und Familiennamen in dem jeweiligen Dorf, aber auch mögliche Vor- und Nachfahren wieder.
Dieses Zusätze sollen lediglich darauf Aufmerksam machen, dass auch diese Brüche für manche Hoffolge und Familiengeschichte einige wichtige Hinweise enthalten und einen Einblick, sowie eine Auswertung, wie in der Vogtei Scheeßel geschehen, lohnenswert ist.

1610

Einnahme Landt Gerichts Brüche (2) [221] - [222]

Letztes Quartals Rotenburgsche Rechnung von Ostern Anno 1610 biß auf Trinitatis ...

Nr	Text	Strafe°	Vorwurf / Tat
8	Eggerdt **zue Ellingen** hadt Wolfen **Bartels** seine frauen für eine Hure gescholten	1	Beleidigung
9	Clawes **Mollers** zu Delmsen knecht Clawes hadt Johan zum Steinbeck mit einem Meßer auf freyer straße in den Hals gestochen, gibt	2	Körper-verletzung
10	Peter **vom Bruche** Schneider zu Sprengel hat Heiniken **Baden** im Hans **Bruens** Hause mit einem Meßer in den Finger gewundet.	1 ½	Körper-verletzung
11	Johan **Hops** zue Ilhorn hat Peter **Möhring** auf Schrörs Hof mit einem Zaunstacken in den Kopf geblutwundet	2	Körper-verletzung
12	Lütke **Baden** uf **Westermans** Hofe hadt Carsten **Westermans** frauwe auf freyer straße geschlagen	2	Körper-verletzung
13	Lütke **Baden** uf **Westermans** Hofe gesinde hadt wider bewilligung der gemeinen Pandschafft uf Himmelfahrts-tagk nicht lesen laßen.	½	Gegen ein Verbot am Feiertag gearbeitet.
14	Harmen **Bockholt** zu Schwitschen hadt Michael **Delvendahl** in Henrich **Roers** Hause zu Nienkirchen mit einem Beil geschlagen	2	Körper-verletzung
15	Carsten **Bohling** zu Grauen hat Hans **Rorsen** zu Nienkirchen für eine Schelm gescholten, gibt	1	Beleidigung
16	Curdt **Carstens** von Hemßling (ist) einmahl vom Mistfuhren undt einmahl vom Totffuhren ausgeblieben	1	Verletzung der Dienstpflichten

°Strafen in Talern

Obwohl die unter 8-15 aufgeführten Personen nicht zur Vogtei Scheeßel gehörten, sind alle Brüche dieser Akte aufgelistet. Sie dienen als Vergleich der Bußgelder zu denen in der Vogtei Scheeßel.

---

[221] StA Hann Def 76c Be Rotenburg, altes Geldregister Nr. 4, 1610 (alt)

[222] StA Stade Rep.76 Nr. 1370 Bl.22, Geldregister Amt Rotenburg, 1610

zu	Zuordnung	möglicher Hof
8	Eggert **von Elling** *1646 Carsten von E., erster von ELLING hier!*	Vollhof in Grauen
	Wolf **Bartels** Frau; *1691 wird David Bartels als Häusling zu Wolterdingen und Martin Bartels als Häusling zu Behningen erwähnt.*	wohlmöglich Wolterdingen
9	Clawes **Moller** zu Delmsen; *1592 werden Cordt und Tönnies Moller zu Delmsen erwähnt.*	
	Clawes **N.N.** hat Johann zum Steinbeck	
10	Peter **vom Bruche**, Schneider Sprengel	
	Heinike **Baden** *1591 und 1628 Heinrich Baden zu Brochdorf*	
	Hans **Bruns** Hause; Erst 1691 wird der Familienname Bruns wieder im Ksp Neuenkirchen genannt.	BRÜNSHAUS (Brochdorf)
11	Johann **Hops** Ilhorn	→ siehe Nr.2
	Peter **Möhring** auf Schrörs Hof	SCHRÖRS Neuenkirchen
12	Lütke **Baden** auf Westermanns Hof Er scheint ein Interimswirt auf der Stelle gewesen zu sein.	WESTER-MANNS (Delmsen)
	Die Frau von Carsten **Westermann**	
13	Lütke **Baden** auf **Westermans** Hof	WESTER-MANNS → siehe Nr.12
14	Harmen **Bockholt** zu Schwitschen; *Er ist wohl aus den Kirchspiel Visselhövede gebürtig*	wohl ein Interimswirt
	Michael **Delvendahl** *vermutlich aus Tewel gebürtig*	
	Henrich **Röhrs** Hause Neuenkirchen	RÖHRS
15	Carsten **Böhling** zu Grauen; *1646 wird der Halbhöfner Hans Böhling ebenda erwähnt.*	
	Hans **Röhrs** Neuenkirchen	
16	Cordt **Carstens** (6.6.1599, Nr.7, S.131) Hemslingen	

1610

Einnahme Landt Gerichts Brüche (3) [223] - [224]

Letztes Quartals Rotenburgsche Rechnung von Ostern Anno 1610 biß auff Trinitatis ...

Nr	Text	Strafe°	Vorwurf / Tat
17	Johan **Lünßman** junior ist vom Misten undt Rogken fuhren ausgeblieben, gibt	2	Verletzung der Dienstpflichten
18	Hans **Cordes** vom Wensebrock ist vom Torfladen ausgeblieben	½	Verletzung der Dienstpflichten
19	Clawes **Curdes** vom Wensebrock vom torf laden ausgeblieben	½	Verletzung der Dienstpflichten
20	Henrich **Carstens** vom Wensebrock ist vom Torf laden ausgeblieben	½	Verletzung der Dienstpflichten
21	Clawes **Behrens** von Wohlstorp ist vom Torf laden ausgeblieben	½	Verletzung der Dienstpflichten
22	Lütke **Grobrügge** ist vom Torf laden ausgeblieben	½	Verletzung der Dienstpflichten
23	Johan **Reinken** von Wohlstorp ist vom Torf laden ausgeblieben	½	Verletzung der Dienstpflichten
24	Hanß **Schwiebers** zur Botel ist von Le(h)m fuhren ausgeblieben	1	Verletzung der Dienstpflichten
25	Johan **Rörs** von Botel ist vom Rogken fuhren ausgeblieben	½	Verletzung der Dienstpflichten
26	Henrich **Schele** zu Botel ist vom Rogken fuhren ausgeblieben	½	Verletzung der Dienstpflichten
27	Henrich **Lange** von Solingen ist vom Rogken undt Stein fuhren ausgeblieben	1 ½	Verletzung der Dienstpflichten
28	Henrich **Lange** von Sohlingen ist vom Rogken undt Stein fuhren ausgeblieben	1 ½	Verletzung der Dienstpflichten
29	Henrich **Lange** junior ist vom Mist fuhren ausgeblieben, gibt	½	Verletzung der Dienstpflichten
30	Johan **Rors** von Sohlingen ist vom Rogken undt Stein fuhren ausgeblieben	½	Verletzung der Dienstpflichten
31	Henrich **Cordeß** von Sohlingen ist vom Henrich **Lange** von Sohlingen ist vom Rogken undt Stein fuhren ausgeblieben	½	Verletzung der Dienstpflichten
32	Cordt **Cordes** von Sohlingen ist vom Rogken fuhren ausgeblieben	½	Verletzung der Dienstpflichten

°Strafen in Talern

[223] StA Hann Def 76c Be Rotenburg, altes Geldregister Nr. 4, 1610 (alt)

[224] StA Stade Rep.76 Nr. 1370 Bl.22, Geldregister Amt Rotenburg, 1610

zu	Zuordnung	Hof / Haus
17	Johann **Lünzmann** junior Hemslingen, (6.6.1599, Nr.5, S.131)	
18	Hans **Cordes** Wensebrock, (scheinbar mit Claus verwandt)	→ siehe Nr.19
19	Clawes **Cordes** (1599, Nr.18, S.133) Wensebrock (Lammerts Bruder)	 Halbhof
20	Henrich **Carstens** Wensebrock, (1599, Nr.66, S.143)	
21	Clawes **Behrens** Wohldorf, 1610-1648 erwähnt	BEHRENS Haus Nr.4
22	Lütke **Grobrügge** Wohlsdorf, 1584-1600 erwähnt	GROBBENS Haus Nr.3
23	Johann **Reinken** Wohlsdorf, 1610 erwähnt	Hof unbekannt Interimswirt
24	Hans **Schwiebert**, ½ Höfner Bothel, (1599, Nr.17, S.132)	
25	Johann **Röhrs**, ½ Höfner Bothel, 1592-1610 erwähnt,(1592,Nr.14, S.105)	RÖHRS
26	Henrich **Scheele**, ½ Höfner Bothel, (Sohn siehe 1639, Nr.34, S.225)	
27	Hinrich **Lange**, ½ Höfner Söhlingen, 1599-1610 erwähnt	LANGEN ½ Höfner
28	Henrich **Lange** junior (1633, Nr.27, S.225) Söhlingen, 1628-1646 erwähnt	LANGEN ½ Höfner
29	Henrich **Lange** junior Söhlingen	→ siehe Nr.28
30	Johann **Röhrs** Söhlingen, (1592, Nr.1, S.103)	
31	Henrich **Cordes** (1599/1600, Nr. 12, S.147) Söhlingen	
	Hinrich **Lange** Söhlingen, 1599-1610 erwähnt	→ siehe Nr.27
32	Cordt **Cordes** Söhlingen, (6.6.1599, Nr.57, S.140)	

1610

Einnahme Landt Gerichts Brüche (4) [225] - [226]

Letztes Quartals Rotenburgsche Rechnung von Ostern Anno 1610 biß auff Trinitatis ...

Nr	Text	Strafe°	Vorwurf / Tat
33	Henrich **Holtermann** von Hemßlingen ist vom Rogken fuhren ausgeblieben	½	Verletzung der Dienstpflichten
34	Peter **Wahlers** von Sohlingen ist vom Gersten Leggen (ernten) ausgeblieben	½	Verletzung der Dienstpflichten
35	Curdt **Hops** von Ostervesede hat das fastelabends holze nicht gefuhren	½	Verletzung der Dienstpflichten
36	Jürgen **Brokman** von Ostervesede hat daß fastelabends holze nicht gefuhren	½	Verletzung der Dienstpflichten
37	Hein **Langen** vom Lohe (hat) 20 garben; Drewes zum Depen 22 garben undt Lütke zum riepe 19 garben haben zum ander fuhren Zehent fuhr gemangels, Jeder gibt 1	3	Verletzung der Dienstpflichten
38	Hanß **Küsel** zu Brockel hadt Catrine **Jaspers** geschwengert, gibt 9Rthlr	10-3-0	Unzucht
39	Jürgen **Heidtmans** von Heitzwede hadt Geschen **Carstens** geschwengert und will dieselbe ehelichen. Gibt	7-28-0	Unzucht
	Summa	24-14-6	

°Strafen in Talern

Bem.:

Hat Jürgen Heidtmann (Nr.39) weniger Buße als Hans Küsel (Nr.38) zahlen müssen, weil er die Geschwängerte ehelichen wollte?

[225] StA Hann Def 76c Be Rotenburg, altes Geldregister Nr. 4, 1610 (alt)

[226] StA Stade Rep.76 Nr. 1370 Bl.22, Geldregister Amt Rotenburg, 1610

zu	**Zuordnung**	**Hof / Haus**
33	Henrich **Holtermann**, Vollhöfner Hemslingen, (noch 1631 erwähnt)	FESEN (?)
34	Peter **Wahlers** Söhlingen, (1599, Nr.2, S.131)	
35	Curdt **Hops**, gebürtig aus Vahlde Nr.7 Ostervesede, 1500-1610 erwähnt	Häusling
36	Jürgen **Brokmann** Ostervesede, 1610 erwähnt	
37	Hein **Langen** vom Lohe Drenloh, 1600-1632 erwähnt	BROKMANN Haus Nr.1
	Drewes **Heitmann** Deepen, 1567-1610 erwähnt	MEYER Haus Nr.1
	Lütke **Westpheling** Riepe, 1610-1646 erwähnt	HEITMANN Haus Nr.2
38	Hans **Küsel** Brockel, 1631[227] wurde er mit seiner Ehefrau Mette und den Kindern Anna (✳um 1607), Harmen (✳um 1609), Lüdemann (✳r 1611) und Hinrich (✳r 1615) erwähnt. Bem.: Catrine **Jaspers**, die er geschwängert hat, war nicht seine Ehefrau.	... ½ Höfner siehe 1631 Seite 201 Lfd Nr.1
	Catrine **Jaspers,** Eine Zuordnung ist nicht möglich und der Familiename ist zu dieser Zeit nicht im Amt Rotenburg zu finden. Sie scheint eine Magd gewesen zu sein. Bem.: Peter und Wünneke Jaspers lassen 1692 in Daverden eine Tochter, Gesche, taufen, was ein Hinweis auf ihre Herkunft sein könnte.	
39	Jürgen **Heitmann** Hetzwege, (s.Verwandten Hinrich, 1644, S.238)	
	Gesche **Carstens** Brockel oder Hemslingen vermutlich	

[227] Einwohnerverzeichnis 1631, Rotenburger Schriften, Heft 8, Jg. 1958

1610, 6. Juli

Brief des Ottersberger Drosten an den Bremer Erzbischof vom 6. Juli 1610 [228] - [229]

<table>
<tr><th>Nr</th><th>Text</th><th>Vorwurf / Tat</th></tr>
<tr><td>1</td><td>Wittkopsbostler hat einen Westerholzer „wegen eines abgenomenen Pferdes in Ottersberg“ verklagt.</td><td></td></tr>
<tr><td>2</td><td>(...) der Ampttschreiber, daß, nachdem er umb dieses Dorffes Westerholtt Gelegenheit schüldig Nachfrage gethaen, so woll von dem Amptmann zu Thedinghausen (dem vorigen Drosten) als anderen vernommen, daß die Eingesessenen zu Westerholtt weder vor des obgenannten Amptmanß Andreas Langen noch auch nach seinen Zeiten, so viel wissend, den Gerichtsgroten (Groschen) gegeben, auch nicht, wie andere dieses Gerichts Otterßperg Angehörige, zu Land- und Halsgericht gefordert. Item bei den Gerichtsfindungen, wan Manzahll altem Gebrauch nach Gehalten, Ihrer, der Westerholtter, Abwesenheit niemalß gedacht worden.</td><td></td></tr>
<tr><td colspan="3"><u>Bem.:</u>
Dörfler berichtet, dass der Westerholzer, dessen Namen in dem Brief leider nicht erwähnt wird, nicht zum Gerichtstermin erschienen ist. Interessant ist die Randnotiz des Schreibers „Zu dem so hat auch der Herr Bischoff zu Verden vor etzlichen Jharen einen Ziegelhütten in dem selbigen Dorffe setzen lassen“. Dörfler wertet dieses als einen Hinweis auf die älteste Ziegelei im Amt Rotenburg.
Wenn der Verdener Bischoff in dem angeblich Bremischen Dorf eine Ziegelei setzen ließ, zeigt dieses die Schwierigkeiten der damaligen Zeit, die besonders für die dort lebenden Menschen eine Herausforderung gewesen sein müssen, stritten sich doch zwei Herren um die Rechte an ihnen. Ausbaden mussten es sicherlich die Menschen in den sogenannten „Überwümmmischen“ Dörfern.
Die Westerholzer fühlten sich weder dem Amt Rotenburg, noch dem Amt Ottersberg verpflichtet und gaben als Begründung an, auch niemals den Gerichtsgroschen [230] entrichtet zu haben.</td></tr>
</table>

[228] StA Stade Rep.5b Fach 13d Bl.34-35

[229] Dörfler 2004, S.711

[230] Pflichtabgabe zum Gerichtstag oder bei Hinrichtungen

1610, 28. Oktober

Aufzeichnungen des Scheeßeler Vogts [231] - [232]

Scheeßeler Vogt Magnuß **Cluver** ab 1604

Etzliche bei meiner Zeitt vertrenkten *(ertrunkenen)* Persohnen auch entleibten belangende, ist es folgendermaßen darumb bewandt.

Nr	Text	Vorwurf / Tat
1	Anno 1610 den 28ten Octobris ist ein Soldat aus Schweden kommen und wegen großes waßers der wegh bei der neuwen Bruken nicht sehen und halten konnen, der Wummenstrom ihnen gefassett und ertrencket, welchen Thomaß **Wiedemann**, alhir im Dorffe *(Scheeßel)* wohnhaft, am Pusche hangende gefunden. Denselben habe ich auf befhielich meiner Herren Beambten heraußen ziehen lassen, mit einem Sarcke *(Sarg)* versehen und den 1. Novembris alhir zu Scheßell begraben lassen.	Amtssachen / Leichensachen / Unfall

zu	**Zuordnung**	**Hof / Haus**
1	Thomas **Wiedemann** Scheeßel, 1599-1633 erwähnt	WIEDEMANN Haus Nr.22
	… auf Befehl meiner Herren Beamten…	
	Soldat aus Schweden	

1611, Schreiben um 1611

Ein Bremer Dokument über das Dorf, den Pastor, den Küster, die Kirche und die Kirchgeschworenen zu Sottrum [233]

S.	Textauszug
77	Anno (15)79. die Kirchgeschworenen zu Sottmer von einem **Boschen** zu Hassendorp (Hassendorf) genannt, für offenen Landgerichte zu Sotmer gerichtlich bestrafen, und darauff erkandt worden, Bey welcher erkanntnisse eß verblieben.
	Bem.: Für die Vogtei Scheeßel ist ein ähnliches Schreiben nicht vorhanden. Hier wird das Landgericht als „offen“, also öffentlich bezeichnet.

[231] StA Stade Rep.8 Fach 26 Nr. 63 Bl.6R, 28.10.1610

[232] Dörfler 2004, Seite 837

[233] StA Stade Rep. 5b Nr.1800, S.72 V – 81 R, um 1611 sind mehrere Brüche erwähnt.

1611, 6. Februar und 30. März **1620**

Nachweise Scheeßeler Landgerichtstage [234] - [235]

Nr	Text	Vorwurf / Tat
1	1611 den 6. Februarii und Anno (16)20 den 30. Martii schriftlich geklaget, darauf auch auf das Landtgericht nacher Scheßell bescheiden und dieses Urtheill darauf erkant, (...)	entfällt

Bem.: Dieser Eintrag belegt zwei Scheeßeler Landgerichtstage.

1611, 14. Juni und ...

Aufzeichnungen des Scheeßeler Votgs [236] - [237]

Scheeßeler Vogt Magnuß **Cluver** ab 1604

Etzliche bei meiner Zeitt vertrenkten (ertrunkenen) Persohnen auch entleibten belangende, ist es folgendermaßen darumb bewandt.

Nr	Text	Vorwurf / Tat
1	Anno 1611 am 14. Junii hat ein armes Bettlerweib zu Gersdorffe *(Jeersdorf)* etzliche Tage kranck gelegen und uber die Kirchenstege nacher Scheßel gehen wollen und alßbalt im Auftritt herunter gefallen und ertrenckett, welche von Ihrer Dochter und deren Manne heraußen getzogen. Ich aber auf meiner Herren befiehlich Ihr ein Sarch machen lassen und allhie zu Scheßel begraben laßen.	Amtsachen / Leichensachen
2	(Den) Joachim **Maneken** hat H(errn) Ritmeisters **Ihsteberges** gesinde in die Wumme gejaget und ertrencket, welchs Corpor Ich auf meiner Herren Beambten befiehl heraußer ziehen und alhir zu Scheßel begraben laßen.	**Mord** durch das Gesinde des Rittmeisters!

zu	**Zuordnung**	**Hof / Haus**
1	die Kirchenstege nach Scheeßel z.B. der Bartelsdorfer Kirchsteg	
2	Joachim **Mahnken †** ertränkt □ Scheeßel Aus Wittkopsbostel o. Jeersdorf, eher Jeersdorf	siehe Seite 241 Nr.8

[234] StA Stade Rep. 8 Fach 26 Nr. 63 Bl.3, 6.2.1611

[235] Dörfler 2004, Seite 835, Anl 28 3R

[236] StA Stade Rep.8 Fach 26 Nr. 63 Bl. 6R-7, 14.6.1611

[237] Dörfler 2004, S. 837

1611, 3.Oktober

Anklage gegen einen Westerholzer [238] - [239]

Nr	Text	Strafe°	Vorwurf / Tat
1	Herrenmeier Amt Rotenburg aus Westerholz wurde vom Ottersberger Amtmann angeklagt		

Bem.: Dieser Rotenburger Herrenmeier, der namentlich nicht erwähnt wurde, wohnte im strittigen Gebiet.

zu	**Zuordnung**	**Hof / Haus**
1	Dabei kann es sich um den Sohn von Johann **Röhrs** aus Röhrshof in Westerholz, Hinrich **Röhrs** gehandelt haben. 1610-1633 erwähnt.	RÖHRS Haus Nr.3

1613

Einame Rogken und Mehl [240]

Nr	Text	Abgabe	Bemerkung
	Kirchspiel Neuenkirchen: …., Kirchspiel Rotenburg: Wordt, Hastedt, Kirchspiel Scheeßel: Jeersdorf, Wittkopsborstel, Stemmen, Helvesiek, Westerholz, Abbendorf, Westeresch, Wohlsdorf, Bartelsdorf, Ostervesede, Westervesede, Deepen, Vahlde, Kirchspiel Brockel: Söhlingen, Hemslingen, Kirchspiel Salzhausen: Salzhausen 1. Heinrich **Meyer** 2. Veit **Brüggemann**	 3-3-6 3-3-6	Hier sind zwei Wirte aus dem Kirchspiel Salzhausen namentlich erwähnt!

°Strafen in Taler / Schillinge / Pfennige z.B. 0-16-6

---

[238] StA Stade Rep.5b Fach 171 Nr. 60, Bl. 4, 13.10.1611

[239] Dörfler 2004, S. 166

[240] StA Stade Rep.76 Nr.1-94, 1613

1613, 18. November

Brief des Rotenburger Drosten [241] - [242]

Nr	Text
1	Der Rotenburger Drost Guenther Heinrich **Clüver** schrieb: „Ich kann euch hiermit clagende nicht verhaltten, dat ich erst Tageß in Erfahringk bin gekhamen, wo dat mein Meier, so ist wonhofftigk up dem Emmen mit seiner Frauwen und Tochter sey nach Rodenburgk fenfhlich (gefänglich) hergeholet, so gegeldt daßelbiege mir übel. Deweile dann mein Meier uff dem Emme nicht in dat Stift Verden ist gesessen, sondern gehoret in dat Stift Bremen, auch mehrendeilß eine richtessfreie Stede ist. Awert sinen geborlichen Landtschatt giftt he nach Sittenß, so an dat forstliche Huß Vorde gehoret. Watt anderst belanget des Tegenden, so gehoret de teinde Hocke und de Schmalltegende an das Hueß Rodenburgk. Die wiele aber mein Lieber Schwager auch selbest weth, dat he in dem Stiffte Bremen ist gesessen, und de datt, so er verwarcket hefft, gehoret meinem gnedigsten LandeßForsten und Herren tho richtten und nicht nach Rodenburgk.
	Ich kann Euch Eure Klage nicht vorhalten, da ich erst Heute erfahren habe, dass mein Meier vom Emmenhof mit seiner Frau und Tochter ins Rotenburger Gefängnis gesperrt wurde, obwohl mein Emmener Meier nicht dem Stift Verden, sondern dem Stift Bremen zugehörig ist. Aber seinen Landschatz gibt er nach Sittensen, das er zu dem fürstlichen Haus Vörde gehört. Anders ist es mit dem Schmalzehnten. Auf diese Steuern hat das Haus Rotenburg den Anspruch. Wie mein lieber Schwager auch selbst weiß, da er im Stift Bremen gedient hat und wie er selbst erwirkt hat, ist die Steuer meinem gnädigsten Landesfürsten und Herrn und nicht nach Rotenburg zu entrichten.

zu	**Zuordnung**	**Hof / Haus**
1	Claus **Röhrs** war 1613 der Meier auf den Hof. Seine Frau war eine geborene Arends und Erbtochter des Emmenhofes. Sie war in erster Ehe mit Claus **Heitmann** verheiratet.	EMMENHOF Einstelliger Hof

[241] StA Stade Rep.5b Fach 171 Nr.60 Bl.5R vom 18.11.1613

[242] Dörfler 2004, S.713-14, Kap IV 5x (Übersetzung übernommen), S.258

1613, 17. Oktober

Brief an den Bremer Erzbischof [243] - [244]

Nr	Text
1	Schreiben des bremischen Amtmanns: Ob nun woll der Hoff zum Emmen in dieses Ambtes und Gerichtes territorio ungezweiffeldt belegen (...), so ist es dennoch an deme, dass den 22. huius, Vormittages umb neun Uhren, der Drost und Rentemeister von Rotenburgk, einen Notarium Wilcken **von Ahlden**, zunebest zweien Gezeugen hero geschicket, uns, da sie über selbigen und andern uff jenseith der Wieste belegenen Orteren dem Hern Ertzbischoffe zue Bremen keine jurification gestendigl, sonderen dem Bischoffe zue Verden. Ihrem gnedigen Herren, eingk und allein zugehorigk sein soltte, und dass sie von uns darin beeintrechtieget, Ihreß gnedigen Herrn rechtliche Notturft dakegen ein acht zuhaben, sich protestando vorbehaltten haben woltten, (...) Und darauf gestrackes die folgende Nacht umb 11 Uhren, bei die AchtZehn Man nach dem Emme geschicket, den Wirth, dessen Weib und Tochter gefengklich nach Rotenburgk holen lassen und vorgegeben, dass sie sowohll zue Rotenburgk als Ottersbergk fur beschehene Verbrechungk Abtrak machen soltten.
Bem.: Der Anlass für diese Verhaftung war, dass die Ehefrau von Claus **Röhrs** und ihre Tochter dem flüchtigen Dieb Dietrich **Berckenß** „wissentlich“, also vorsätzlich Unterschlupf gewährten. Welche Motivation dahinter stand, ist nicht überliefert, auch nicht, wie viel Strafe **Röhrs** nun für die Taten seiner Familie zahlen musste.	

zu	Zuordnung	Hof / Haus
1	Claus **Röhrs** war 1613 der Meier auf den Hof. Seine Frau war eine geborene Arends und Erbtochter des Emmenhofes. Sie war in erster Ehe mit Claus **Heitmann** verheiratet.	EMMENHOF Einstelliger Hof
2	Dietrich **Berckenß**	

[243] StA Stade Rep.5b Fach 171 Nr. 63 Bl.6-7 Ottb. Amtm. An den Bremer Erzbischoff vom 17. Oktober 1613

[244] Dörfler 2004, Seite 713-714, Kap IV 5x (Übersetzung übernommen)

1614, 25. September

Gutachten wegen Zauberei gegen Elisabeth Dittmer [245] - [246]

Gutachten Fakultät Helmstedt vom 25. September 1614

Hoops von Scheeßel, übernommen aus „Lasst sie brennen“, Seite 150

Nr	Text
1	Unsere freundtliche dienste zuvor, Edler, Gestrenger Dechandt p. und Ehrenvester auch Ehrnwollgeachter und Ehrbar günstige guete Freunde. Als Ihr die wegen der gefangenen und mit Zauberey bezichtigten **Elysabeth Ditmers** ergangene Inquisition acda[247] neben euern Schreiben uns zugesandt, und darüber was denn nechsten gemeß, zuerkennen gebeten. Demnach haben wir Dechandt diesen fall, und dabei die Umbstände mit fleis[248] erwogen, Erachten darauf Rechtens[249] und zuerkentnus das gegen bemelter gefangenen[250] die noch zuer zeitt einkommene intiria zuer **scharffen Peinlichen** Frage nicht gnugsam[251], sodern dieselbe mit ferner vermahnung[252], auch bedrawung der **tortur**,[253] denn fürstellung des Scharff Richters, und zeigung seiner Peinlichen Instrumenten woll mag geschrecket[254] und zuem Bekandtnus der warheit angehalten werden. Was denn also Sie außsagen und bekennen, auch uff nachfrag in der that sich befinden wirdt[255], darauf ergehet ferner wegen der Peinlichkeit, oder ... nach befindung, der straff halben, wie auch sonsten was Recht ist, von Rechts wegen[256] zue urkundt p.[257]

[245] StA Wolfenbüttel, Archivsignatur 37 Alt Nr. 1842, S.320 V, Auszüge S.76

[246] StA Wolfenbüttel, Gutachten Helmstedt, Anfang II.8 Bd.6 Fol. 320

[247] Gerichtsakte, die als “Inquisition acda“ bezeichnet wurde und somit eindeutig einen Hexenprozess belegt.

[248] Bedeutet so viel wie: umfassend geprüft

[249] Bedeutet so viel wie: gemäß den geltenden Gesetzen

[250] Bedeutet so viel wie: die oben angegebene oder auch angeführte Gefangene; Zu diesem Zeitpunkt sitzt Elisabeth im Gefängnis.

[251] Das Ergebnis der Peinlichen Befragung aufgrund eines Fragenkatalogs oder einer Vernehmung reichte nach Einschätzung des Dechanten noch nicht für eine Verurteilung aus.

[252] = mit zukünftiger Belehrung

[253] Tortur = mit der Folter zu bedrohen, d.h. Territion = Schreckung durch Zeigen und erklären der Foltergeräte.

[254] Das Zeigen der Folterinstrumente durch den Scharfrichter wurde hier eindeutig empfohlen.

[255] Wenn sie gestanden hat und dieses Geständnis wiederholt, dann …

[256] … sollte sie dabei gestehen, so solle sie die Strafe erhalten, die dafür vorgesehen ist.

[257] p. = etc. pp = und so weiter ….

zu	Zuordnung	Hof / Haus
1	Elisabeth **Dittmer** lebte wohl in Helvesiek, sie war der Zauberei angeklagt und durfte laut Gutachten gefoltert werden.	Unbekannt, vermutlich aber **hingerichtet**
	Im Jahre 1587/88 wurde die Ehefrau von Lütke **Dittmer** aus Helvesiek (✳um 1552), in den Brüchen erwähnt, weil sie sich mit den Ehefrauen von	DITTMER Haus Nr.21
	Bem.: Sie könnte aber auch die Ehefrau von Lütkes Bruder Johann, Pflugkötner in Helvesiek, LÜTKENS Haus Nr.22 gewesen sein.	LÜTKENS Haus Nr.22

1614, 21.Februar

Landtgerichtes Zehrungh undt was bei abgandlungh der Bruchfellingen auffgang [258]

		T	ß	P
	Den 21. February Ao614 ./. Ist der Herr Landdrost morgens alß frue zum Otterßberge, Zur abhandlungh der Bruchfellingen Zuerberst dreien dieners angelanget, des Mittags undtt Zuabendt Mahlzeit gehalten undtt des folgenden morgens der Kutscher undt junge gefruestede hate thut zusammen	-	40	-
	Der Hauß undt der zwei Holz Voigte haben Zur Mittage, und Zur Abendt der Haußvoigt alleine mitgegeßen, thut	-	16	-
	Dem Herkommen nach, ist auch hirortz eine Tonne Weißbier verschaffet,---	2	-	-
	Dem Weine ist auf gangs,---	1	-	-
	Bem.: Diese Aufstellung belegt nur die Kosten der Verköstigung des Herrn Drosten für einen Tag Landtgericht. Sie belegt aber auch, dass er selbst zu diesen Tagen persönlich vor Ort war. Für die zwei Landgerichtstage wurden insgesamt nur für den Drost 10 Taler und 54 Schillinge an Kost und Logie ausgegeben.			

[258] StA Stade Rep.76 Nr.1430 1613-1614, S. 117 V

1619

Protokollum Sottrumb (1) [259]

Nr	Text	Strafe°	Vorwurf / Tat
1	Tidtke **Maneken** (Meinken) zu WesterEsche hat binnen Hetzwede Holtz abgeworffen, so ehr nach dem Hauß Rotenburgk hat führen sollen	4	Holzdiebstahl
2	Hanß **(Lüdemann)** zu Abbendorff hat Schweine mit gewaldt außen Schütkoffen genommen	7	Diese Schweine gehörten ihm wohl nicht. Diebstahl ?
3	Peter **Bokelman** zu Hesedorff hat wegen gewinnungk seiner Wische geben	6	...
4	Johan **Holste** zu Westeresche, hat uber die Schavenßbegk 10 fuder heide gehauen	18	Heidehauen ohne Erlaubnis
5	Jürgen **Dreyer** zu Westerholz, hat des alten Tidtken **(Heitmann)** zu Jerßdorff frawen, mit einem Beil braun undt blauw geschlagen	2	Körper-verletzung
6	Catharina **Wichering** zu Jerßdorff hat Jürgen **Dreyer** zu Westerholtz fur einen Jmmendieb gescholten	2	Beschuldigung des Diebstahl
7	Claus **Schulerman** zu Westerholtz, hat sich gegen seine Eltern ungebürlich gehalten	3	Verstoß gegen das 4. Gebot
8	Jost **zu Bulten** Sohn, Johan, hat Johan **Meincken** zu Westerholtz 2 Pferde so sehr verwundet daß dieselben in neun Wochen nicht arbeiten konnen	2	Sachbeschädi-gung mit der Folge Ver-dienstausfall

°Strafen in Mark

[259] StA Stade Rep.5b Fach 83 Nr. 13c Blatt 295-348, Protokollum Sottrumb, 1619 Seite 322R Actus civiles

zu	Zuordnung	Hof / Haus
1	Tietke **Meinken** zu Westeresch, 1613-1669 erwähnt	TIETENS Haus Nr.3
2	Hanske **Lüdemann** Abbendorf, 1600-1632 erwähnt	HARMS Haus Nr.1
3	Peter **Bokelmann**, sicher aus Gyhum gebürtig Hesedorf	(Interimswirt)
4 [260]	Johan **Holste** zu Westeresch, 2. Halbhöfner 1570-1597 erwähnt	CARSTENS HausNr.8
5	Jürgen **Dreyer** Westerholz, 1599 und 1619 erwähnt	BECKER Haus Nr.18
	Des alten Tidtke **Heitmanns** Frau Jeersdorf, Tiedtke wurde 1560 u. 1567 erwähnt	TIETENS Haus Nr.8
6	Catharina **Wichern** geborene Riefesell Jeersdorf, Ehefrau von Carsten	MAHNKEN Haus Nr.1
	Jürgen **Dreyer** Westerholz, 1599 und 1619 erwähnt	BECKER Haus Nr.18
7	Claus **Schülermann** Westerholz, 1599-1613 erwähnt	MIEßELS Haus Nr.7
8	Jost **zu Bulten** Sohn, Johann Bult, 1619 erwähnt, erbt den Hof aber nicht!	BULTMANN Haus Nr.1
	Johann **Meinken** Westerholz, 1619 erwähnt Bem.: Wenn Johann 2 Pferde gehabt hat, muss er mindestens ein Halbhöfner gewesen sein. 1631 im Schmalzehnt noch erwähnt.	aus HELKEN Haus Nr.2 Zweidrittelhof

[260] Hoops von Scheeßel, Lasst sie brennen, Seite 150

1619

Protokollum Sottrumb (2) [261]

Nr	Text	Strafe°	Vorwurf / Tat
9	Johan **Manecken** zu Westerholtz, hat Hinrich **Tidtken** daselbst Busch an seiner Wiesen abgehawen	½	Holzfrevel
10	Heinrich **Tidtken** zu Westerholtz, hat dem Hoffspan etlich holtz wegkgenommen	1	Diebstahl
11	Lutke **Heidman** zu Jerßdorff hatt Curdt **Gerken**, mit seinen Schweinen den havern (Hafer vom Feld) gefrettet	1	Ernteschaden
12	Helmeke **Schulermans** Tochter daselbst geschwängert worden	25	Unzucht
13	Johan **Roers** zu Westerholtz hatt seiner Frawen Verwantinnen geschwengert, ist gefencklich eingezogen und gestrafft mit 60 Taler (...) Wegen des Ehebruchs ließen sie es bey dem Abscheide bewenden, der zwischen beiden Stifften zum Landwedell gegeben.	60	Unzucht und Ehebruch
14	Claus **zum Emmen** nebst Frawen und dochter wegen beichtigter dieberey nach Rotenburgk geholet und gestrafft	...	Diebstahl
15	Hanß **Lohemann** in Abbendorff hatt Anneken **Karstens** von Düßhorn beschlaffen, nach Rotenburgk gefencklich geholt und gestraffet.	...	Unzucht

°Strafen in Mark

[261] StA Stade Rep.5b Fach 83 Nr. 13c Blatt 295-348, Protokollum Sottrumb, 1619 Seite 322R Actus civiles

zu	**Zuordnung**	**Hof / Haus**
9	Johann **Mahnken** Westerholz, 1619 erwähnt	→ siehe Nr.8
	Hinrich **Tietjen** Westerholz, 1596-1631 erwähnt	TIETEN Haus Nr.1
10	Heinrich **Tietjen** Westerholz, 1596-1631 erwähnt	→ siehe Nr.9
11	Lütke **Heitmann**, ✳um 1605 Jeersdorf, 1619-1646 erwähnt	HOLSTEN Haus Nr.4
	Curdt **Gerken** (siehe 1599, Nr.33, S.135) Scheeßel, 1591-1619 erwähnt	DIEKMANN Haus Nr.18
12	Helmeke Ill. **Schülermanns** Tochter Westerholz	HELKEN Haus Nr.2
13	Johann **Röhrs** (siehe Anno 1590, Nr.1, S.101) Westerholz, 1587-1619 erwähnt	RÖHRS Haus Nr.3
14	Claus **Röhrs** Emmen, 1587-1614 erwähnt	EMMENHOF Einstelliger Hof
15	Hans **Lohmann** Abbendorf, wie er gestraft wurde, ist nicht überliefert worden. Herkunft ungeklärt.	(Knecht)
	Anneken **Carstens** Düßhorn	

1619

<u>Protokollum Sottrumb (3)</u> [262]

Nr	Text	Strafe°	Vorwurf / Tat
16	Johan **Budden** zu Abbendorff Tochter wegen verübter Unzucht gefenglich angenommen, nach Rotenburgk gebracht und gestrafft worden.	...	Unzucht
17	Jasper, Peter **Robonen** zu Abbendorff knecht hatt einen armen sinlosen menschen vor Hetzwedel holtze bestolen, und darüber seine gebürliche straffe bekommen	...	Diebstahl siehe auch 21.12.1593 Seite 118 Nr.2
18	Zu Westerholte Johan **Roers** <u>gestorben</u>, dessen hergewette nach Rotenburgk getzogen (siehe auch 1609, Seite 155)	...	Es scheint der Begleichung einer Strafe gedient zu haben!

°Strafen in Mark

zu	Zuordnung	Hof / Haus
16	Johann **Baden** zu Abbendorf Tochter Catharina Baden (Buddens Trine) ✳um 1600 <u>Bem.:</u> Hier wurde sie im Alter von um die 19 Jahren wegen *Unzucht* gemaßregelt. Am 9. September 1664 wurde sie von Gretke **Meinken** der *Zauberei* beschuldigt.	BUDDENS Haus Nr.3 siehe Seite 273
17	Jasper, Peter **Robone** zu Abbendorfs Knecht Abbendorf, Familienname unbekannt	NEMANNS Haus Nr.2
	Peter **Robone** (auch Rebene, Rabour) Abbendorf, 1571-1591 erwähnt, Jurat ebenda	NEMANNS Haus Nr 2
18	Johann **Röhrs** Westerholz, 1587-1609 erwähnt, † vor 1619	RÖHRS Haus Nr.3
	Hergewette = ursprünglich die Bewaffnung des Mannes, wie die eines Milizionärs. Hier aber könnte auch ein gesonderter Teil seines Vermögens gemeint gewesen sein.	

[262] StA Stade Rep.5b Fach 83 Nr. 13c Blatt 295-348, Protokollum Sottrumb, 1619 Seite 322R Actus civiles

1624, 28. Oktober

Mord von Abbendorf [263] - [264]

Nr	Text	Vorwurf / Tat
1	Anno 1624 umb Philippi Jacobi aufen den 28ten Octobris hat sich in Heinrich **Heitmans** Hochzeit und dessen Behausung zu Abbendorf zugetragen, dass zwei Soldaten Weiber miteinander gezancket und eines das ander mit einem Messer erstochen und entleibet. Die Thäterin ist davon gelauffen, den entleibten Corpor habe ich *(Der Amtsvogt)* auf befihlich meiner Herren Beambten nacher Scheßell holen und alda begraben laßen.	Mord
	Hierbei handelte es sich um einen **Mordfall.**	siehe Seite 271

Bem.:
Heinrich **Heitmann** war der Anerbe von Buddens, Haus Nr.3 in Abbendorf.
Durch diese Aussage ist sogar ein Hochzeitsdatum überliefert worden.

zu	Zuordnung	Hof / Haus
1	Heinrich **Heitmann** Abbendorf, 1624-1646 erwähnt Er hat in den Hof eingeheiratet, denn seine Frau war die Erbtochter, auch Buddens Trine genannt.	BUDDEN / BADEN Haus Nr.3
	Seine Ehefrau war: Catharina **Baden** (Buddens Trine) ✱um 1600 Bem.: Sie wurde 1619 wegen *Unzucht* gemaßregelt und am 9. September 1664 von Gretke **Meinken** der *Zauberei* beschuldigt.	siehe Seite 275 siehe Seite 273

[263] StA Stade Rep. 28 IR Nr.17 Bd.II Bl.24-34, hier Bl.31R, 24.10.1624
[264] Dörfler 2004, Seite 486

1625

Aufstellung des Scheeßeler Vogts [265] - [266]

Scheeßeler Vogt Magnuß **Cluver** ab 1604

Etzliche bei meiner Zeitt vertrenkten (ertrunkenen) Persohnen auch entleibten belangende, ist es folgendermaßen darumb bewandt.

Nr	Text	Strafe°	Vorwurf / Tat
1	hat Dietrich **Hastede** zu Heetzwegde, Jacob **Ficken** auch aus Heeztwegde am streitigen Ordte ein Loch in den Kopf geschlagen.	...	Körperverletzung
2	In dem Kriegswesens, bei H(errn) Drosten Ernest **von Mandelschlo** Zeiten, hat Dietrich **Hastede** zu Heetzwegde, Jacob **Ficken** auch zu Heetzwegde am streitigen ordte ein Loch in den Kopf geschlagen, so auch zu Scheßell vorm Landtgerichte in Bruche erkandt worden, auch selbigen geben mußen.	...	Körperverletzung
3	Wann zwischen der neuwen Brugke, so uber die Wumme gehet und dem Richtes[267] Beeke Pusch[268] gedeichet[269] werden muß, so helffet der Greve zu Zittenßen mit seinen Leudten und der Voigt zu Scheßell mit seinen Leudten.		
	Bem.: Um welche neue Brücke über die Wümme es sich gehandelt hat, lässt sich nicht eindeutig zuordnen. Hier handelte es sich um eine Vereinbahrung zwischen dem Grefe von Sittensen und den Vogt von Scheeßel, den Rehrgraben, der die Grenze zwischen den Vogteien bildete, funktionstüchtig und instandzuhalten. Das geschah durch ausgraben, Unrat entfernen und durch das regelmäßige Mähen der Seitenränder.		

°Strafen in Taler / Schillinge / Pfennige z.B. 0-16-6

[265] StA Stade Rep.8 Fach 26 Nr. 63 Bl.8, 1625

[266] Dörfler 2004, Seite 179, Anl. 28 Bl.8 und Anl. 29 Seite 838

[267] Rehrbach

[268] gemäht

[269] Das Aufschütten von Abrutschungen

zu	Zuordnung	Hof / Haus
1	Dietrich **Hastedt** Hetzwege, 1639-1669 erwähnt, † vor 31.1.1677 Bem.: Ehemann von Anna, Hexenprozess 1665	HASTEDT Haus Nr.6
	Jacob **Ficken** Hetzwege, 1628-1640 erwähnt	JAKKERS Haus Nr.3
2	„...zu Drosten Ernest **von Mandelschlo** Zeiten" Ernst von **Mandelsloh** [270], Drost zu Rotenburg	1601-1623
	Dietrich **Hastedt** zu Hetzwege	→ siehe Nr.1
	Jacob **Ficken** zu Hetzwege	→ siehe Nr.1
3	Eine im Jahre 1625 als „die neue Brücke" bezeichnetes Bauwerk über die Wümme, bei der Scheeßeler Mühle, kann nicht alt gewesen sein. Es handelte sich dabei vermutlich um eine Brücke zwischen Helevsiek und Scheeßel. Auf jeden Fall verband sie das Amt Rotenburg und die Börde Sittensen, welche durch die Wümme getrennt waren.	

1625

(Aus dem) Bericht des Scheeßeler Vogte um 1640 [271] - [272]

Nr	Text	Vorwurf / Tat
1	„Es hat auch einen Mann in in Gerßdorff, Luteke **Heittmann** gehießen vor 15 Jharen einen Kohl-gardten daselbst am Fhelde aus der Gemeine aufgezeunct, woruber die anderen Gerßdorfer mich geklaget, und habe es wieder niederreißen lassen, darauf er Sittensen gelaufen, auf dem Landgerichte geklaget.	unerlaubte Landnahme
	Bem.: Wie es ausgegangen ist, hat der Vogt nicht überliefert. Dieser Eintrag belegt die Zuständigkeit von Sittensen für Jeersdorf.	

zu	Zuordnung	Hof / Haus
1	Lütke **Heitmann**, 1646 Interimswirt Jeersdorf, 1619-1646 erwähnt (s. S. 175, Nr.11)	HOLSTEN Haus Nr.4

[270] Heynke, Enno, Seite 59, Anl. D,
[271] StA Stade Rep 8 F 26 Nr. 63 Bl.4R-5
[272] Dörfler, S. 181, 835-836 aus undatierte Aufstellung um 1640

1628/1629

Landtgerichts Brüchen zu Scheeßel [273] - [274]

1	Hanß **Gerken** zu Stemmen hat Tietke **Bellmann** uff freyer straße ebenfalls zue Erde gerichts und mit füßen geschlagen	1 ½ Rthl.	Körperver-letzung
2	Jochim **Trochelmann** seines Bruder Johan mit einem Meser durch den arm gestochen.	5	Körperver-letzung
3	Tonnies **Wiedemann** soll Alheit **Beckerß** vor ein Tohr verlogener Sack gescholten, sie Schlimmer alß ein Dieb durch Leidt das gelt auch den Kisten stal	1	Beleidigungen / Diebstahl
4	Alheit **Beckerß** Tonnieß **Wieden** gescholten ahn hab Bucheken auß des Bakenhau gestolen	1	Beschimpfung / Diebstahl
5	Johan **Belmann** (hat) Tonnieß **Wieden** offenbar (einen) Dieb gescholten	½	Beleidigungen
6	Peter **Versemann** hat Hinrich **Maneken** mitt einem Stock drauf mit zue geschlagen	1 ½	Körperver-letzung
7	Joachim **Schroder** zu Ostervesede sich nicht wolle Pfanden Laßen die Katen vor Schuft gescholten	1	Amtsbehin-derung / Beleidigungen
8	Johann **Bellmann** (hat) Jurgen **Brockman** vor seiner Schmit bei nachtschlaffender Zeitt geschlagen und ihm vor einen dobbelth Dieb gescholten.	½	Beschimpfung / Diebstahl
9	Item seiner frauwen von einer diebschen Sack und Hure (gescholten).	½	Beleidigungen
10	Johann **Lüdemann** zu Wittkops Borstel (hat) sich vom Vogt nicht pfänden lassen wollen. Darfor zu Gericht	1 ½	Weigerung gegen eine Amtshandlung
11	Claußß **Schröder** zu Wordt Land auß dem gemeinge Plagt (gehauen).	1 ½	Unerlaubte Landnahme
12	Clauß **Meyer** zu Ahausen (hat) Johan **Cordeß** zu Hemßling mit einem Meser durch den arm gestochen.	½	Körperver-letzung
13	Dierich **Heitmann** zu Bellen Christoffer **Carstens** vor einen Schelm gescholten.	1 ½	Beleidigung
14	Item … vor einen Dieb gescholten	1 ½	Diebstahl

[273] StA Stade Rep.76 Nr. 1370 Bl.105 V - 105R, 1628/1629

[274] Dörfler 2004, Seite 179

zu	**Zuordnung**	**Hof / Haus**
1	Hans **Gerken** Stemmen, ½ Höfner und Herrenmeier	HOLSTEN Haus Nr.26
	Tietke **Bellmann** (Griemshop) vermutlich der Bruder von Johann	GRIMSHOP Vollhof
2	Jochim **Trochelmann** sein Bruder Johann Helvesiek, ½ Höfner	TROCHEL Haus Nr.5
	Johann **Trochelmann**	→ siehe Nr.2
3	Tonnies **Wiedemann** Scheeßel, Brinkkötner	WIEDEMANN Haus Nr.22
	Alheit **Becker** Scheeßel, Lebte das Ehepaar etwa getrennt?	Ehefrau von Tönnies
4	Alheit **Becker**	→ siehe Nr.3
	Tonnies **Wiedemann**	→ siehe Nr.3
5	Johann **Bellmann** Scheeßel, Kötner	COHRS Haus Nr.17
	Tonnies **Wiedemann**	→ siehe Nr.3
6	Peter **Veersemann** Ostervesede	KATMANN Haus Nr.14
	Hinrich **Maneken** (Ostervesede, vermutlich aus MAHNKENS)	MAHNKEN Haus Nr.1
7	Joachim **Schröder**, ¾ Höfner Ostervesede	VERSEMANN Haus Nr. 11
8	Johann **Bellmann** (hat)	→ siehe Nr.5
	Jürgen **Brockmann**, ½ Höfner Jeersdorf	BROCKMANN Haus Nr.2
10	Johann **Lüdemann**, Sohn von Harm 1591-1613 Wittkopsbostel, 1629 erwähnt	HARMS Haus Nr.1
	Bem.: Ein Harmen **Lüdemann** saß 1629 auf →	BEHRENS Haus Nr.4
11	Claus **Schröder**, ½ Höfner Wordt	
12	Claus **Meyer** Ahausen	
	Johann **Cordes**, ½ Höfner Hemslingen	
13	Dierich **Heitmann,** Häusling beim Bruder Bellen (siehe 1640, Nr.3, S.236)	HEITMANNS Haus Nr.2
	Christoffer **Carstens**, ½ Höfner Bellen	CASTENS Haus Nr.1

Weitere Hinweise zu anderen Brüchen von 1628/1629: [275]
Seiten 106 V bis 107 V
Schneverdingener Landgerichtsbrüche / Hurenbrüche

Seiten 107 R bis 114 R
Salzhausener Brüche

Seiten 115 V bis 116 R
Neuenkirchener Brüche

Seite 117 V
Visselhöveder Brüche

Seiten 118 R
Ahausener Brüche / Hurenbrüche

Seiten 117 V bis 119 R
Salzhausener Landgerichtsbrüche

Anmerkung im Jahre 1664/1665: [276]
„Der Vogtei Salzhausen an Ausgaben berechnet"

Hier berechnete das Amt Rotenburg seiner Vogtei Salzhausen Abgaben, anteilig aus deren Landgerichtseinnahmen.

„Von den Brüchen wegen des Saltzhaußer Bruchs gehet der 3te theil alten Gebrauche nach wieder ab". Er zahlt: 7-20-0

In diesem Fall waren es 7 Taler und 20 Schillinge.

[275] StA Stade Rep.76 Nr. 1372 Seiten 105 V bis 119 R, 1628/1629
[276] StA Stade Rep.76 Nr. 1367 Seite 51, 1664/1665

1628/1629

Landtgerichts Brüchen zu Scheeßel[277] Hurenbrüche

Nr	Text	Strafe	Vorwurf / Tat
1	Hermen **Lange** zu Haßel hat Geschen **Schmeds** geschwengert	4 Rthlr	Unzucht
2	Gerdt **Kröger** zu Wort hat Geschen **Kröger** geschwengert	3 Rthlr	Unzucht
3	Michel **Reincken** zu Hemeslink ferner zu früh in das Kindbett gekommen.	3 Rthlr	Unzucht mit seiner Frau

zu	**Zuordnung**	**Hof / Haus**
1	Hermen **Lange** (Vater heißt auch Harm) Hassel, 1628-1640 erwähnt	… ¼ Höfner
	Geschen **Schmeds** Hassel, wohl die Schwester – nicht die Ehefrau vom Nachbarn Ulrich Schmidt	… ½ Höfner
2	Gerdt **Kröger** (Gerdt = Gevert) Worth, 1591-1628 erwähnt (siehe unten 1. + 3.) Selbstverständlich könnte es auch sein Sohn gewesen sein, der die Nachbarin schwängerte!	… ½ Höfner
	Gesche **Kröger** Worth, stammte wohl vom Untervogtshof.	UNTERVOGT Pflugkate
	In keiner der alten Steuerlisten wird ein **Kröger** zu Worth erwähnt. Im Nachbardorf Hastedt allerdings gab es im Michaeliszins von 1600 und 1628 gleich zwei Familien: Anno 1591/92 und 1600 1. Gevert **Kröger** (1ster in der Liste), Halbhöfner 2. Lütke **Kröger** (4ter in der Liste), Pflugkötner (1/6 Hof) Anno 1628 3. Gevert **Kröger** (1ster in der Liste), Halbhöfner 4. Johann **Kröger** (5ter in der Liste), Pflugkötner Bem.: 1631 wurde Johann **Kröger** als Untervogt bezeichnet! 1691 wurde Harm **Kröger** als Untervogt und Pflugkötner bezeichnet, der abgabenfrei war.	
3	Michel **Reinken**, hatte mit seiner Frau nach deren Niederkunft die 6 Wochenfrist nicht eingehalten und zu früh Beischlaf ausgeübt! Hemslingen, 1628 bis 1640 erwähnt	… ½ Höfner

[277] StA Stade Rep.76 Nr. 1372 Bl.105R, 1628/1629

1629

Aufstellung des Scheeßeler Vogts [278] - [279]

Undatierte Aufstellung des Scheeßeler Vogts Peter **Segemann** um 1640 über Gerichtsfälle und andere Verwaltungsakte im strittigen Gebiet seiner Vogtei lt. Dörfler

Nr	Text
1	Anno 1629 haben die Bremischen Herren Beambten von wegen der Contribution[280] in streitigen nachbenantten Dorfern und ordtern, nemblich zu Abbendorf Heinrich **Heitmann** ein Pferdt, Herman **Lüdemann** in den Alten Hoven 1 Pferdt, Johann **Meineken** zu Gerßdorff *(Jeersdorf)* 1 Pferdt
2	Gleichfalls auch aus den onstreitigen Dorfern, als aus Brasen Hove zu Helvesiek und vom Appel Johan **Meyer** daselbst, einen Jeden ein Pferdt nhemen lassen, daß also dasmahll 6 Pferde gepfandet. (...)
3	Und haben erwente Soldaten und Baweren Herman **Ludeman** Pferdt zu Wistedte aus des Greven Hause wiederwegk genommen, die anderen drei als Johann **Meineken**, Johan zu Appell und Diedrich **Brasten** Pferde habe Sie zu Zittenßen aus (...) Hause wieder wegkgenommen (...)

[278] StA Stade Rep.8 Fach 26 Nr. 63 Bl.6
[279] Dörfler 2004, Seite 836-837
[280] Kontribution = Kriegssteuer

zu	**Zuordnung**	**Hof / Haus**
1	Heinrich **Heitmann** Abbendorf, 1629-1648 erwähnt	BUDDENS Haus Nr.3
	Hermann **Lüdemann** Oldenhöfen, 1629-1657 erwähnt	LANGEN Haus Nr.1
	Johann **Meinken** Jeersdorf, 1641-1653 erwähnt	PEETS Haus Nr.5
2	Brasen Hof zu Helvesiek (alter Hofname) <u>Bem.:</u> Hier wurde ein alter Hofname überliefert, der sich später in DIERS = Diedrichs, nach Diedrich **Brase** / Braasch wandelte	nun DIERS Haus Nr.17 → siehe Nr.3
	Johann **Meyer** Appel, 1629-1657 erwähnt	Anbauer Haus Nr.2
3	Hermann **Lüdemann** zu Oldenhöfen	→ siehe Nr.1
	Johann **Meinken** Jeersdorf	→ siehe Nr.1
	Johann **Meyer** Appel	→ siehe Nr.2
	Diedrich **Braasch** vom Brasen Hof zu Helvesiek, 1600-1633 erwähnt	BRASENHOF nun DIERS Haus Nr.17 → siehe Nr.2

III

Die Jahre

1631 – 1670

1631/1632

Landgerichtsbrüche zu Scheeßel [281] (vergleiche Bruch S.200)

Einnahmb Landgerichts Bruch der Vogtey Scheeßel

Nr	Text	Strafe°	Vorwurf / Tat
1	Herman **Küsel** zu Brockel (hat) Christoffer **Cordes** mit einem Messer die Schultern geblutwundet	1	Körper-verletzung
2	Itzo (Herman **Küsel** hat) Christoffer (**Cordes**) seine frawen mit einem Messer in den Halß geblutwundet	1	Körper-verletzung
3	Johan **Holste** hat Herman **Küsel** daselbst mit einem Messer durch den Armen gestochen	1	Körper-verletzung
4	Itzo Johan **Holste** hat Johan **Küsel** in die Hand geblutwundet	1	Körper-verletzung
5	Itzo Johan **Holste** hat Johan **Küsel** uff den Kopff geschlagen, und mit dem Messer in die Hand geblutwundet	½	Körper-verletzung
6	Herman **Küsel** hat Hinrich **Holsten** Frawen mit einem Knüpfel uff das Haubt geschlagen	1	Körper-verletzung

°Strafen in Talern z.B. 1, oder Taler/Schillinge/Pfennige = z.B. 1-24-8

Bem.: Warum Johann Holsten (Nr.5) lediglich ½ Taler zahlen musste, obwohl er Johann Küsel auf den Kopf geschlagen und mit dem Messer eine blutende Wunde verursacht hatte, ist nicht begründet. Möglicherweise lag es daran, dass er bereits einen Taler gezahlt hatte und somit auf insgesamt 1 ½ Taler Strafe kam?

Anmerkung: Diese Seite scheint eine Kopie oder Abschrift zu sein, die sich unter einer anderen Signatur[282] in den Unterlagen wiederfindet. Deswegen wurde sie hier quasi auch doppelt aufgeführt.

[281] StA Stade Rep.76 Nr. 1373 Seite 84 V, 1631/1632

[282] StA Stade Rep.76 Nr. 9, 1631/32 und Hann Def.76c Be Rtbg Geldreg. 1631/32 (alt)

zu	**Zuordnung**	**Hof / Haus**
1	Hermann **Küsel** (1610, Nr.38, S.163) Brockel, 1631[283] wurde er als Sohn von Hans und Mette mit der älteren Schwester Anna und den jüngeren Brüdern **Lüdemann** (✳r 1610) und Hinrich (✳r 1615) erwähnt.	… ½ Höfner
	Christoffer **Cordes**, (1631/32, Nr.1, S.201) Brockel, 1631[284] wurde er mit seiner Frau Anke, Lozey kint (Kind Lucie), (Knecht) Walrich dinsten erwähnt, aber auch noch 1646.	…
2	Hermann **Küsel** Brockel	→ siehe Nr.1
	Christoffer **Cordes** seine Frau Anke	→ siehe Nr.1
3	Johann **Holsten** Brockel, 1631-39 erwähnt (1639, Nr.12, S.223)	Baumann
	Hermann **Küsel** Brockel	→ siehe Nr.1
4	Johann **Holsten** Brockel	→ siehe Nr.3
	Johann **Küsel** Brockel, (1631/1632, Nr.1, S.201)	
5	Johann **Holsten**	→ siehe Nr 3
	Johann **Küsel**	→ siehe Nr.4
6	Hermann **Küsel** Brockel	→ siehe Nr.1
	Hinrich **Holsten** Brockel, 1631[285] mit seiner Frau Metke, dem Sohn Johann als Baumann erwähnt	½ Hof → siehe Nr.3

[283] Einwohnerverzeichnis 1631, Rotenburg Schriften, Heft 8, Jg 1958
[284] Einwohnerverzeichnis 1631, Rotenburg Schriften, Heft 8, Jg 1958
[285] Einwohnerverzeichnis 1631, Rotenburg Schriften, Heft 8, Jg 1958

1631/1632

Landgerichtsbrüche zu Scheeßel [286]

Einnahmb Landgerichts Bruch der Vogtey Scheeßel

Nr	Text	Strafe°	Vorwurf / Tat
1	Herman **Küsel** hat Johan **Holsten** mit dem Schlegel Knüppel geschlagen	1	Körper-verletzung
2	Lütke **Trochelman** hat Hein **Brockman** vor einen alten Schelm gescholten	1	Beleidigung
3	Hanß **Heitman**(`s) Scheffer hat Tonnieß **Wieden** Frawen vor eine Huren gescholten	½	Beleidigung
4	Hinrich **Langens** Sohn hat Hinrich Peter **Wahlers** vor einen Schelm gescholten	1	Beleidigung
5	Hinrich **Delvendall** zu Soling (hat) Johan **Langen** den Kopff geblutwundet	½	Körper-verletzung
6	Hinrich **Wahlers** hat Hinrich **Barchfrede** am Angesicht geblutwundet	2	Körper-verletzung
7	Johan **Schwiebers** zu Botel (hat) Johan **Lunseman** zu Hembsen geschlagen das er zur Erde gestürzet	½	Körper-verletzung

°Strafen in Talern z.B. 1, oder Taler/Schillinge/Pfennige = z.B. 1-24-8

[286] StA Stade Rep.76 Nr. 1373 S. 84 R, 1631/1632

zu	Zuordnung	Hof / Haus
1	Hermann **Küsel** Brockel, 1610-1646 erwähnt	... ½ Höfner
	Johann **Holsten** Brockel, 1631-39 erwähnt (1639, Nr.12, S.223)	... Baumann
2	Lütke **Trochelmann** Annahme: Einloh, Knecht und Bruder von Jochim dem Hofmeier auf KASSENS	KASSENS Haus Nr.1
	Hein **Brockmann** Drenloh, 1600-1632 erwähnt	BROCKMANN Haus Nr.1
3	Hans **Heitmanns** Schäfer ist unbekannt Hans **Heitmann** Wensebrock, 1631[287] mit Frau Anke und den Kindern Hans und Clawes als Baumann erwähnt	... Baumann siehe Seite 199
	Tönnies / Thomas **Wiedemanns** Frau Scheeßel, Adelheid geb. **Becker**	WIEDEMANN Haus Nr.22
4	Hinrich **Langes** Sohn (Jürgen oder Jacob) Söhlingen, 1631 mit der Frau Katrin und den Söhnen Jürgen und Jacob sowie mit dem Vaterbruder (Onkel/Oheim) Lütke **Lange** erwähnt.	... Baumann siehe 1639 Nr.27 Seite 225
	Hinrich Peter **Wahlers**	→ siehe Nr. 6
5	Hinrich **Delventhal** Söhlingen, 1631 mit der Frau Lisebeth und den Kindern Christoffer und Hans, dem Knecht Johann **Kordes**, der Magd Metke und dem Häusling Peter **Mohrmann** erwähnt.	... Baumann
	Johann **Lange** Söhlingen, 1631 nicht im Einw-Verz. erwähnt	... Baumann
6	Hinrich (Peter) **Wahlers**, (1631/32, Nr.4, S.199) Söhlingen, 1631 beim Vater Peter erwähnt.	... Baumann
	Hinrich **Bargfrede** (Vater ggf. Henrich, s. 1592) Söhlingen, 1631 mit der Ehefrau Margrete, der Tochter Gesche und seiner Mutter (N.N.) sowie der Häuslingsfamilie Lütke **Kordes** erwähnt.	... Baumann
7	Johann **Schwiebert**, Bruder des Hofmeiers Bothel, 1631 wird Hans als Baumann erwähnt.	wohl Knecht beim Bruder
	Johann **Lünzmann** Hemslingen, 1631 werden zwei Johann erwähnt. Väter waren Hinrich und Cordt	

[287] Einwohnerverzeichnis 1631, Rotenburg Schriften, Heft 8, Jg 1958

1631/1632

Landgerichtsbrüche zu Scheeßel [288]

Landgerichts Brüche der Vogtey Schessel

Nr	Text	Strafe°	Vorwurf / Tat
1	Tomas **Wiedemann** (hat) Peter **Wahlers** Sohn in seinem egen Hause schlahn wollen	1	Körper-verletzung
2	Itzo Tomas **Wiedemann** mit dem Piecke in die Hausthüren gestochen, und gesagt hastu itz und viel du solt noch wenig genug bekommen	½	Körper-verletzung
3	Jochim **Ratchen** (und) Johan **Meyer** von Helvesieck (haben) Peter **Lünsmann** mit Stuhlen und beilen ein wundt in der Handt uff dem kolhoffe	2	Körper-verletzung
4	Johan **Rosebruch** hat Johan **Meyer** zu Helvesieck ein Loch in die Handt gehauen	½	Körper-verletzung
5	Johan **Meyer** (hat) Peter **Lünzmann** in die Finger gestochen	½	Körper-verletzung

°Strafen in Talern

[288] StA Stade Rep.76 Nr. 1373 S. 85 R, 1631/1632

zu	Zuordnung	Hof / Haus
1	Thomas **Wiedemann** Scheeßel, 1599-1633 erwähnt	WIEDEMANN Haus Nr.22
	Peter **Wahlers** Sohn (Hinrich, Harm, Hans) Westervesede, Hinrich war der Hofmeier	PEETS Haus Nr.11
2	Thomas **Wiedemann** Scheeßel, 1599-1633 erwähnt	WIEDEMANN Haus Nr.22
3	Jochim **Ratchen** aus Haus Nr.7, RÖTENS Helvesiek, † vor 12.09.1658	Häusling
	Johann **Meyer**, (1631/32, Nr.5, S.199) Helvesiek, 1631-84 erwähnt, □ 1684 Scheeßel	CORDS Haus Nr.19
	Peter **Lünzmann**, (1631/32, Nr.5, S.199) Bartelsdorf vermutlich, wohl Sohn von Claus	ECKEWORT Haus Nr.14
4	Johann **Rosebruch** Bem.: Im Kirchspiel Brockel gab es zu der Zeit keine Rose(n)brock etc., aber im Kirchspiel Visselhövede. Im Kirchspiel Scheeßel gab es nur in Lauenbrück Namensträger, diese unterstanden aber nicht der Gerichtsbarkeit des Amtes Rotenburg, sondern der *Herren **von Bothmer*** im adeligen Gericht Lauenbrück.	... → siehe Nr.11
	Johann **Meyer** Helvesiek	→ siehe Nr.3
5	Johann **Meyer** Helvesiek	→ siehe Nr.3
	Peter **Lünzmann**	→ siehe Nr.3

1631/1632

Landgerichts Brüche der Vogtey Schessel [289]

Nr	Text	Strafe°	Vorwurf / Tat
6	Claws **Helmers** hat Jochim **Ratcken** mit einem stocke in das vorhaubtt geblutwundet	½	Körper-verletzung
7	Johan **Ratcken** hat Claws **Helmers** vor einen alten Narren gescholten	½	Beleidigung
8	Peter **Helmers** hat Jochim **Ratcken** mit dem Stuel auff den Armen geblutwundet	½	Körper-verletzung
9	Jochim **Ratcken** hat Peter **Helmers** mit einem Stuel auff den Kopf geblutwundet	½	Körper-verletzung
10	Itzo (Jochim **Ratcken** hat) Peter **Helmers** Frawen zu der Erden geschlagen	½	Körper-verletzung
11	Johan **Meyer** hat Johan **Rosebruch** mit einem Messer in die Schulter gestochen	1	Körper-verletzung

°Strafen in Talern

[289] StA Stade Rep.76 Nr. 1373 S. 85 R, 1631/1632

zu	Zuordnung	Hof / Haus
6	Claus **Helmers** a. Stemmen, Haus Nr.1 □ 1682 Scheeßel b. Stemmen, Haus Nr.18 JOHMS Die Zuorndung ist dennoch möglich! Vom Alter des Claus **Helmers** ausgehend, geht die Tendenz zu b. Durch den Fall Nr.7, dem Bruder von Claus, der allerdings in Helveiek eingeheiratet hatte, bestätigt sich diese Tendenz.	a.RAHNS Haus Nr.1 oder b.JOHMS Haus Nr.18
	Jochim **Ratchen** aus Haus Nr.7, RÖTENS Helvesiek, † vor 12.09.1658	Häusling
7	Johann **Ratchen** Helvesiek, 1631-1659 erwähnt	RÖTENS Haus Nr.7
	Claus **Helmers**	→ siehe Nr.6
8	Peter **Helmers**, Bruder von Claus → siehe Nr.6 Helvesiek, † vor 1663	DITTMER Haus Nr.21
	Jochim **Ratchen**	→ siehe Nr.6
9	Jochim **Ratchen**	→ siehe Nr.6
	Peter **Helmers**	→ siehe Nr.8
10	Jochim **Ratchen**	→ siehe Nr.6
	Peter **Helmers** Frau war eine geborene **Dittmer** und Hoferbin.	→ siehe Nr.8
11	Johann **Meyer** Helvesiek, 1631-84 erwähnt, □ 1684 Scheeßel	CORDS Haus Nr.19
	Johann **Rosebruch**	→ siehe Nr.4

Anmerkung:
Hier gab es wohl einen längeren und heftigen Streit zwischen den zwei Familien, der mehrfach mit Bußgeldern belegt wurde.

1631/1632

Landgerichts Brüche der Vogtey Schessel [290]

Nr	Text	Strafe°	Vorwurf / Tat
1	Jochim **Misner** zu Vesede hat Jochim **Meyer** zu Depen mit einem Messer in den Hopen *(...)* geblutwundet	½	Körper-verletzung
2	Peter **Konning** *(Knecht in Vahlde hat dem)* von Vahlen *(stammenden)* Lorentz **Heinß** mit einem Beil geblutwundet	2	Körper-verletzung
3	Alß Lorentz **Heineß** gefallen, und beschwinnet, sein Hanß **Inselman** undt Peter **Koning** zu gefallen undt Ihn mit Füßen getretten	1	Körper-verletzung
4	Walle **Koning** hat Lorentz **Heinß** noch einmal rücklings zur Erden gestoßen	½	Tätlichkeit
5	Itzo Walle **Koning** undt *(Hanß)* **Inselman** Ihnen *(L. **Heinß**)* vor einem alten Schelmen gescholten, und gedrawet ehr sollte nun sterben	½	Beleidigung / Bedrohung

°Strafen in Talern

[290] StA Stade Rep.76 Nr. 1373 S. 85 V, 1631/1632

zu	Zuordnung	Hof / Haus
1	Jochim **Miesner** Vesede = Westervesede in diesem Fall	vemutlich ein Knecht
	Jochim **Meyer**, Volhöfner Deepen, 1628-1671 erwähnt	MEYERS Haus Nr.1
2	Peter **Kohnen** Vahlde, wohl aus Fintel gebürtig	vemutlich ein Häusling
	Lorentz **Heins / Hoyns**, ¼ Höfner Vahlde, 1628-1646 erwähnt	VRENTZ Haus Nr.8
3	Lorentz **Heins / Hoyns**	→ siehe Nr.2
	Hans **Inselmann** (1633, Nr.7, S.217) Westervesede, 1628-1633 erwähnt	PEETS Haus Nr.11
	Peter **Kohnen** Vahlde	→ siehe Nr.2
4	Walle **Kohnen**, Ehefrau von Peter Vahlde	... Häusling
	Lorentz **Heins / Hoyns / Hojens**	→ siehe Nr.2
5	Walle **Kohnen** Vahlde	→ siehe Nr.4
	Hans **Inselmann**	→ siehe Nr.3
	Lorentz **Heins / Hoyns / Hojens**	→ siehe Nr.2

1631/1632

Scheeseler Landgerichts Bruch [291]

°Strafen in Taler / Schillinge / Pfennige z.B. 0-16-6

Nr	Text	Strafe°	Vorwurf / Tat
1	Johan **Textoriuß** hat Berend **Moller** mit einem Messer stechen wollen	½	Handgreiflichkeit
2	Hanß **Heitman** hat Claus **(...)** Scheper *(der Schäfer)* den Kopf mit dem Steibelhacken entzwey geschlagen	½	Körperverletzung
3	Diedrich **Strauß** hat zu Tonnieß **Bremern** gesagt, wat bistu anders alß ein Eahrwolff und mit dem Messer stechen wollen	1	Bedrohung / versuchte Körperverletzung
4	Hinrich **Barchfrede** hat Hinrich **Wahlers** Korn abgemeyet	½	Erntediebstahl
5	Johan **Meyer** hat Peter **Lünseman** in die Hand geblutwundet	½	Körperverletzung
6	Balzer **von Zarrenhusen** den haben Hinrich und Johan **Lühmann** überfallen mit einer Forcken zugesetzet und Ihnen umbs Leben bringen wollen	3	Überfall / Versuchter Mord / Todtschlag
7	Hinrich **Gerken** zu Brockel, Abgabe für seinen "Heusling daselbst"	1	Keine Strafe, sondern eine reine Abgabe, eine Steuer! Es handelt sich um einen doppelten Eintrag, der so übernommen wurde. Siehe Seite 203
8	Hinrich **Delventhal** zu Söhlingen, Abgabe für seinen "Heusling daselbst"	1	
9	Hinrich **Garbers** zu Söhlingen, Abgabe für seinen "Heusling daselbst"	1	
10	Joachim **Holterman** zu Westervesede, Abgabe für seinen "Heusling daselbst"	1	
11	Hinrich **Brockman** zum Lohe, Abgabe für seinen "Heusling daselbst"	1	

Anmerkung: 1631 zogen die katholischen Truppen aus dem Amt Rotenburg ab.

Nr.7-11 sind keine Strafeinträge, sondern eine eingetriebene Steuer, welche dort vermerkt wurde. Diese fünf Einträge sind nur als Beispiel dafür angefügt worden, dass auf dem Landgerichtstag auch Höfesteuern eingezogen wurden. Auch Häuslinge waren davon nicht ausgenommen.

Die LfdNr.6-11 sind auch im nachfolgenden Register unter LfdNr.7-12 enthalten.[292]

---

[291] StA Stade Rep.76 Nr. 1373 S. 86 R, 1631/1632

[292] StA Stade Rep.76 Nr. 9 (alt Hann Def. 76c Be Rtbg Geldregister 1631/32)

zu	Zuordnung	Hof / Haus
1	Johann **Textorius**, der Scheeßeler Küster Scheeßel, 1640-1646 Küster in Scheeßel	KÜSTEREI Haus Nr.33
	Berend **Müller** Scheeßel, der Müller † 1664-1665	MÜHLE Haus Nr.26
2	Hans **Heitmann** Wensebrock, 1631[293] als Baumann erwähnt. *Körperverletzung, Todtschlag oder Mord?*	... Baumann siehe Seite 191
	hat Claus (...) Scheper (der Schäfer)	
3	Diedrich **Strauß**	
	Tonnies **Bremer**, möglicherweise stammte er aus dem Kirchspiel Visselhövede.	
4	Hinrich **Bargfrede** (Vater siehe 1599, S.139) Brockel, 1631 beim Bruder Johann (1605-1673) zusammen mit dem Vaterbruder (Onkel) Johann erwähnt.	 UNTERVOGT ½ Höfner
	Hinrich **Wahlers** Söhlingen, (1631/32, Nr.6, S.191)	
5	Johann **Meyer**, (1631/32, Nr.3, S.193) Helvesiek, 1631-84 erwähnt, □ 1684 Scheeßel	CORDS Haus Nr.19
	Peter **Lünzmann**, (1631/32, Nr.3, S.193) Bartelsdorf vermutlich, wohl Sohn von Claus	ECKEWORT Haus Nr.14
6	Balzer **von Zahrenhausen**, (1631, Nr.7, S.202) Veerse, Rittergut □ 1685 Scheeßel	
	Hinrich **Lühmann**, (1631, Nr.7, S.203) Brockel, (1640/41, Nr.1, S.235)	... ½ Hof
	Johann **Lühmann**, (1631, Nr.7, S.203) Brockel, Hinrichs Verwandter (? Bruder)	 → siehe Nr.6
7	Hinrich **Gerken**, (1639, Nr.47, S.227) Brockel, 1636-1663 erwähnt, ein Clüvermeier	... 1/3 Höfner
8	Hinrich **Delventhal**, (1633, Nr.5, S.215) Söhlingen, (Knecht Joh. Cordes, 1633, S.215)	... Baumann
9	Hinrich **Garbers**, Kötner (1639, Nr.38, S.225) Söhlingen	
10	Joachim **Holtermann**, (1639, Nr.14, S.223) Westervesede	... (Interimswirt)
11	Heinrich **Brockmann** (1639, Nr.22, S.223) Drenloh, 1633-1652 erwähnt	BROCKMANN Haus Nr.1

[293] Einwohnerverzeichnis 1631, Rotenburg Schriften, Heft 8, Jg 1958

1631/1632

Scheeseler Landgericht Bruch (1) [294] - [295](vergleiche Bruch S.188)

Einnahmb Landgerichts Bruch der Vogtey Scheeßel

Nr	Text	Strafe°	Vorwurf / Tat
1	Herman **Küsel** zu Brockel (hat) Christoffer **Cordes** mit einem Meßer in die Schuldern geblutwundet	1	Körper-verletzung
2	Item (Herman **Küsel** hat) Christoffer (**Cordes**) seine frawen mit einem Meßer in den Halß geblutwundet	1	Körper-verletzung
3	Johan **Holste** hat Herman **Küsel** daselbst mit einem Meßer durch den Arm gestoßen	1	Körper-verletzung
4	Item Johan **Holste** (hat) Johan **Küsel** in die Hand geblutwundet	1	Körper-verletzung
5	Item Johan **Holste** (hat) Hermen **Küsel** uff den Kopf geschlagen, und mit dem Meßer in die Handt geblutwundet	½	Körper-verletzung
6	Hermen **Küsel** (hat) Hinrich **Holsten** frawen mit einem Knüppel uff das Haubt geschlagen	1	Körper-verletzung

°Strafen in Talern z.B. 1, oder Taler/Schillinge/Pfennige = z.B. 1-24-8

Bem.:

Warum Johann **Holsten** (Nr.5) lediglich ½ Taler zahlen musste, obwohl er Johann **Küsel** auf den Kopf geschlagen und mit dem Messer eine blutende Wunde verursacht hatte, ist nicht begründet. Möglicherweise lag es daran, dass er bereits einen Taler entrichtet hatte und somit auf insgesamt 1 ½ Taler Strafe kam.

Anmerkung: Diese eine Seite findet sich als Kopie, als Abschrift unter einer anderen Signatur[296] in den Unterlagen wieder. Deswegen wurde sie hier doppelt aufgeführt.

---

[294] StA Stade Rep.76 Nr. 9, 1631/32

[295] Hann Def.76c Be Rtbg Geldreg. 1631/32 (alt)

[296] StA Stade Rep.76 Nr. 1373 Seite 84 V, 1631/1632

zu	Zuordnung	Hof / Haus
1	Hermann **Küsel**, ∗r 1609 Brockel, (Großvater siehe 1587, Nr.35, S.71)	…
	Christoffer **Cordes** Brockel, (1631/32, Nr.1, S.189)	Baumann
2	Anke **Cordes**, Christoffers Frau Brockel (erwähnt im Einwohnerverz. 1631)[297]	
3	Johann **Holsten** Brockel, 1631-39 erwähnt (1639, Nr.12, S.223)	Baumann
	Hermann **Küsel** Brockel	→ siehe Nr.1
4	Johann **Holste**	→ siehe Nr.3
	Johann **Küsel** Brockel	
5	Johann **Holste**	→ siehe Nr.3
	Hermann **Küsel**	→ siehe Nr.1
6	Hermen **Küsel**	→ siehe Nr.1
	Hinrich **Holsten** Brockel, 1631[298] mit seiner Frau Metke, dem Sohn Johann als Baumann erwähnt	½ Hof → siehe Nr.3

Vergleichen Sie die ergänzenden Eintragungen auf Seite 155.

[297] Einwohnerverzeichnis 1631, Rotenburger Schriften, Heft 8, Jg. 1958
[298] Einwohnerverzeichnis 1631, Rotenburger Schriften, Heft 8, Jg. 1958

1631/1632

Scheeseler Landgericht Bruch (2) [299] - [300]

Nr	Text	Strafe°	Vorwurf / Tat
7	Balzer **von Zarrenhusen** den haben Hinrich und Johan **Lühmann** überfallen mit einer Forcken zugesetzet und Ihnen umbs Leben bringen wollen	3	tätlicher Angriff / versuchter Mord oder Totschlag
8	Hinrich **Gerken** zu Brockel, Abgabe für seinen "Heusling daselbst"	1	Keine Strafe, sondern eine reine Abgabe, eine Steuer! Es handelt sich um einen doppelten Eintrag, der so übernommen wurde. Siehe Seite 198
9	Hinrich **Delventhal** zu Söhlingen, Abgabe für seinen "Heusling daselbst"	1	
10	Hinrich **Garbers** zu Söhlingen, Abgabe für seinen "Heusling daselbst"	1	
11	Joachim **Holterman** zu Westervesede, Abgabe für seinen "Heusling daselbst"	1	
12	Hinrich **Brockman** zum Lohe, Abgabe für seinen "Heusling daselbst"	1	

°Strafen in Talern

[299] StA Stade Rep.76 Nr. 9, 1631/32
[300] Hann Def.76c Be Rtbg Geldreg. 1631/32 (alt)

zu	Zuordnung	Hof / Haus
7	Balzer **von Zahrenhausen**, (1631, Nr.6, S.199) Veerse, Rittergut □ 1685 Scheeßel	
	Hinrich **Lühmann**, (1631, Nr.6, S.199) Brockel vermutlich, (1640/41, Nr.1, S.235)	... ½ Hof
	Johann **Lühmann**, (1631, Nr.6, S.199) Brockel, Hinrichs Verwandter (? Bruder)	→ siehe Nr.7
	Häuslinge daselbst	siehe auch das vorgehende Register S.198
8	Hinrich **Gerken** Brockel	LfdNr. 6-11
9	Hinrich **Delventhal** Söhlingen	StA Stade
10	Hinrich **Garbers** Söhlingen	Rep.76
11	Joachim **Holtermann** Westervesede	Nr. 1373 S.87V
12	Hinrich **Brockmann** Lohe	1631/1632

1633

Einnnahm Brüchgeld von dem gehaltenen Gericht zu Sittensen wovon Caspar Schulte den dritten Theil hat und aus den dritten Theil der Gerichtskosten zahlet. [301]

Zum Vergleich einmal auszugsweise einige Brüche aus den bremischen Nachbarvogtein von Scheeßel, die Börden genannt wurden.

Sittensen

Nr	Text	Strafe	Vorwurf / Tat
1	Clauß **Holste** hat Peter **Ficken** mit seinem Beil vom Pferde geschlagen, und also zugesehet, das er ihm umb Gottes willen mußte bitten, ihme das Leben zuschenken, gibt so Rthlr	14 Rthlr 18 ß	Körperver-letzung
2	Peter **Ficken** hat Clauß **Holsten** für eines Wucherichen Dieb gescholten gibt	2 Rthlr 30 ß	Beleidigung
3	Peter **Ficke** hat Anna **Holsten** fur eine bose diebische Sack gescholten, gibt	1 Rthlr 15 ß	Beleidigung
4	Nach benannte haben im Fastelabend Titke **Heßling**, bei nachtschlafender Zeit eine Urige (Uhr) außm Hause genommen, auf der Bauerstede getragen und in einem Pfuhl (Pfütze) geworfen, haben abgeschandet (sich entschuldigt) und geben:		Einbruch und Sachbe-schädigung, wohl auch noch grober Unfug und Störung der Nachtruhe
	Jochim **Ratke**	2-30-0	
	Joachim **Lindes**	2-30-0	
	Clauß **Helmeke**	2-30-0	
	Peter **Schulerman**	7- 9-0	Ein Haupttäter
	Peter **Wahlers**	2-30-0	
	Tonnies **Baden**	7- 9-0	Ein Haupttäter
	Meineke **Meier**	2-30-0	
	Johann **Meier**	2-30-0	
	Peter **Custer**	2-30-0	
	Clauß **Ratke**	2-30-0	

[301] StA Stade Rep.76 Nr. 217, 1633, S.159 -170

zu	Zuordnung	Hof / Haus
1	Claus **Holsten** Westeresch, ½ Höfner, von Schultenmeier	CARSTENS Haus Nr.8
	Peter **Ficken**, vermutlich Knecht in Westeresch vermutlich gebürtig aus Hetzwege Haus Nr.3	…
2	Peter **Ficken**	→ siehe Nr.1
	Claus **Holste**	→ siehe Nr.1
3	Peter **Ficken**	→ siehe Nr.1
	Anna **Holste**, Claus`Ehefrau	→ siehe Nr.1
4	Tietke **Heeßel / Heeßling**, Häusling Helvesiek, gebürtig aus Haus Nr.19	CORDS Haus Nr.19
	Jochim **Rathjen** Helvesiek, Häusling, ∞ mit Anna N.N.	…
	Joachim **Lindes**, Vollhöfner Hetzwege	LINDES Haus Nr.1
	Claus **Helmers**, ½ Höfner Stemmen	JOACHIMS Haus Nr.18
	Peter **Schülermann**, Brinkkötner Scheeßel, 1. bekannter Wirt	SCHÜLERMAN Haus Nr.20
	Peter **Wahlers** Westervesede, (siehe 1631, Nr.1, S.193)	
	Tonnies **Baden** Westeresch, stammte wohl aus KLAUS Hof	KLAUS Haus Nr.1
	Meinke **Meyer**, Kötner Helvesiek	KATENS Haus Nr.11
	Johann **Meyer**, ½ Höfner Helvesiek	CORDS Hof Nr.19
	Peter **Köster**, Vollhöfner Scheeßel	MIESNERS Haus Nr.1
	Claus **Rathjen**, Vollhöfner Helvesiek	OTTEN Haus Nr.18
	Bem.: Zehn Männern wurde dieser Faslamsstreich zu einem teuren Vergnügen. Sie zahlten nicht nur die Bußgelder sondern ersetzten auch den Schaden, womit das „abgeschuldet“, also inklusive einer Entschuldigung zu sehen ist.	

Nr	Text	Strafe	Vorwurf / Tat
9	Hanß **Peters** hat über Gesche **Bellmans** (gesagt) das dieselbe ihme ein Schwein tod gehauen, unfueglich geklaget, gibt	1 Rthlr 15 ß	Verleumdung
11	Hein **Wilckens** hat Johan **Bosche** für einen Alten Schelm gescholten, gibt	2 Rthlr 30 ß	Beleidigung
20	Anna **Ficken** hat Tewes **Wichern** schwangere frauen mit der Faust für die Brust gestoßen, und zu Tewes **Wichern** gesagt, man die Prosche (Brosche) nicht nicht bezahlten wilt, was … sie, gibt	5 Rthlr 27 ß	Sachbeschädi-gung / tätlicher Angriff
24	Hanß **Weseloh** hat Peter **Hopes** auf gefordert und das meßer auf ihn gezogen, gibt	2 Rthlr 30 ß	Bedrohung
25	Peter **Hopes** hat Hanß **Weseloh** die Kiekpen (Kiste) furgeschlagen und gesagt, er wollte ihme Schmißfeigen (Ohrfeigen) geben, gibt	2 Rthlr 30 ß	Körperver-letzung
26	Peter **Hopes** hat Hanß **Weseloh** glügsche (glücklicher) Weise in den Arm gehauwen, gibt	4 Rthlr 12 ß	Körperver-letzung
42	Hein **Wilckens** hat Claußß **Böschen** seine Pferde auß seiner gerechtigkeit außgelöset und an einen Schandphal gebunden, gibt	5 Rthlr 27 ß	
	Bem.: Der Beleg dafür, dass es 1633 in Sittensen auch einen Schandpfahl gegeben hat.		
51	Peter **Dittmers** ist auch mit bei dem Tumult gewesen, gibt	8 Rthlr 24 ß	Unruhestifter
54	Reiner **Textor**, Custer zu Scheßel hat zu Jeerßdorf eine Magd geschwengert, gibt	21 Rthlr 27 ß	Unzucht
55	Heinrich **Moller** ist entleibet, deßen Wittibe gibt grabgeld	1 Rthlr 15 ß	Selbstmord / Grabgeld
56	Christoph **Nacke**, Caspar **Schulten** Voigt hat seine Magd geschwengert und damit also einen ehebruch begangen, ibt	104 Rthlr 24 ß	Ehebruch
Bem.: Der Baron hat ihm eine stolze Summe als Strafe auferlegt!			

zu	Zuordnung	Hof / Haus
9	Hans **Peters**, Stemmen, ½ Höfner	PEETS Haus Nr.25
	Gesche **Bellmann** Sittensen, aber keine Zuordnung möglich.	
11	Hein **Wilckens**, Kötner Groß Sittensen	
	Johann **Bösche** ½ Höfner in Hamersen oder Vollhöfner Vierden	
20	Anna **Ficken** , ggf. die Ehefrau des Vollhöfners Marten **Fike** in Vierden	
	Tewes **Wicherns** schwanger Frau …, nicht zuzuordnen	
24	Hans **Weseloh**, Tiste, ½ Höfner	SCHLOS Haus Nr.11
	Peter **Hoops**, Tiste, Vollhöfner	… Haus Nr.__
25	Peter **Hoops**	→ siehe Nr.24
	Hanß **Weseloh**	→ siehe Nr.24
26	Peter **Hoops**	→ siehe Nr.24
	Hanß **Weseloh**	→ siehe Nr.24
42	Hein **Wilckens**, Kötner Groß Sittensen	→ siehe Nr.11
	Claus **Böschen** Hamersen, Baumann (Landesbeschr. 1647 gen.)	
51	Peter **Dittmcr** (Helvesiek)	
54	Reinhard **Textorius**, Küster zu Scheeßel Scheeßel	Küsterei Scheeßel
	<u>Bem.:</u> Eine interessante Entdeckung. Die Buße hat der Scheeßeler Küster wohl zur Gesichtswahrung in Sittensen ableisten dürfen.	
55	† Heinrich **Müllers** Witwe Groß Wohnste, ½ Hof MÜLLER <u>oder</u> Freetz, Vollhof (Sohn Johann) <u>oder</u> Groß Wohnste, Pflugkötner	
56	Christoph **Nacke**, Voigt der Börde Sittensen Sittensen,	NACKE
	Caspar **von Schulten**, Lehnsherr zur Burg Sittensen und Kuhmühlen	Gut Kuhmühlen

1633

Einnahme Bruchgeld von deme gehaltenen Gericht zu Elsdorf [302]

Auch hiervon erhielt Caspar **von Schulten** ein Drittel der Einnahmen.

Elsdorf

Nr	Text	Strafe	Vorwurf / Tat
1	Heinrich **Grube** hat Heinrich **Intelman** ein Stück gersten(landes), mit den Schweinen gefrettet, gibt	2 Rthlr 30 ß	Ernte-schädigung
2	Martin **Cordes**, Johan **Cordes**, Jürgen **Cordes** und Herman **Fitgen** haben Heinrich **Grubes** überfallen und wie er geklaget, wollen umbbringen geben zugleichen 5 Rthlr 20 ß	20 Rthlr 3 ß	Überfall und tätlicher Angriff / Mordversuch
3	Heinrich **Grube** hat dem Grefen, alß er etliche Leute gepfandet nachgerufen spöttlich, er sollte kommen und ihm auch Pfande, und wie ihn der Grefe darnach wegen der Zulage gepfandet, hätte er ihm die Pfande wieder genommen, gibt	7 Rthlr 9 ß	Beleidigung / Diebstahl einer Pfändung
4	Herman **Bade** und seine frauen haben vom Grefen ein Pfand, mit gewaldt wieder genommen, geben	5 Rthlr 27 ß	Diebstahl einer Pfändung mit Gewalt

[302] StA Stade Rep.76 Nr. 217, 1633, S.171

zu	**Zuordnung**	**Hof / Haus**
1	Heinrich **Grube**	
	Heinrich **Intelmann** , Kötner Elsdorf	
2	Martin **Cordes**	Vermutlich drei Brüder!
	Johann **Cordes** (Rüspel)	
	Jürgen **Cordes**	
	Hermann **Fitschen** Poitzendorf	FITSCHEN Haus Nr.3
	Heinrich **Grube** wurde überfallen!	→ siehe Nr.1
3	Heinrich **Grube**	→ siehe Nr.1
4	Herman **Bade** und	

1633

Einnahme Kehdinger Kirchspielbruche wovon die Grefen und Haubt Leute anstatt ihrer Verkostung und Zehrungh die Helfte so an nachfolgenden Posten abgezogen ist, Inerheben und Zugewießen haben, ANNO 1633 [303]

Das Kirchspiel Bützfleth liegt im Land Kehdingen an der Unterelbe. Die Überschrift dieses Bruches weist bereits deutlich darauf hin, dass es hier ein gänzlich anderes Verfahren, bezüglich der Verteilung der Einnahmen, als im „bremischen" Elsdorf oder Sittensen gab. Auch anhand der gewählten Begriffe unterscheiden sich diese Regionen.

Bützfleth

im Kirchspiel Butzfleit

Nr	Text	Strafe	Vorwurf / Tat
1	Olrich **Hullemann** hat Simon **Blomen** gehuset und gescholten, gibt 1 ½ Rthlr	2 Rthlr 6 ß	Beleidigung gehuset/besucht
2	Olrich **Hullemann** hat Johan **Wulffs** frauwen injunzüret, gibt 1 Rthlr	1 Rthlr 15 ß	Körperver-letzung
3	Simon **Blomen** hat Olrich **Hullemann** injunzüret, gibt ½ Rthlr	24 ß	Körperver-letzung
	Bem.: Zahlte **Blomen** für die gleiche Tat gegenüber einem Mann weniger als **Hullemann** (Nr. 2), oder begründete sich die Höhe im Vermögen und bisherigem Verhalten oder dem Geschlecht einer der Personen? Unter Nr. 6 scheint es einen Hinweis auf diese Frage zu geben. Gewalt eines Mannes gegen eine Frau wurde also höher bestraft, als Gewalt unter Männern.		
	Bem.: injunzüret = injizieret = etwas in den Körper einbringen im Sinne von „gestochen". Dies könnte mit einem Messer, Pickel oder einem anderen spitzen Gegenstand geschehen sein.		
4	Claußß **Langen** hat Olrich **Hullemann** gewaldt gethan, gibt 1 Rthlr	1 Rthlr 15 ß	Körperver-letzung
5	Clauß **Langen** hat Hartwig **Strubes** Hofe eine Schußel und Eyed Zinen genommen, gibt 1 ½ Rthlr	2 Rthlr 6 ß	Diebstahl
6	Clauß **Langen** hat Heinrich **Meier** injunzüret, gibt ½ Rthlr	24 ß	Körperver-letzung
7	Martin **Meiers** tochter hat sich von einem Soldaten laßen schwengern, gibt	7 Rthlr 9 ß	Unzucht
	Bem.: Es wird im bremischen, aber auch hier im Bruch geschrieben: „*gibt 5 Rthlr*" und in der Summe zahlt sie aber 7 Rthlr 9 ß		

[303] StA Stade Rep.76 Nr. 217, 1633, S.291-295

8	Heinrich **Klindworth** hat Alheit **Bösen** geschwengert, gibt 5 Rthlt	7 Rthlr 9 ß	Unzucht
	Das Weib gibt 3 Rthlr	4 Rthlr 12 ß	Unzucht
	Bem.: Hier kommt offensichtlich eine Art Verwaltungsgebühr zur Strafe hinzu, gleich den heutigen Bußgeldern bei Verstößen im Straßenverkehr. Auch wird zwischen Mann und Frau unterschieden. Ob dieses auf das Geschlecht oder Vermögen bezogen geschah, kann anhand eines Eintrages alleine nicht beantwortet werden.		
9	Johann **Schmeleke** hat Jacob **Hullmann** uff dem Herrwege uberfallen, gibt ½ Rt	24 ß	Überfall
11	Johann **Ottens** hat Martin **Wulfes** Frauen injunzüret, gibt ½ Rthlr	24 ß	Körperverletzung
12	Claus **Hop (Hoop)** ist Otto **Wicken** mit unbeschrieben Worten angekommen, gibt ½ Rthlr	24 ß	Beleidigung
15	Clauß **Lange** hat wieder Verbott umb Geld gespielet, gibt 1 Rthlr	1 Rthlr 25 ß	Verstoß gegen Spielverbot.
19	Clauß **Widte** ist wider Verbott in der erndte uber der Elbe gewesen, gibt 1 ½	2 Rthlr 6 ß	Verstoß gegen ein Verbot.
20	Johan **Suling** der Schiffer so ihn uberfuhret gibt 1 Rthlr	1 Rthlr 15 ß	Verstoß gegen ein Verbot.
21	Cord **Strunk** ist wider Verbott in der Ernd uber der Elbe gewesen, gibt 1 ½ Rt	2 Rthlr 6 ß	Verstoß gegen ein Verbot.
31	Dionißt **Olde** hat seine Magd geschwengert und aber hernach geeheljk, gibt 1 ½	2 Rthlr 6 ß	Unzucht
	Bem.: Für jeden der seine Ahnen sucht ist solch ein Eintrag ein Segen, gibt er doch ein Beleg für das Jahr einer Hochzeit.		
32	Dioniß **Olde** hat H. Valtentin **Brietenharts** Sohn überfallen wollen, gibt 1 ½	2 Rthlr 6 ß	Überfallversuch
33	Dioniß **Olde** hat etlich verdechtig Vieh von hier verschiffet, gibt 1 Rthr	1 Rthlr 15 ß	Verdacht des Diebstahl
34	Dioniß **Olde** ist auß dem Arrest gegangen, gibt 1 Rthlr	1 Rthlr 15 ß	Flucht
	Bem.: Dioniß **Olde** war sicherlich kein unbeschriebenes Blatt. Die Brüche geben auch hier eine Menge Auskünfte über den Einzelnen.		
35	Heinrich **Meier** hat mit den Soldaten gehandelt, gibt 2 Rthlr	2 Rthlr 30 ß	Verstoß gegen ein Verbot.
Bem.: Für diese auswertigen Brüche ist im Buch keine Zuordnung vorgesehen.			

1633

Register des Hauses und Amts Vohrde von Ostern des 1633 Jahrs inclusive biß wieder auf Ostern des 1634 Jahrs exclusive [304]

Durch mich Volken **Boksen** gehalten und berechnet.

Das Kirchspiel Oldendorf liegt in der Bremer Vörde, zwischen Himmelpforten und der Stadt Bremervörde. Die Überschrift dieses Bruches weist auf den Zeitraum des üblichen Rechnungsjahres, aber auch auf den Gerichtsherrn, das Amt Vörde hin. Das Register beginnt auf diesem Landgericht mit den Weinkäufen, dann folgen die Holzbrüche, die Holzfuhren, das Bühnengeld und am Ende schließlich die „gemeinen Brüche".

Oldendorf

Einnahme Holzbruche Anno 1633

Nr	Text	Strafe	Vorwurf / Tat
33	Johan **Tiedemann** zu Altenwistedt hat die Alte Pastorsche zu Krieg Wilstede von Krieghofe gestoßen und schlagen wollen, gibt 2 Rthlr	2 Rthlr 30 ß	Gewaltanwendung
122	Die Meier Imseit der Lühen, wegen versessenen Holzdienstes 4 Rthlr	5 Rthlr 27 ß	Dienstpflichtverletzung
Bem.: Mit insgesamt 122 Strafen in diesem Holzbruch ist die Anzahl der erwischten Täter sehr hoch, aber auch der Bedarf der Bevölkerung an Brennmaterial ablesbar. Tillys Truppen waren erst seit einem Jahr fort und die Folgen für die hier lebenden Menschen sind nicht im Detail beschrieben, aber die Not war vorhanden.			

Oldendorf

Einnahme gemeinerfälle und Brüche Anno 1633

Nr	Text	Strafe	Vorwurf / Tat
5	Den 20. Augusti: Von Veit **Ficken** zu Alerstede (Ahlerstedt), wegen deßen das er Gretken **Ropers** geschwengert, zur straf und Plagen (gibt) 15 Rthlr	21 Rthlr 27 ß	Unzucht

[304] StA Stade Rep.76 Nr. 217, 1633, S.113-143

6	Den 12. Ottob.: Johan **Rese** hat nach 8 Uhren des Abends L.X.M. Verordnung zuwider in seinem Hause Bier geschenket, wie auch Johan **Magers** desgleichen, geben jehrlicher so: Sei 20 Kriegsthaler daraus den Persohn der es angezeiget 5 pleibe 15 Rthlr thun	21 Rthlr 27 ß	Unerlaubter Bierausschank
	Bem.: Von Interesse ist der Hinweis, dass der Täter dem Denunzianten 5 Taler seiner Strafe zahlen musste. Es scheint eine Belohnung auf solche Vergehen gegeben zu haben.		
7	Christian **Hagenah**, (ein) Zollner hat mit seiner Magd einen ehebruch begangen, hat abgehandelt und gibt zur Strafe 200 Rthlr	290 Rthlr 30 ß	Unzucht
8	Den 13. Novemb.: Christina, Johann **Meiers** nachgelßener Wittibe hat alßbald nach ihres sel. Mannes ableiben, sich von einem Sergeanten laßen beschlafen, gibt 50 Rthlr thun	72 Rthlr 24ß	Unzucht innerhalb des Trauerjahres
55	Johann **Warneken** hat Hein **Böschen** auf selbigen Hofe für eines Proper gescholten, gibt 2 Rthlr	2 Rthlr 30 ß	Beleidigung
56	Hein **Böschen** hat Johann **Warneken** auf selbigen Hofe für eines Schellm und für einen Dieb gescholten, gibt 3 Rthlr	4 Rthlr 12 ß	Zweifache Beleidigung
57	Diertich **Frese** (der) Voigt zu Wremen Cappel hat in verschiedenem ehestand (als Witwer) eine andere Person beschlafen und also einen ehebruch begangen, gibt deshalber Zur strafe 150 Rthlr, thun alhie zur Helfte	109 Rthlr 3 ß	Unzucht innerhalb des Trauerjahres
61	Heinrich **von (der) Rönne** Wittib hat am Schrily, auf die E.F.B. wegen Annen vom Bruche angefallenen Geldern auf rechnung nach geliefert 142 ½ Rthlr thun von 48 zu 33 ß	207 Rthlr 9 ß	Wohl eine Strafe wegen Nichtzahlens
Bem.: Für diese auswärtigen Brüche ist im Buch keine Zuordnung vorgesehen. Für Unzucht wurden hier im bremischen, im Gegensatz zur Vogtei Scheeßel sowie dem Amt Rotenburg, im Verdischen gelegen, sehr viel höhere Strafen verhängt, die in der Regel nur ein bis fünf Taler betrugen. In Wiederholungsfällen oder mit der Schwägerin wurden auch schon einmal 30 oder 60 Taler gefordert.			

1633

Landgerichts Brüche zu Schessell (1) [305]

Nr	Text	Strafe°	Vorwurf / Tat
1	Johan **Wahlers** hat Johan **Röders** vor einen Dieb gescholten, Er hat ihm den Honig aus der erden gegraben.	2	Diebstahl von eingelagertem Honig
2	Dierich **Röerß** *(hat)* Johan **Wahlers** zu vor ein falschen Schelm gescholten und vor die thür gelaufen. Item der Ehefrawen den stuhl uff den Kopf geschlagen.	2	Beleidigung / Körper-verletzung
3	Peter **Ficken** *(hat)* Lütke **Wichern** vor ein Pferde Dieb gescholten	1	Diebstahl
4	Christoffer **Witte** zu Tewel hat Johan **Wahlers** Frau mit ein Meßer ins Steiß gestoßen?	2	Körper-verletzung
5	Johan **Cordes** hat mir einer S… ... Carsten **Witten** eingeworfen und seine Wirt Hinrich **Delventhal** vor einen Schelm gescholten.	1	Sachbeschädi-gung / Beleidigung
	Summe	8	

°Strafen in Talern

[305] StA Stade Rep.76 Nr. 10 (alt), 1633

zu	**Zuordnung**	**Hof / Haus**
1	Johann **Wahlers** Söhlingen, 1646 als Häusling erwähnt (1640/41, Nr.2, S.229)	… Häusling
	Johann **Röhrs** Bothel, 1628-39 erwähnt (1639, Nr.32, S.225)	nicht Haus Nr.6 RÖHRS
2	Diedrich **Röhrs**, 1639 war er also verheiratet Söhlingen, 1631[306] erwähnt als Johanns Sohn	…
	Johann **Wahlers**	→ siehe Nr.1
3	Peter **Ficken**, (siehe 1633, Nr.2, Seite 205) Vermutlich stammte er aus Hetzwege Hof Nr.3	…
	Lütke **Wichern** (Zuordnung nicht möglich) ✱um 1595, Halbhöfner Stemmen Nr. 9 ✱um 1580, Halbhöfner Stemmen Nr.17 ✱um 1615, Knecht auf Stemmen Nr.17	
4	Christoffer **Witte**, Kirchspiel Neuenkirchen Tewel, eventuell der Bruder von Peter, 1646 als Vollhöfner ebenda erwähnt.	Vollhof
	Johann **Wahlers**	→ siehe Nr.1
5	Johan **Cordes** Wensebrock, 1631 mit Frau und Kindern und dem Bruder Claus **Wanken** erwähnt, oder der in Söhlingen, Knecht bei Hinrich **Delvendahl** (s.u.)	Baumann Knecht
	Carsten **Witten**, eine Zuordnung nicht möglich, stammte wohl aus dem Kirchspiel Neuenkirchen	
	Hinrich **Delventhal** Söhlingen, (1631/32, Nr.8, S.199)	… Baumann

[306] Einwohnerverzeichnis 1631, Rotenburger Schriften, Heft 8, Jg 1958

1633

Landgerichts Brüche zu Schessell (2) [307]

Nr	Text	Strafe°	Vorwurf / Tat
6	Thomas **Wiedemann** hat Meineke **Belmann** vor ein Plackendieb gescholten, nicht bewiesen- ergo selbst	½	Denunziation / Anzeige / Denunziant wurde bestraft
7	Hans **Inselman** hat Hinrich **Brockman** mit einem Backelhotz ein Loch in den Kopf geschlagen	1	Körper-verletzung
8	Thomas **Wiedemann** Ehefrau hat Christoff **Wohlberg** vor ein schraicken (schrägen) *katholischen* Schelm gescholten	½	Beleidigung
9	Christoffer **Wohlberg** (hat) Thomas **Wiedemann** Ehefrau in ihrem eigenen Hause geschlagen undt gescholten	½	Körper-verletzung und Beleidigung
10	Jochim **Hastede** zu Lohe hat Heine **Brockman** vor einen alten Schelm und Bosewicht gescholten	1	Beleidigung
11	Peter **Verseman** (hat) Jacob **Mießner** vor einen Schelm gescholten	1	Beleidigung
12	Johan **Dreier** (hat) den **K....** Ehrven (Erben) mit einem Beil ein Loch in den Arm geschlagen.	½	Körper-verletzung
	Summe	5	

°Strafen in Talern

[307] StA Stade Rep.76 Nr. 10 (alt), 1633

zu	**Zuordnung**	**Hof / Haus**
6	Thomas **Wiedemann** Scheeßel, 1599-1633 erwähnt	WIEDEMANN Haus Nr.22
	Meineke **Bellmann** Scheeßel, 1631-1646 erwähnt	BELLMANN Haus Nr.15
7	Hans **Inselmann** Westervesede, 1628-1633 erwähnt	PEETS Haus Nr.11
	Hinrich **Brockmann** Drenloh, 1633-1650 erwähnt	BROCKMANN Haus Nr.1
8	Tönnies / Thomas **Wiedemanns** Frau Scheeßel, Adelheid geb. **Becker**	WIEDEMANN Haus Nr.22
	Christoff **Wohlberg**, Schmied Scheeßel, 1628-1666 erwähnt	SCHMEERS Haus Nr.14
9	Thomas **Wiedemanns** Frau Scheeßel, Adelheid geb. **Becker**	WIEDEMANN Haus Nr.22
	Christoff **Wohlberg** zu Scheeßel	→ siehe Nr.8
10	Jochim **Hastede**, 1628 noch Hetzwege Drenloh	KRÖGER Haus Nr.2
	Heine **Brockmann**, Sohn vom Jürgen, Häusling Osterevesede, 1633-1638 erwähnt	... (Knecht)
11	Peter **Veersemann** Ostervesede, 1633-1648 erwähnt	KATMANN Haus Nr.14
	Jacob **Miesner** Westervesede, 1631-1641 erwähnt	DIERDES Haus Nr.13
12	Johann **Dreyer** (Zuordnung nicht möglich) Westerholz, Häusling und Schäfer Westerholz, Halbhöfner auf JÜRGENS Haus Nr.6	
	K... Erben	

1638/1639

Amt Rotenburg Geldeinnahmen / -ausgaben Michaeliszinz [308]

Nr	Text	Vorwurf / Tat
1	Wittkopsbostel Titke gibt kein Geld undt beeichtet dem Voigtt das es ihme auß gnaden geschenket sey	Armut
	Zuordnung	**Hof / Haus**
	Bei Titke handelt es sich um Tietke **Bassen**, Zweidrittelhöfner, 1628-1664 erwähnt † zwischen dem 12.04.1664 – 06.02.1670	HILMER Haus Nr.3
Bem.: Dieses Beispiel macht deutlich, dass verarmte oder wüste (nicht bewirtschaftete oder verlassene) Höfe Steuern erlassen wurden. Ob der Amtsvogt diese Entscheidung selbst treffen durfte, oder ob er diese dem Amtmann vorzulegen hatte, ist nicht überliefert.		

[308] StA Stade Rep.76 Nr. 8 (alt), 1639

1639

Landtgerichtsbrüche Kirchspiel Scheeßel (1) [309]

Nr	Text	Strafe°	Vorwurf / Tat
1	Johann **Mahnken** hat Jacob **Mießner** mit einem Meßer in die Schulter verwundet	½	Körper-verletzung
2	Johan **Belman**, Meinke **Belmans** Sohn, (hat) Tönnies **Wiedemanns** frawen vor eine Hur gescholten undt ihnen vor einen Dieb	2	Beleidigung
3	Johan **Belman** (hat) mit einem Beil Tonnies (**Wiedemanns**) fro vor die gewesen	½	Bedrohung
4	Johan **Belman** (hat) Tonies (**Wiedemanns**) frowen mit einem Stock das den Fraun kindt blaw geschlagen	½	Körper-verletzung
5	Tonnies **Wiedemans** Frowen hat Johan **Belman** vor eines langharigen Schelm gescholten ihr sollte noch ein galgen hardwogen	½	Beleidigung / Drohung
6	Johan **Belman**, (hat) Alheits **Beckers** von einen neunäigige Dipsche hadt gescholten	1	Beleidigung
7	Item (Johan **Belman**) hat derselbe nachgelaufen und (ihr) mit einem Stein auf der Schulter geschlagen	½	Körper-verletzung
8	Hermen **Lümans** zu Oldenhöfen (hat) Berendt **Möller** vor einen Schelm gescholten und Bauernschinder	1	Beleidigung
9	Hermen **Coster** (hat) Berendt **Möller** mit das Meßer in des arm gestochen	1	Körper-verletzung
10	Peter **Gercke** undt Berendt **Möller** (haben) Hermen **Coster** mit einem Zimmerbauer undt ehr arm und schulder braun undt blau geschlagen.	2	Körper-verletzung
11	Peter **Gerke** hat Claus **Wichering** zu Scheeßel zweymal mit das Schrapstock zur Erde geschlagen	½	Körper-verletzung

°Strafen in Talern z.B. 1, oder Taler/Schillinge/Pfennige = z.B. 1-24-8

[309] StA Hann 74 I Rotenburg Be (alt), Michaeliszins, 1639

zu	Zuordnung	Hof / Haus
1	Johann **Mahnken** Jeersdorf, 1641-1672 erwähnt	BROCKMANN Haus Nr.2
	Jacob **Miesner** Westervesede, 1631-1641	WEHRMANN Haus Nr.13
2	Johann **Bellmann**, Meinke **Bellmanns** Sohn Scheeßel, 1639 3x erwähnt	BELLMANN Haus Nr.15
	Meineke **Bellmann** Scheeßel, 1631-1646 erwähnt	BELLMANN Haus Nr.15
	Tönnies **Wiedemanns** Frau Scheeßel, Adelheid geb. **Becker**	WIEDEMANN Haus Nr.22
3	Johann **Bellmann**, Meinkens Sohn in Scheeßel	→ siehe Nr.2
	Tonnies **Wiedemanns** Frau in Scheeßel	→ siehe Nr.2
4	Tonnies **Wiedemanns** Frau in Scheeßel	→ siehe Nr.2
5	Johann **Bellmann**, Meinkens Sohn in Scheeßel	→ siehe Nr.2
6	Johann **Bellmann**, Meinkens Sohn in Scheeßel	→ siehe Nr.2
	Adelheid geb. **Becker** Scheeßel, Thomas **Wiedemanns** Frau	WIEDEMANN Haus Nr.22
7	Johann **Bellmann**, Meinkens Sohn in Scheeßel	→ siehe Nr.2
8	Hermen **Lühmann**, 1. bekannter Wirt ebenda Oldenhöfen, 1639-1650 erwähnt	LANGEN Haus Nr.1
	Berendt **Müller** Scheeßel, 1631-1664 erwähnt	MÜHLE Haus Nr.26
9	Hermen **Köster**, einziger zu der Zeit im Amt Waffensen, 1638-1650 erwähnt Es könnte auch ein Sohn des Scheeßeler Voll- höfners und Untervogts **Köster** <u>oder</u> ein Sohn des Vollhöfners Peter **Köster** gewesen sein.	... ½ Höfner UNTERVOGT Haus Nr.4 MIESNERS Haus Nr.1
	Berendt **Müller** in Scheeßel	→ siehe Nr.8
10	Peter **Gerken** Jeersdorf, 1641-1684 erwähnt, □ 1684	GERKEN Haus Nr.3
	Berendt **Müller** in Scheeßel	→ siehe Nr.8
	Hermen **Köster** in Scheeßel	→ siehe Nr.8
11	Peter **Gerken**	→ siehe Nr.10
	Claus **Wichern** in Scheeßel (als Knecht) gebürtig aus Stemmen, ab 1640 Halbhöfner in Stemmen, 1638-1690 erwähnt, □ 20.10.1690	DIERS Haus Nr.19

1639

Landtgerichtsbrüche Kirchspiel Scheeßel (2) [310]

Nr	Text	Strafe°	Vorwurf / Tat
12	Magdalena **Rohers** zu Brockel (hat) Johan **Holsten** daselbst vor einen verlogenen Schelm gescholten	½	Beleidigung
13	Heinrich **Meinke** zu Brockel frau hat Curdt **Lühman** zu Brockel vor einen krummbeinigen und großkoouthes Schelm gescholten	1	Beleidigung
14	Lütke **Cordes** zu Sohlingen hat Johan **Holtmanns** daselbst vor einen Dieb gescholten	1	Beleidigung
15	Diedrich **Hastedt** in Heitzwehde (hat im) holtz einen Baum gehauen	2	Holzfrevel
16	Claußsß **Baße** zu Heitzwede (hat) einen Baum in Heitzweder Holtz gehauen, gesagert und nach Stade gefuhret	2	Holzfrevel
17	Hanß **Schleßelman** (hat) eine Buche in Heitwehder holtz gehauen	2	Holzfrevel
18	Jochim **Lindes** hat eine Eiche in Heitwehder holtz gehauen	2	Holzfrevel
19	Curdt **Lüdeman** frau zu Brockel (hat) Hinrich **Mahnken** zugelegt, das ehr wohl 20 Schaffelle in die Erde eingraben, die ehr seines Junkers vorbehieltt	1	Unterschlagung
20	Marten (**Meyer**) im Meierhofs Sohn Berendt hat Tietkens **(...)** die Hand lahm gehauen	2	Körperverletzung
21	Hanß **Wahlers** zu Westervesede hat einen Häusling	1	Es handelt sich nur um eine Abgabe, keine Bußgelder. Liste ist doppelt geführt. Siehe Seite 226 Nr.43-47
22	Heinrich **Brockmann** zum Lohe hat einen Häusling	1	
23	Berendt **Urban** zu Scheeßel hat eine Häusling	1	
24	Hinrich **Gerken** zu Brockel hat einen Häusling	1	
25	Johan **Gerken** hat einen Häusling zu Brockel	1	

°Strafen in Talern z.B. 1, oder Taler/Schillinge/Pfennige = z.B. 1-24-8

Bem.: 19-25 sind doppelt eingetragen, siehe ab Nr.40

[310] StA Hann 74 I Rotenburg Be (alt), Michaeliszins, 1639

zu	Zuordnung	Hof / Haus
12	Magdalena **Röhrs**, diente wohl als Magd in Brockel, dort gab es zu der Zeit keine **Röhrs**.	
	Johan **Holsten** (siehe 1631/32 Nr.3, S.189) Brockel, 1631-1639 erwähnt	Baumann
13	Heinrich **Mahnkens** Frau Brockel, 1631 noch nicht ebenda erwähnt.	→ siehe Nr.19
	Cord **Lühmann** senior Brockel, 1628-1640 erwähnt	WOHLENS Kate
14	Lütke **Cordes**, 1631 mit Frau Marie erwähnt Söhlingen, Vater des Lütke **Röhrs** gen. Cordes	SCHMIDTS ½ Höfner
	Johann **Holtermann**, (1631/32, Nr.10, S.199) Westervesede	… (Interimswirt)
15	Diedrich **Hastedt**, siehe Hexenprozess 1665 Hetzwege, ✳r 1597 † 1670-1676	HASTEDT Haus Nr.6
16	Claus **Bassen** Hetzwege, 1636-1662 erwähnt	KLAUS Haus Nr.4
17	Hans **Schleeßelmann** Hetzwege, 1628-1641 erwähnt	HANSCHEN Haus Nr.2
18	Jochim **Lindes** Helvesiek, 1639-1666 erwähnt	BOKELS Haus Nr.3
19	Cord **Lüdemann** senior Frau Margaretha Brockel siehe oben Nr.13	WOHLENS Kate
	Hinrich **Mahnken**, 1631 noch nicht erwähnt. Brockel, Er hat nach Brockel eingeheiratet!	→ siehe Nr.13
20	Marten **Meyer**, Martens Hof im Meierhof Scheeßel, 1599-1641 erwähnt	MARTENS Haus Nr.2
	Berendt **Meyer**, Vater Marten: siehe oben Scheeßel, 1639 erwähnt	MARTENS Haus Nr.2
	Tietkens (…)	
21	Hans **Wahlers** Westervesede, 1628-1648 erwähnt	WAHLS Haus Nr.19
22	Heinrich **Brockmann** Drenloh, 1633-1652 erwähnt	BROCKMANN Haus Nr.1
23	Berendt **Urban**, keine Nennung in Scheeßel[311] Brockel, Sohn Joh. ist in Brockel Tischler	… (Interimswirt)
24	Hinrich **Gerken**, Bruder von Johann (Nr.25) Brockel, 1636-1663 erwähnt, ein Clüvermeier	… 1/3 Höfner
25	Johann **Gerken**, Bruder von Hinrich (Nr.24) Brockel, 1631 noch Knecht beim Bruder	… Baumann

[311] Hier liegt offensichtlich ein Schreibfehler vor: Scheeßel statt Brockel!

1639

Landtgerichtsbrüche Kirchspiel Scheeßel (3) [312]

Nr	Text	Steuer	Bemerkung
26	Hinrich **Titke** hat einen Häusling	1	Es handelt sich nur um eine Abgabe, keine Bußgelder
27	Hinrich **Lange** zu Solingen hat einen Häusling	1	
28	Anneke **Fruchtenicht** hat einen Häusling	1	
	Nachfolgende Botler haben ihren Dienst nicht gebracht	Strafe°	Vorwurf / Tat
29	Lütke **Lünßman** im Meierhof	1	Dienstpflichtverletzung gegenüber dem Amt, was die Hand- und Spanndienste betrifft. Es war üblich, wenn jemand seinen Herrendienst nicht erfüllte, eine Strafe zu zahlen.
30	Johan **Delventhal** (Höfner)	1	
31	Marten **Ewes** (Höfner)	1	
32	Johan **Roers** (Höfner)	1	
33	Hinrich **Roers** (Höfner)	1	
34	Hinrich **Schele** (Höfner)	1	
35	Claus **Delvendahl** (Höfner)	1	
36	Michel **Lünßman** (Höfner)	1	
37	Hermen **Schele**, Kötner	1	
38	Hinrich **Garbers**, Kötner	1	
39	Hinrich **Meyer**, Kötner	1	

°Strafen in Talern

[312] StA Hann 74 I Rotenburg Be (alt), Michaeliszins, 1639

zu	Zuordnung	Hof / Haus
26	Hinrich **Tietjen**, einzige Nennung Brockel, Sohn Jacob ✻r 1626, LMR 1691	... ½ Höfner
27	Hinrich **Lange** (1599, Nr.29, S.135) Söhlingen, 1628-1646 erwähnt	LANGEN ½ Höfner
28	Anneke **Früchtenicht** Brockel, 1631-1641 erwähnt, auch Hexensachen	... ½ Höfner
29	Lütke **Lünzmann** im Meierhof Bothel, 1631 als Sohn von Harm sen. erwähnt.	MEIERHOF Häusling
30	Johann **Delventhal** Bothel (Vater Clauß siehe 1592, Nr.28, S.109)	Brinkkötner
31	Marten **Evers**, Höfner im Kirchspiel Brockel Bothel vermutlich	(Interimswirt)
32	Johann **Röhrs** Bothel, 1628-39 erwähnt (1633, Nr.1, S.215)	nicht Haus Nr.6 RÖHRS
33	Hinrich **Garbers**, Kötner (1631, Nr.9, S.199) Söhlingen	
34	Henrich **Scheele**, ½ Höfner Bothel, (Vater siehe 1610, Nr.26, S.119)	
35	Claus **Delventhal**, Bothel, (1592, Nr.28, S.109)	
36	Michel **Lünzmann** (Hofnamensgeber) Bothel, Vollhöfner, 1631 bereits erwähnt.[313] (Großvater Johann, 1592, Nr.15, S.113)	MEIERHOF Haus Nr.1, auch MICHELS, später KÖHRS
37	Hermen **Scheele**, Kötner Bothel, 1631[314] als Knecht beim Bruder genannt	...
38	Hinrich **Garbers**, als Kötner Bothel, 1631 mit Frau Alheit und Tochter Marie gen.[315]. Sein Großvater Hinrich wurde 1587, Nr.31, S.71 und sein Vater 1599, Nr.4, S.131 erwähnt.	aus GARBERS Haus Nr.20
39	Hinrich **Meyer**, Kötner Bothel, 1646[316] genannt u. noch 1663[317] erwähnt.	...

[313] Einwohnerverzeichnis 1631, Rotenburger Schriften, Heft 8, Jg. 1958
[314] Einwohnerverzeichnis 1631, Rotenburger Schriften, Heft 8, Jg. 1958
[315] Einwohnerverzeichnis 1631, Rotenburger Schriften, Heft 8, Jg. 1958
[316] StA Stade Rep.5b F.119 Nr.183 I, Kontributionsregister 1646
[317] StA Stade Rep.5b Fach 119 Nr. 183 III, Kopfschatz, 1663

1639

Landtgerichtsbrüche (4) [318]

Nr	Text	Strafe°	Vorwurf / Tat
40	Jochim **Lindes** hat ein Eichen aus des Hetzweder Holtz gehawen	2	doppelt → siehe Nr.18
41	Curdt **Lüdemanns** Fraw zu Brockell (hat) Hinrich **Mancke** zugelegt, das ehr will 20 Schafe Felle in die Erde gegraben die ehr seines Junckes vorbehieltt	1	doppelt → siehe Nr.19
42	Marten im Meyerhofes Sohn Berendt (hat) Tietkens die handt Lahm gehawen	2	doppelt → siehe Nr.20
	Häuslinge		
43	Hanß **Wahlers** zu Westervesede hat einen Häusling	1	Es handelte sich nur um eine Abgabe, keine Bußgelder. Liste ist doppelt geführt. Siehe Seite 222 Nr.21-25
44	Hinrich **Brockmann** zu Lohe hat einen Häusling	1	
45	Berendt **Urban** zu Scheeßel hat einen Häusling	1	
46	Hinrich **Gerken** zu Brockel hat einen Häusling	1	
47	Johann **Gerken** hat einen Häusling	1	
48	Hinrich **Lange** zu Söhlingen hat einen Häusling	1	→ siehe Nr.27
49	Anneke **Früchtenicht** hat einen Häusling	1	→ siehe Nr.28

°Strafen in Talern

[318] StA Hann 74 I Rotenburg Be (alt), Michaeliszins, 1639

zu	**Zuordnung**	**Hof / Haus**
40	Jochim **Lindes** Helvesiek, 1639-1666 erwähnt	→ siehe Nr.18
41	Cord **Lüdemann** senior Frau Margaretha Brockel siehe oben Nr.13	→ siehe Nr.19
	Hinrich **Mahnken**, 1631 noch nicht erwähnt. Brockel, Er hat nach Brockel eingeheiratet!	→ siehe Nr.19
42	Marten **Meyer**, Martens Hof im Meierhof Scheeßel, Martens Sohn Berendt	→ siehe Nr.20
	Berendt **Meyer**, Martens Sohn Scheeßel, 1639 erwähnt	→ siehe Nr.20
	Tietkens (…)	→ siehe Nr.20
	Nachfolgende haben einen Häusling	
43	Hans **Wahlers** Westervesede, 1628-1648 erwähnt	→ siehe Nr.21
44	Heinrich **Brockmann** Drenloh, 1633-1652 erwähnt	→ siehe Nr.22
45	Berendt **Urban**, keine Nennung in Scheeßel[319] Brockel, Sohn Johann ist in Brockel Tischler und Häusling	→ siehe Nr.23
46	Hinrich **Gerken**, Bruder von Johann (Nr.25) Brockel, 1636-1663 erwähnt, ein Clüvermeier	→ siehe Nr.24
47	Johann **Gerken**, Bruder von Hinrich (Nr.24) Brockel, 1631 noch Knecht beim Bruder	→ siehe Nr.25
-	Hinrich **Tietjen** aus Brockel fehlt im Original in dieser doppelten Auflistung.	→ siehe Nr.26
48	Hinrich **Lange** Söhlingen, 1628-1646 erwähnt	→ siehe Nr.27
49	Anneke **Früchtenicht**, (1640/41, Nr.2, S.231) Brockel, 1631-1641 erwähnt, auch Hexensachen	→ siehe Nr.28

[319] Hier liegt offensichtlich ein Schreibfehler vor: Scheeßel statt Brockel!

1640/1641

Landgericht zu Scheeßel [320]

Einnahmb Schesell

Nr	Text	Strafe°	Vorwurf / Tat
1	Jacob **Miesner** hat bei gehaltenen Landtgericht Curdt **Eindorffes** zu Bartelsdorff ein Loch in den Kopff geschlagen	1	Körperverletzung während des Gerichtstages
2	Johan **Wahlers** hat Christoffer **Bleckwedell** von Witzendorff mit einen Stück Holtzes ins Angesichte gebludtwundt oben dem Auge	1	Körperverletzung
3	Berent **Schulerman**	2	
4	Gerdt **Tamke**	2	
5	Marten **Meyer**	2	
6	Peter **Schulerman** der habe Jürgen **Holsten** *Tödlich* in den Kopff Verwundet, also das der Veltscherer an seinen Leben gezweifelt, giebt	2	Körperverletzung mit Todesfolge ?
7	Johan **Gercken** zu Westervesede (hat) Meinke **Meyer** mit einem Stuel auf den Kopff geschlagen das er zu den Boden gefallen	1	Körperverletzung
8	Berent **Schulerman** (hat) Hinrich **Holleman** zu Westervesede mit einem Stücke Holtzes 2 Wunden in den Kopff geschlagen	1,5	Körperverletzung
9	Hinrich **Volckmar** zu Wester Vesede hat Gerdt **Meinken** Uff dem Kopff geblutwundet....	1	Körperverletzung
10	Gerd **Kordes** von Burchwede hat Berent **Miesner** zum Isenhagen mit dem Rohr ein ...rundt In den Kopff geschlagen. Andres ..rebs will solches schaffen	1,5	Körperverletzung

°Strafen in Talern

[320] StA Stade Rep.76 Nr. 1377 S. 50 R Einnahmb Schesell, 1640/1641

zu	**Zuordnung**	**Hof / Haus**
1	Jacob **Miesner** Westervesede, 1631-1641 erwähnt	DIERDES[321] Haus Nr.13
	Curdt **Indorf** Bartelsdorf, 1640-1676 erwähnt	KÖTS Haus Nr.11
2	Johann **Wahlers** (1633, Nr.1, S.215) Söhlingen, 1633-1646 erwähnt	... Häusling
	Christoffer **Bleckwedel** Wietzendorf, Kirchspiel zw. Soltau - Faßberg	
3	Berent **Schülermann** (siehe Nr.8) Varel, 1640-1642 erwähnt	VARELMANN Haus Nr.1
4	Gerdt **Tamke**, Interimswirt 1633-1648 Scheeßel, † vor 3.3.1661	UNTERVOGT Haus Nr.4
5	Marten **Meyer** (Hofnamensgeber) Scheeßel, 1677-1681 erwähnt	MARTENS Haus Nr.
6	Peter **Schülermann** Scheeßel, † 1677-1680	BADENS Haus Nr 8
	Jürgen **Holsten**, *beinahe tödtlich verletzt* Scheeßel, □ 11.12.1688	BELLMANN Haus Nr.15
7	Johann **Gercken** Westervesede, □ 15.4.1689	PEETS Haus Nr.1
	Meinke **Meyer**, ein Jägermeier Scheeßel, † 1677-1678	MEIERS Haus Nr.6
8	Berent **Schülermann**, Interimswirt Varel, 1640-1642 erwähnt	→ siehe Nr.3
	Hinrich **Hollmann**, gebürtig aus Hof Nr.12 Westervesede, † 1675-1681	Häusling
9	Hinrich **Volckmer**, ggf. Knecht beim Bruder Westervesede, 1640 einzige Erwähnung	TIETENS Haus Nr.21
	Gerdt **Meinken**, ggf. Knecht bei Jacob **Miesner** Westervesede, 1640 (siehe Nr.1)	DIERDES Haus Nr.13
10	Gerd **Cordes** Burchwede = Burgwedel, liegt neben Isernhagen	Beide haben wohl ihre Wurzeln in der Vogtei Scheeßel!
	Berent **Miesner** Isernhagen liegt zwischen Langenhagen und Burgwedel bei Hannover	

[321] 1823 hat sich der Hausname in TEMPELS verändert.

1640/1641

Landgericht zu Scheeßel (1) [322]

Nr	Text	Strafe°	Vorwurf / Tat
1	Herman **Bade** zu Wester Esche hat Lütke **Tamecken** zu Botel mit einem Mißer in den Armen geblutwundet	1	Körper-verletzung
2	Anneke **Früchtenicht** (Ehefrau von Ludolf) zu Brockel hat gesagt zu Metken **Lüdemanns**, Sie ginge mit dem Teuffel umb das wehre auch ihr Gott ***[!!! Hexereiverdacht !!!]***	½	Verleumdung / Anschuldigung / Beleidigung
	Bem.: siehe auch Seite 269		
3	Johan **Lühmann**, (hat) Anneken **Früchtenicht** für eine Hure und Sack gescholten	1	Beleidigung
4	Johan **Belman** zu Scheeßel hat Berent **Schulerman** mit einem Stück Holtzes auff den Armen geschlagen. Und auf den Schenkel geworffen	1	Körper-verletzung
5	Berent **Schulerman**, Johan **Baden** zu Benkeloh mit einem **Mißer** in die Schulter gestoßen	1	Körper-verletzung

°Strafen in Talern

[322] StA Stade Rep.76 Nr. 1377 Seite 51 Brüche, 1640/1641

zu	Zuordnung	Hof / Haus
1	Hermann **Bade**, Herrenmeier Sittensen Westeresch, 1640-1677 erwähnt	LÜTEN Haus Nr.9
	Lütke **Tamke**, siehe Sothel Haus Nr.1 Bothel, 1634 noch beim Schwager in Sothel	... (Knecht)
2	Anneke **Früchtenicht**, Ehefrau von Ludolf Brockel, 1631 im Einwohnerverzeichnis genannt.[323]	... ½ Höfner
	Metken **Lüdemann**, Ehefrau von Johann Brockel, Johann stammt aus Wohlenskate	... ½ Höfner
3	Johann **Lüdemann**, verheiratet mit Metke Brockel, ⚭knapp vor 1640, Sohn von Cord	... ½ Höfner
	Anneke **Früchtenicht**, Ehefrau von Ludolf Brockel, 1631-1641 erwähnt, auch Hexensachen	→ siehe Nr.2
4	Johann **Bellmann**, siehe Brüche 1599 u. 1600 Scheeßel,	BELLMANN Haus Nr.15
	Berent **Schülermann** (siehe unten Nr.5) Varel, 1640-1642 erwähnt	VARELMANN Haus Nr.1
5	Berent **Schülermann**	→ siehe Nr.4
	Johann **Baden**, 1633-1663 Halbhöfner Wenkeloh, ✳r 1608 ▭ 14.5.1690 Scheeßel	BADEN Haus Nr.1
324	Bem.: In einem Prozessprotokoll von 1663 ist die Aussage von Gretke **Meinken** aus Westeresch enthalten, dass Johann **Baden** sich einst an einem Sonntag mit deren Vater Claus schlagen wollte. Ein Eintrag im Bruchregister ist aber nicht vorhanden.	

[323] Einwohnerverzeichnis 1631, Rotenburger Schriften, Heft 8, Jg. 1958
[324] Hoops von Scheeßel, Lasst sie brennen, Kap I Fall 8 Prot-Nr. 37, Pkt 11 v. 25.7.1664

1640/1641

Landgericht zu Scheeßel (2) [325]

Nr	Text	Strafe°	Vorwurf / Tat
6	Hans **Meyer** zum Stemmen hat Christoffer **Belman** zum Riep ins Angesicht geblutwundet	1	Körper-verletzung
7	Lütke **Belman** den Jungen (hat) zum Riep Lütken **Westpfehling** Dochter mit einem Forkenstehl geschlagen Undt für eine Hure gescholten	1	Körper-verletzung und Beleidigung
8	Item Hans **Meyer**, Christoffer **BELM(AN)** an Braun undt Blau geschlagen Undt mit Füßen getreten	1	Körper-verletzung
9	Johan **Dreyer** zu Westerholz hat Hinrichs **Meyers** Frawen daselbst mit einem Hopffenstock Über den Halß geschlagen	1	Körper-verletzung
10	Warneke **Dreyer** zu westerholtz hat Johan **Dreyer** Vor einem Rothkop Peden Schellm gescholten Undt Huntsfoth	½	Beleidigung
Rothkop = Rotkopf / Rotschopf deutet auf rote Haare hin. In Friesland wurden Rothaarige als das „rote Volk“ bezeichnet, womit man ihnen auch Zauberei unterstellte. Darauf scheint diese Beleidigung hinzuweisen. Huntsfoth = Hundsfott ist ein grobes deutsches Schimpfwort für „hinterfotzig“ und entstammte aus dem Altnordischen.			

°Strafen in Talern

[325] StA Stade Rep.76 Nr. 1377 Seite 51 Brüche, 1640/1641

zu	Zuordnung	Hof / Haus
6	Hans **Meyer**, 3. Wirt und Anerbe Stemmen , 1634-1677 erwähnt	HARMSMEYER Haus Nr.16
	Christoffer **Bellmann** Riepe, 1640-1646 erwähnt	Knecht beim Bruder Lütke
7	Lütke **Bellmann** der Jüngere, Sohn von Lütke Riepe, □ 29.03.1682	BELLMANN Haus Nr.1
	Margretha **Westfehling = später Fehling,** Lütkes Tochter, ⚭ 1642 Hans **Wichern** Sie war die Erbtochter zu Riepe	HEITMANN Haus Nr.2
8	Hans **Meyer** Stemmen	→ siehe Nr.6
	Christoffer **Bellmann** Riepe	→ siehe Nr.6
9	<u>Johann **Dreyer** aus Westerholz könnte sein:</u> Johann der Ältere, Häusling & Schäfer Johann, Halbhöfner auf JÜRGENS, Haus Nr.6	... JÜRGENS Haus Nr.6
	Hinrichs **Meyers** Frau (Vorname unbekannt) Westerholz, ✝ zw. 1658-1681	MEYER Haus Nr.4
10	Warneke **Dreyer**, einzige Nennung Westerholz Warneke wird mit einem der beiden unter Nr.9 genannten Johann **Dreyers** verwandt gewesen sein und den anderen beleidigt haben. Wen aber, lässt sich nicht klären.	
	Johann **Dreyer** Westerholz	→ siehe Nr.9

1640/1641

Landgericht zu Scheeßel [326]

Einnahmb Scheßeler

Nr	Text	Strafe°	Vorwurf / Tat
1	Hinrich **Lühman** zu Brockel gepfandet Undt das Pferd UnVorlauet wird aus der Schuld genommen	½	Veruntreuung
2	Lütke **Ratken** zu Wester Vesede Undt Hans **Berents** die haben Johan **Textorius** 2 Wunden in den Kopf geschlagen	2	Körper-verletzung
3	Johan **Textorius** (hat) Johan **Berents** zu sich auff den Schoß gezogen, Undt nach dem Messer gegriffen, Wie er nun das Messer nicht bekommen können, Ist er uffgesprungen Undt gesagt Com heraus in des Teuffels Nahmen Undt Johan **Berents** Dahl geschlagen	1	tätlicher Angriff und Körper-verletzung
4	Warneke **Miesner** zu Hesedorff hat einen Bawen in seinen Hoffe gehawen	1	Körper-verletzung
5	Hans **Tobing** von Finthel hat Hinrich **Weselohe** zu Vahlde in die schuldern gestochen	½	Körper-verletzung

°Strafen in Talern

[326] StA Stade Rep.76 Nr. 1377 Seite 51 R Brüche, 1640/1641

zu	**Zuordnung**	**Hof / Haus**
1	Hinrich **Lühmann**, (1631/32, Nr.6, S.199) Brockel, ∞mit Erbtochter Marie Gerken	… ½ Höfner
2	Lütke **Rathjen**, wohl Knecht oder Häusling Westervesede, vermutlich der Vater von Hinrich, ½ Höfner auf	 CORDS Haus Nr.10
	Hans **Behrens**, gebürtig aus HOLSTEN Nr.26 Stemmen, 1634-1653 erwähnt Bem.: den nur 1628 erwähnten Hans **Behrens** zu Helvesiek schließe ich aus.	Häusling in Stemmen
	Johann **Textorius, †** 1641-1645 Scheeßel, luth. Küster und Schulmeister	KÜSTEREI Haus Nr.33
3	Johann **Textorius** Scheeßel	→ siehe Nr.2
	Johann **Behrens** könnte sein: Johann **Behrens**, Bartelsdorf 1632-41 erwähnt. Johann **Behrens**, Bartelsdorf 1631-41 erwähnt.	 HANSCHEN Haus Nr.5 BEHRENS Haus Nr.4
4	Warneke **Miesner**, Herrenmeier u. Halbhöfner Hesedorf, 1640-1663 erwähnt	…
5	Hans **Tobing** Fintel, er ist vermutlich der Bruder von Lütke in Wohlsdorf Haus Nr.11 MEYERS	
	Hinrich **Weseloh**, Vollhöfner Vahlde, 1600-1641 erwähnt	WESELOH Haus Nr.1

1640/1641

Hurenbrüche zu Scheeßel [327]

Einnahmb Scheßeler Hurenbruche

Nr	Text	Strafe°	Vorwurf / Tat
1	Meineke **Meyer** hat Marrike **Heitmans** zu Schesell geschwechet	4	Unzucht
2	Dietrich **Holveler** (hat) Metken **Corten** geschwechet	3	Unzucht
3	Dieterich **Heitman** (hat) zu Bellen Margareten **Meineken** geschwechet	3	Ehebruch
4	Reincke **Hinrichs** zu Botel hat Marricke **Kordes** geschwengert	4	Unzucht

°Strafen in Talern

zu	Zuordnung	Bemerkung
1	Meinke **Meyer**, Anerbe Scheeßel, 1641-1677 erwähnt	MEIERS Haus Nr.6
	Anna <u>Maria</u> **Heitmann**, genannt Marrike Scheeßel, ihre Herkunft bleibt ungeklärt	
2	Dietrich **Holveler** Unbekannter Familienname im Amt Rotenburg	
	Metken **Korten**, (Schwester von Johann) Westervesede, siehe HINNERS Haus Nr.5	
3	Dieterich **Heitmann** Bellen, Bruder (siehe 1628/29 Nr.13, S.181)	HEITMANN Häusling
	Margareten **Meinken**, wurde geschwängert <u>Bem.:</u> Sie stammte aus dem Kirchspiel Scheeßel	
4	Reincke **Hinrichs** Bothel, 1631 mit dem Vater Johann erwähnt	Kötner
	Marricke (Marie) **Cordes** <u>Bem.:</u> Sie stammte aus dem Kirchspiel Brockel	

[327] StA Stade Rep.76 Nr. 1377 Seite 51 R Brüche, 1640/1641

1640, 8. Januar

Aufstellung des Scheeßeler Vogts (1) [328] - [329]

Undatierte Aufstellung des Scheeßeler Vogts über Gerichtsfälle und andere Verwaltungsakte im strittigen Gebiet seiner Vogtei lt.Dörfler

Nr	Text	Strafe°	Vorwurf / Tat
1	Es hat der Ambtmann zu Vohrde Bolcke **Bockßen** mich am 8. Januarii Anno 1640 unbefugett verklaget, ich hette zuviell und wiederrechtlich gethan, an deme, dass ich Johann **Holsten** zu Gerßdorf, von wegen seier selbst bekantlichen und wolgestendigen Schulde halber, gepfadett und zur Zahlung angestrengett. (...)°		Klage gegen eine unberechtigte Pfändung

zu	**Zuordnung**	**Hof / Haus**
1	Johann **Holsten**, Halbhöfner Jeersdorf, 1628-1646 erwähnt	HOLSTEN Haus Nr.4 → siehe Nr.8

[328] StA Stade Rep.8 Fach 26 Nr. 63 Bl.3-8 vom 8.1.1640

[329] Dörfler 2004, Seite 835

1640

Aufstellung des Scheeßeler Vogts (2) [330] - [331]

Undatierte Aufstellung des Scheeßeler Vogts über Gerichtsfälle und andere Verwaltungsakte im strittigen Gebiet seiner Vogtei lt.Dörfler

Nr	Text
2	°(...) und Dorffern nach der Vogtei Scheßell über erwenten (s.1) **Holsten** und andere mehr gingen. Und haben auch die Einwohnere zu Hetzwegde, als Clawes **Hastede**, Hinrich **Heitman**, Heino **Cordes** und Hans **Schleselmann**, der eine uber den anderen wegen Abpflugenß in Acker und Lenderrye dem Voigte zu Scheeßell underschedlich, wie dann auch dem Herrn Drosten, Ernst **von Mandelscho** Seligern und Johann **Badenhof** Rentmeister zu zweien mahlen als Anno **1611** den 6. Februar und Anno **1620** den 20. Martii schriftlich geklaget, darauf auch das Landtgerichte nacher Scheßell bescheiden und dieses Urtheill darauf erkant, wann wahrhafftige Getzeugen von beiden Theilen furgebracht und gerichtlich abgehoret. oferne die dann zeugen, dass vor 30 Jahren das Landt so breit oders schmall, wie es domals auch gewesen, soll es darbei bleiben, nach Außsage derselben. (...)

zu	Zuordnung	Hof / Haus
	6. Februar 1611 und 20. Mai 1620	
2	Clawes **Hastedt** Hetzwege, 1570-1620 erwähnt	HASTEDT Haus Nr.6
	Hinrich **Heitmann** Hetzwege, 1611-1620 erwähnt	Interimswirt Haus Nr. n.b.
	Heino **Cordes** Hetzwege, 1611-1620 erwähnt	HEINS Haus Nr.5
	Hans **Schleeßelmann** Hetzwege, 1592-1620 erwähnt	HANSCHEN Haus Nr.2
	Ernst von **Mandelsloh** [332] Rotenburg, 1601-1623 Drost	Drost zu Rotenburg

[330] StA Stade Rep.8 Fach 26 Nr. 63 Bl.3-8 vom 8.1.1640
[331] Dörfler 2004, Seite 835
[332] Heynke, Enno, Seite 59, Anl. D,

1640, 4. Juli

<u>Aufstellung des Scheeßeler Vogts (3)</u> [333] - [334]

Undatierte Aufstellung des Scheeßeler Vogts über Gerichtsfälle und andere Verwaltungsakte im strittigen Gebiet seiner Vogtei lt.Dörfler

Nr	Text	Strafe	Vorwurf / Tat
3	Anno 1640 am 4. Julii ist von den Herren Beambten zu Rotenburgk mir ein befhielich zukommen, denen zu dem Vieheschatz gehorigen Leudten in der Borde Seltzing und Zittenßen anzumelden, ihre Viehe zu Schatze als zu Scheßell, nach Altem gebrauch und gewonheit, einschreiben zu lassen. Es ist aber keiner gekommen, sondern alle gesaget, es wehre ihnen von den Herren Beambten zu Vohrde verboten, sie dorfften darumb weder anhero oder nacher Rotenburch nicht geben. (...)		Beschwerde, dass der erwarteten Pflicht keiner nachgekommen ist. Amstsstreitigkeiten
4	Es hat auch ein Mann in Gersdorff, Luteke **Heittmann** gehießen, vor 15 Jharen *(1625)* eine Kohlgarten daselbst am Fhelde aus der gemeine auffgezeunet, woruber die anderen Gersdorfer mich geklaget, und habe es wieder niederreißen lassen, darauf er nach Sittensen gelaufen, auf dem Landtgericht geklaget, und dieser bescheidt gegeben worden, von den Herren daselbst. Sie hetten mit Acker, Wischen und Gärdten nicht zuthun (...)		Abweisung einer Klage von Sittensen wegen Feststellung der Nichtzuständigkeit für eine Schwarzrodung / unerlaubte Landnahme

zu	Zuordnung	Hof / Haus
	4. Juli 1640	
4	Lütke **Heitmann**, 1646 Interimswirt Jeersdorf, 1619-1646 erwähnt (s. Seite 175)	HOLSTEN Haus Nr.4

[333] StA Stade Rep.8 Fach 26 Nr. 63 Bl.4R-5 vom 4.7.1640

[334] Dörfler 2004, Seite 835-836

1640

Aufstellung des Scheeßeler Vogts (4) [335] - [336]

Undatierte Aufstellung des Scheeßeler Vogts Peter **Segemann** über Gerichtsfälle und andere Verwaltungsakte im strittigen Gebiet seiner Vogtei lt.Dörfler

Nr	Text	Vorwurf / Tat
5	Er schrieb: Also habe ich glaubwurdige nachrichtet (berichtet), dass nicht alleine solche gemeine Clage und dergleichen Pfandung im Anfange meiner Vogtey alhir nacher Scheßel und allewege, bei Johan **Nacken** und Magnuß **Cluvers** sel. Zeitten, in ublichem geruhsamen gebrauch gewesen, und (...)	Amstsstreitig-keiten
6	(...), dass bei Zeiten meines vorgedachten Antecessoris Magnuß **Cluvers**, Clawes **zur Depen** über seinen Schwager Jochim **Mancken** zu Gerßdorff wegen restirenden Brandtschatzes geklaget, darauf von den hiesigen gepfandet und hir auf der Voigtei vergleichen worden.	Klage wegen einer Restschuld, weswegen gepfändet wurde und deren Begleichung

zu	**Zuordnung**	**Hof / Haus**
5	Hier beklagt sich **Segemann** darüber, dass das Verfahren, welches zu Zeiten seiner Vorgänger üblich war, plötzlich nicht mehr galt.	
	Vögte: 1573-1604 Johann **Nacke** 1604-1639 Magnus **Clüver**	
6	Clawes **Dittmer**, Halbhöfner Deepen, 1630-1652 erwähnt Schwester Gesche ∞1 mit Joachim **Holsten** ∞2 mit Joachim **Mahnken**	WESELOH einst PEETS Haus Nr.2
	Jochim **Mahnken**, Halbhöfner Scheeßel, nicht Jeersdorf, 1640-1653 erwähnt	HOLSTEN Haus Nr.7
	Die zwei Joachim **Mainken** / **Mahnken** in Jeersdorf sind erst um 1640 geboren worden. Hier hat der Vogt zweimal den Hof scheinbar mit dem von Jeersdorf verwechselt, denn Joachim stammte aus Jeersdorf, hatte aber nach Scheeßel eingeheiratet. Siehe auch Nr.8	

[335] StA Stade Rep.8 Fach 26 Nr. 63 Bl. 5 R

[336] Dörfler 2004, Seite 836

1640

Aufstellung des Scheeßeler Vogts (5) [337] - [338]

Undatierte Aufstellung des Scheeßeler Vogts Peter **Segemann** über Gerichtsfälle und andere Verwaltungsakte im strittigen Gebiet seiner Vogtei lt.Dörfler

Nr	Text	Strafe°	Vorwurf / Tat
7	Auch wahr, dass Luteke **Belleman** zum Ripe ungefehr bei 2 Jharen über Johan **Holsten** zu Gerßdorff wegen etzlicher Schulde geklaget, ein Pferdt abgepfandet, auf hiesige Voigtei gepracht, auf 15 Taler gewirdiget und davor bezalt.	15	Klage wegen Nichtzahlung von Schulden, weswegen gepfändet wurde.
8	Wahr, dass Johan **Meyer** zu Helvesiek uber Jochim **Maneken** zu Gerßdorff wegen schuldiger 17 Marck Lübisch geklaget, welcher auch zur Zalung durch Pfandung angestrenget.		Klage wegen Nichtzahlung von Schulden, weswegen gepfändet wurde.

°Strafen in Talern

zu	**Zuordnung**	**Hof / Haus**
7	Lütke **Bellmann**, Halbhöfner Riepe, 1610-1646 erwähnt	BELLMANN Haus Nr.1
	Johann **Holsten**, Halbhöfner Jeersdorf, 1628-1646 erwähnt	HOLSTEN Haus Nr.4 → siehe Nr.1
8	Johann **Meyer**, Halbhöfner Helvesiek, □ 17.12.1684	CORDS Haus Nr.19
	Jochim **Mahnken**, Halbhöfner Scheeßel, nicht Jeersdorf, 1640-1653 erwähnt	→ siehe Nr.6

[337] StA Stade Rep.8 Fach 26 Nr. 63 Bl. 5 R

[338] Dörfler 2004, Seite 836

1640

Aufstellung des Scheeßeler Vogts (6) [339] - [340]

Undatierte Aufstellung des Scheeßeler Vogts Peter **Segemann** über Gerichtsfälle und andere Verwaltungsakte im strittigen Gebiet seiner Vogtei lt.Dörfler

Nr	Text	Strafe	Vorwurf / Tat
9	Auch hat Hanß **Wahlers** zu Benkenlho wegen 9 Rthlr und Heinrich **Beye**, Bürger zu Buxtehude umb 7 ß uber mehrerwenten **Holsten** zu Gerßdorff geklaget, auch durch rechtmeßige Pfandung zur Zalung getrieben.		Klage wegen Nichtzahlung von Schulden, weswegen gepfändet wurde.
10	Es ist auch ein Bürger aus Harburgk, Andreas **Belken** geheißen, uber Peter **Detmanß** umb schuldige 8 Rthlr geklaget, doruber seinem Bruder, Detmar **Detmans**, ein Pferd abgepfandet und alshir gehandelt, dass Er mit feißten Schweinen bezalet.		Klage wegen Nichtzahlung von Schulden, weswegen gepfändet wurde.

zu	Zuordnung	Hof / Haus
9	Hans **Wahlers**, Halbhöfner Benkeloh, heute Drenloh	GEVERS Haus Nr.3
	Heinrich **Beye**, Bürger Buxtehude	
	Johann **Holsten**, Vollhöfner Jeersdorf	HOLSTEN Haus Nr.4
10	Andreas **Belken** Harburg	
	Peter **Dittmer**, Detmars Bruder Helvesiek, 1640 erwähnt	LÜTKENS (Knecht)
	Detmar **Dittmer**, Pflugkötner Helvesiek, 1604-1640 erwähnt	LÜTKENS Haus Nr.22

[339] StA Stade Rep.8 Fach 26 Nr. 63 Bl. 6
[340] Dörfler 2004, Seite 836

1645

Streit zwischen Jeersdorf und Westerholz [341]

Auch Streitigkeiten der Dörfer untereinander, innerhalb des Kirchspiel Scheeßel, selbst dann, wenn sie nicht in Gänze zur Vogtei gehörten, berührten stets die Gemeinschaft aller.

Zu wißen Nachdem ich Irrung zwischen den beiden Dorfschaften Jerßdorf und Westerholtte wegen ihrer Heideschnede[342] etzliche Jahre her (1582) erhalten haben wegen deß Hochwürdigen un Godt Fürsten und Herrn, Herrn **Eberharten**[343], Confirmirten Bischoffes des Stiffts Lübeck, Administratoren zu Verden, Abtis und Herr zu Sankt Michael in Lüneburgh unseres gnedigen Fürsten und Herrn Lippold des **Bothmer** Droste, Heinrich **Borholt** der Stiftes Doctor und Cantzler und Henricus **Elure**, Rentmeister des Haußes Rotenburgh, die irrung in gegenwertigkeit beider Part(eien) besichtiget, und nach beiderseits gehörter Clage und andtwendt (Einwände), folgender gestalt uneiniget und vertagens, Nemlich und alß daß die Heidschnede angehen soll, das dem lütken Sandes Berge, der Selgenberg[344] genannt, den Molenwegh (Mühlenweg) biß den Duuelß Camp (…..) uff des ohrth das Jeerßdorper Waldes, und das der uff Tietkes [345] zu Westeresche Hoff, und hierwiederumb das dem Selgenberge uff den Vors auf gewesenem berg, das das uff dem ohrth des Mollerbrucken (Mühlenbrücke) uf des witten Sandtbergh[346], awer (über) die Wümmen, so weith sollen die Jeerßdorfer ihre Heyde howen, und die Westerholtischen uff der anders Seith dieser gemelten Heidtschnede und die eine dem anders sein Howe guedt (Hauerland) vor gemelter Heitschnede weren, woll darüber Dritt soll in den Herren Brüche stehen Auch beschieden die Schaffe sollen gehen wie von alters bebreuchlich gewesen. Ferner abgeredet (verabredet) woll uber gemeltes Heidtschnede die Heyde howet soll die Dorffschaft … vom gnedigen Fürsten und Herrn im Zehn gulden-bruche befallen sein, daß zu waar bekundt dieser Recess zweie gleichl-auden aufgerichtet, und jeder Dorfschafft ein Zugestellet, sowie mit unsen angekommens und gewohnlichen Pietschaften weißlich besiegelt. Geschehen zu Rodenborg, Anno der weiniger Zahll achzig zwei (1582), des 22. November. Unterschrift Philip Rudolf Damman, Notar

Bem.: Der Notar hat in dieser Kopie auf die alte Regelung des Eberhardt **von Holle** von 1582 verwiesen.

---

[341] StA Stade Rep.8 Nr. 767 Blatt 24, Streit Jeersdorf und Westerholz, 1645
[342] Schnede, eine Grenze, die Grenze
[343] Eberhardt **von Holle**, Bischoff in Verden von 1566 bis 5. Juli 1586
[344] Selgenberg, heute nicht mehr bekannt
[345] Tietke **Meinken**, Vollhöfner und Herrenmeier in Westeresch auf TIETENS Hof
[346] Witten Sandberg = Weißer Sandberg

1646, aus der Akte 1643-1665

Kontribution 1646 (1) [347]

Diese Gesamtaufstellung der Kontribution gibt eine Übersicht, welche Dörfer / Höfe im Verzeichnis der „Vogtei Scheeßel“ eingetragen waren.

Verzeichnis der Leute so von der Vogtey Scheßel nach der Börde Sittensen auß der Contribution sind gr. Jager undt was ein Jahre zur ein Jahre Zulage giebt.

Seite 139

Höfe	Pflug Katen	Brink Katen	Dorf / Wirte	Abgaben[348]	Hof- und Hausname
			Abbendorf		
½			Drewes **Lüheman**	0-14-0	HARMS Haus Nr.1
½			Harmen **Ratgen**	0-15-0	BUDDEN Haus Nr.3
½			Cordt **Schlobaum**	0-14-6	NEMANN Haus Nr.2
½			Harmen **Lüheman**	0-14-6	JOHMS Haus Nr.4
		1	Reinke **Wichern**	0-4-0	GESCHEN Haus Nr.5
		1	Heinrich **Lüheman**	0-4-0	BULTMANN Haus Nr.6
			Hetzwege		
½			Jochim **Brunckhorst**	0-13-0	LINDES Haus Nr.1
½			Hilmer **Baß**(en)	0-13-4	HANSCHEN Haus Nr.2
½			Ditrich **Ficken**	0-15-8	JAKKERS Haus Nr.3
½			Ditrich **Hastedt**	0-15-8	HASTEDT Haus Nr. 6
½			Clauß **Bassen**	0-9-0	KLAUS Haus Nr.4
½			Heinrich **Grim**	0-11-4	HEINS Haus Nr.5

[347] StA Stade Rep.28 IR Nr. 17 I Bl. 139-140 Verz.Vogtey Scheeßel, Ordner 1643-65

[348] Abgaben in Rthlr / ß / Pfg z.B. 1-18-0 = 1 Taler 18 Schillinge 0 Pfennige

1643-1665

Kontribution 1646 (2) [349]

Seite 140 li

Höfe	Pflug Katen	Brink Katen	Dorf / Wirte	Abgaben	Hof- und Hausname

Oldenhöfen

½			Clauß **Berendt**	0-18-6	LANGEN Haus Nr.1
¼			Heinrich **Hoyns**	0-18-6	WARNKEN Haus Nr.3
¼			Johan **Meincke**	0-11-0	PEETS Haus Nr.2

Wittkopsbostel

¾			Peter **Bassen**	0-10-0	HILMER Haus Nr.1
1/3			Clauß **Hoyns**	0-6-0	HOYNS Haus Nr.2

Westeresch

1			Clauß **Meincke**	0-18-0	TIETEN Haus Nr.3
1			Heinrich **Ficken**	0-18-0	RÖTEN Haus Nr.2
1			Clauß **Bade**	0-18-0	KLAUS Haus Nr.1

Appel

1			Johan **Bade**	0-24-0	APPELMANN einst. Hof

[349] StA Stade Rep.28 IR Nr. 17 I Bl. 139-140 Verz.Vogtey Scheeßel, Ordner 1643-65

1643-1665

Kontribution 1646 (3) [350]

Seite 140 re (Teil 1)

Höfe	Pflug Katen	Brink Katen	Dorf / Wirte	Abgaben	Hof- und Hausname

Jeersdorf

1			Johan **Meincken**	0-10-0	MAHNKEN Haus Nr.1
1			Johan **Holsten**	0-9-6	HOLSTEN Haus Nr.4
1 (½)			Johan **Brockman**	0-12-0	BROKMANN Haus Nr.2
1			Peter **Gercken**	0-14-6	GERKEN Haus Nr.3
½			Johan **Meincken**	0-12-0	BARTELS Haus Nr.6
½			Jacob **Meincken**	0-8-6	PEETS Haus Nr.5
		1	Johan **Brunckhorst**	0-6-6	NACKEN Haus Nr.9
		1	Lütge **Mießner**	0-7-6	TIETENS Haus Nr.8
		1	Carsten **Maincken**[351]	0-3-0	DIEKMANN Haus Nr.10
1			Claußß **Ditmars**	0-12-6	DITTMER Haus Nr.7

Bem.: Kein einziger Joachim **Mahnken** / **Meinken** / **Mainken** ist hier aufgeführt. Siehe Bemerkung zu Seite 240 Nr.6 und Seite 241 Nr.8

[350] StA Stade Rep.28 IR Nr. 17 I Bl. 139-140 Verz.Vogtey Scheeßel, Ordner 1643-65
[351] Die Schreibweise des Familiename Maincken veränderte sich nur hier in Mahnken.

1643-1665

Kontribution 1646 (4) [352]

Seite 140 re (Teil 1)

Höfe	Pflug Katen	Brink Katen	Dorf / Wirte	Abgaben	Hof- und Hausname

Helvesiek

1			Claußß **Ratgen**	0-12-0	OTTEN Haus Nr.18
1			Jürgen **Brase** (**Braasch**)	0-14-0	DIERS Haus Nr.17
½			Peter **Meyer**	0-10-0	CORDS Haus Nr.19
½			Jochim **Meyer**	0-11-0	STAVENS Haus Nr.20
½			Clauß **Helmers**	0-6-0	DITTMERS Haus Nr.21
		1	Lütge **Ditmars**	0-7-0	LÜTKENS Haus Nr.22
		1	Tomas **Gercken**	0-12-0	PEETS Haus Nr.23

Der nachfolgende Hof war ein „Daudiekmeier“ derer **von Schulten von der Lüh** und somit kein Herrenmeier des Amtes Rotenburg, weswegen er hier nicht aufgeführt wurde.

Helvesiek

		1	Claus **Ratgen**		BADEN Haus Nr.12

[352] StA Stade Rep.28 IR Nr. 17 I Bl. 139-140 Verz.Vogtey Scheeßel, Ordner 1643-65

1643-1665

Kontribution 1646 (5) [353]

Seite 140 re (Teil 2)

Höfe	Pflug Katen	Brink Katen	Dorf / Wirte	Abgaben	Hof- und Hausname

Stemmen

½			Hanß **Peters**	0-12-0	PEETS Haus Nr.25
	1		Johan **Gercken**	0-12-0	HOLSTEN Haus Nr.26

Sittensen

1			Johan **Hoyns**	0-24-0	MEIERHOF Haus Nr.1 Kl. Sittensen
		1	Curdt **Belman**	0-2-0	Haus Nr. n.b. Gr. Sittensen
	1		Elbert **Meyer**	Ohne	erw. 1675 in der LMR
		1	Clauß **Martens**	ohne	erw. 1663 im Kopfschatz

Hamersen

1			Elberd **Finckler**	0-24-0	PEITZ Haus Nr. …
½			Hanß **Eggers**	0-8-0	erw. 1663 im Kopfschatz

Hanschhorst

1			Warnke **Berns**	0-24-0	… einst. Hof [354]

Summa

23 ¾	2	9

[353] StA Stade Rep.28 IR Nr. 17 I Bl. 139-140 Verz.Vogtey Scheeßel, Ordner 1643-65

[354] einst. Hof = einstelliger Hof

1646

Kontribution Auswertung Rotenburger Herrenmeier [355]

Ort	Höfe Volle	Höfe ¾	Höfe ½	Höfe ¼	Höfe 1/3	Pflugkö 1/6 °	Brink Katen
Abbendorf	-	-	**4**	-	-	-	**2**
Hetzwege	-	-	**6**	-	-	-	-
Oldenhöfen	-	-	**1**	**2**	-	-	-
Wittkops-bostel	-	**1**	-	-	**1**	-	-
Westeresch	**3**	-	-	-	-	-	-
Appel	**1**	-	-	-	-	-	-
Jeersdorf	**5**	-	**2**	-	-	-	**3**
Helvesiek	**2**	-	**3**	-	-	-	**2**
Stemmen	-	-	**1**	-	-	**1**	-
Sittensen	**1**	-	-	-		**1**	**2**
Hamersen	**1**	-	**1**	-	-	-	-
Hansch-horst	**1**	-	-	-	-	-	-
gesamt	**14**	**1**	**18**	**2**	**1**	**2**	**9**

°Pflugkötner

[355] StA Stade Rep.28 IR Nr. 17 I Bl. 139-140 Verz.Vogtey Scheeßel, Ordner 1643-65

Höfe der linkswümmisch erwähnten Dörfer in der Zeit 1643-65:

Ort	Höfe Volle	Höfe ¾	Höfe ½	Höfe ¼	Höfe 1/3	Pflugkö 1/6 °	Brink Katen
Abbendorf	**-**	**-**	**4**	**-**	**-**	**2**	**-**
Hetzwege	**-**	**-**	**6**	**-**	**-**	**-**	**-**
Oldenhöfen	**-**	**-**	**1**	**2**	**-**	**-**	**-**
Wittkops-bostel	**1**	**1**	**2**	**-**	**1**	**-**	**-**
Westeresch	**4**	**-**	**2**	**-**	**-**	**-**	**-**
Appel	**1**	**-**	**-**	**-**	**-**	**-**	**-**
Jeersdorf	**5**	**-**	**3**	**-**	**-**	**-**	**3**
Helvesiek	**8**	**7**	**-**	**-**	**-**	**-**	**-**
Stemmen	**-**	**21**	**-**	**-**	**-**	**1**	**-**
Sittensen	**1**	**-**	**-**	**-**	**-**	**-**	**-**
Hamersen	**2**	**-**	**-**	**-**	**-**	**-**	**-**
Hanschhorst	**1**	**-**	**-**	**-**	**-**	**-**	**-**
Gesamt	**23**	**29**	**18**	**2**	**1**	**3**	**3**
davon: Rotenburger Herrenmeier	**14**	**1**	**18**	**2**	**1**	**2**	**3**

Fazit:
Nicht alle Höfe in den Dörfern waren dem Amt Rotenburg gegenüber kontributions- bzw kriegsteuerpflichtig, weil sie keine Rotenburger Amtsmeier waren!

1647/1648

Landgerichtsbrüche von Scheeßel [356]

Seite N 162

Nr	Text	Strafe°	Vorwurf / Tat
1	Peter **Hollmann**, hatt ..ete Hohelohen von Rotenburg nicht allein gescholten, sondern auch mit bloßen meßer Überlauf	0-24-0	Beleidigung / Bedrohung
2	Hinrich **Carstens**, hatt Hinrich **Barchfreden** mit einer Hacken geschlagen daß es penner Öbell gerathen, jedoch hatt **Barchfrede** den anfangk gemachet darumb **Barchfrede** mit 24 Schilling, **Carstens** mit einem Taler zur Brüche gesetzet	1-24-0	Körperverletzung
3	Die Hembslinger, haben denen Depenern wieder des Voigtts Verboth, und Befügnüß die Heide angebranndt	5-0-0	Verbotswidrig Verhalten/Sachbeschädigung
4	Jochimb **Eindorffs**, uf des Voigtts Poenal Citation Zweymal ungehorsahmblich außen blieben Vund ihnen mit Unbescheidenen Worten angegriffen, bricht (zahlt)	5-0-0	Beleidigung
5	Sohlingen, und Brockeler seindt mit 4 Taler Brüche Vorfellen daß sie sich gewegert Vor die Marschierten Regiment Proviant zu geben	4-0-0	Verstoß gegen Anordnungen
6	Ollrich **Richers** Fraue, hatt Anneken **Frielinges** Sohn vor (als) einen … Schelm gescholte	0-24-0	Beleidigung
7	Claußs **Brunkhorst**, hatt Johan **Hasteden** vor einen Dieb gescholten	0-30-0	Beleidigung
8	Peter **Hollmann**, hatt Alberth **Lüntzmanns** Schwein so Er zu Kaufe getrieben wieder beschidt durch daß gleite und Zoll gejagtt büßett	1-0-0	Versuchter Betrug

°Strafen in Taler/Schillinge/Pfennige = z.B. 1-24-8

[356] StA Stade Rep.76 Nr. 1378 S. N 162 Landgerichts Brüche von Scheeßel, 1647/1648

zu	Zuordnung	Hof / Haus
1	Peter **Hollmann** Bartelsdorf, Kötner, gebürtig aus Westervesede	KÖTS Haus Nr.11
2	Hinrich **Carstens** Brockel, 1646 ebenda erwähnt.[357]	
	Hinrich **Bargfrede** Söhlingen, 1628-1646 ebenda erwähnt.	
3	Die Hemslingener haben den Deepenern …	Dorfschaften
4	Jochim **Indorf**, ½ Höfner Ostervesede, 1632-1648 ebenda erwähnt	CORDS Haus Nr.7
	Vogts Poenal[358] Citation[359] Sinngemäß wohl: ... *trotz Androhung einer Strafe bei Hinweis auf seine Pflichten ...*	
5	Söhlingener und Brockeler	Dorfschaft
6	Ollrich **Richters** Frau (ohne Vornamen) Brockel, er 1646 ebenda erwähnt.[360] Er wird 1631 mit seinem Vater erwähnt.[361]	
	Anneken **von Frielings** Sohn vermutlich aus Behningen im Kirchspiel Neuenkirchen	
7	Claus **Brunckhorst** Stemmen, ½ Höfner auf Johannsmeier[362]	JOHANNSMEIER Haus Nr.3
	Johann **Hastedt** Ostervesede, einstiger ½ Höfner 1628-1631	JOHMS Haus Nr.8
8	Peter **Hollmann** Bartelsdorf,	→ siehe Nr.1
	Albert **Lünzmann**, ✱r 1618 □ 1684 Hemslingen, Hauswirt	gebürtig aus RADEMACHER

[357] StA Stade Rep.28 IR Nr. 17 I Bl. 139-140 Verz.Vogtey Scheeßel, Ordner 1643-65
[358] Latein: Poena = die Strafe
[359] Eine Zitation ist ein expliziter Verweis auf eine Informationsquelle / Grundlage
[360] StA Stade Rep.28 IR Nr. 17 I Bl. 139-140 Verz.Vogtey Scheeßel, Ordner 1643-65
[361] Bischöfliches Gutsleuteverzeichnis Verdener Akten 1628-1646, auch Einwohnerverz.
[362] Stemmen, Stemmen und abermals Stemmen, Seite 123, 4. Bauer

1647/1648

Landgerichtsbrüche von Scheeßel [363]

Seite N 164

Nr	Text	Strafe°	Vorwurf / Tat
1	Johan **Meinecken** Von Oldenhöfen hatt Dietgen **Bassens** (von) Bostels Tochter, mit der Er sich Vor deßen Verlobten gehabt (gestritten hatte), Vor eine Strecken Vmb 16 Rthaler an einem andern Verkauffen Wollen zu bruche [364]	3	Kaufangebot für eine Verlobte von 16 Talern! PS: Beide haben dann doch geheiratet.
2	Dietrich **Hastett**, von Hetzwede, ohne begrußungk[365] der Jurathen[366] etzliche Stücken Holtz von der Kirchen geholet	2	Holzdiebstahl
3	Curdt **Lüntzeman**, und Hinrich **Delventhal**, Johan **Reineken** Vor einen Alten Dieb! Gescholten	1	Beleidigung
4	Der **Müller zu Scheeßel** hat worumb das Er wieder Verboth eine pertey (Partie) Reuther (Reiter) durch den Schlagbaum pahsiren Lassen	3	Verstoß gegen eine amtliche Anordnung
5	Die Gemeine zu Weßervesede stiodt Überführet, deß sie dem gegebenen Ambts Verbothe zu wieder abgewichenes Jahres nicht allein die Eichelmaß geschüttet, sondern auch der Beambten Schweine bis zu Mittage in Koben liegen weßen und vaherjegen die Ihrigen Uff die Holtzen getrieben und zwar sat freß laßen haben zwar die ihn auß gegebenen in Sibitorio expunirete Straffe vor 5 Rthaler verwirket, ist ihnen aber Dennoch Uff 25 Rthaler herrunter gelaßen.	20	Verstoß gegen eine amtliche Anordnung im vergangenen Jahr die geforderte Menge Eicheln zu sammeln sowie statt der Schweine, die sie für das Amt zu mästen hatten, ihre eigenen zum Mästen in den Wald trieben, die Eicheln zu fressen.

363 StA Stade Rep.76 Nr. 1378 S. N 164 Landgerichts Brüche von Scheeßel, 1647/1648

364 Meyer 1955, Seite 39, Auf dem Landgericht zu Scheeßel

365 Ungebührliches Verhalten gegenüber den Juraten könnte man annehmen, aber „ohne Begrüßung“ bedeutet in diesem Fall wohl „ohne Erlaubnis“. Eine ungewöhnliche Wortwahl, aber sie begrüßten sein Verhalten offensichtlich nicht. Sie verurteilten es.

366 Juraten, einst auch als Kirchengeschworene bezeichnet.

zu	Zuordnung	Hof / Haus
1	Johann **Meinken**, Viertelhöfner Oldenhöfen, 1631-1647 erwähnt	PEETS Haus Nr.2
	Anna Margaretha **Bassen**, Tietjes Tochter Wittkopsbostel, sie heiratete Johann **Meinkens** Enkel Johann. Der Verkauf, sie also loszuwerden, hatte nicht funktioniert!	
	Tietje **Bassen**, Zweidrittelhöfner Wittkopsbostel, 1628-1664 erwähnt	HILMER Haus Nr.1
2 [367]	Diedrich **Hastedt**, Halbhöfner Hetzwege, ✳r 1597 † 1670-1676	HASTEDT Haus Nr.6
	Juraten in Scheeßel 1647 waren: Andreas **Götze**, Brinkkötner und Pfarrmeier Christoph **Wohlberg**, Brinkkötner, Schmied und Pfarrmeier	 GÖTZE Haus Nr.23 SCHMEERS Haus Nr.14
3	Cord **Lünzmann**, Vollhöfner Hemslingen, ✳r 1600 □ 1694	METENS auch METKE
	Hinrich **Delventhal**, Halbhöfner Worth, 1628-1653 erwähnt	
	Johann **Reinken**, Dreiviertelhöfner Westervesede, ✳r 1614 □ 1698	SIEMS Haus Nr.1
4	Berendt **Müller**, Müllermeister Scheeßel, 1631-1664 erwähnt	MÜHLE Haus Nr.26
5	Gemeinde von Westervesede	Dorfschaft

1647/1648

Landgerichtsbrüche (Hurenbrüche) von Scheeßel [368]

Nr	Text	Strafe	Vorwurf / Tat
1	Der Hern **Segemanschen** Knecht, hatt deren Magtt imprägniret, und weill Er geringes Vermögens ist Er mit 4 Taler Brüche Loeß (frei) gelaße	4	Unzucht und Schwängerung
	Bem.: Eine namentliche Nennung des Knechts ist nicht erfolgt, auch nicht an anderer Stelle. Hier ist aber belegt, dass die Höhe einer Strafe auch am Vermögen der Täterin / des Täters festgesetzt wurde.		

[367] Lebendige Heimat, 20. Jahrgang, November 2008, Nr. 11, 600 Jahre Kirchen–geschworene im Kirchspiel Scheeßel, Jürgen Hoops von Scheeßel

[368] StA Stade Rep.76 Nr. 1378 S. N Landgerichts Brüche von Scheeßel Hurenbrüche, 1647/1648

1664

Befragungsprotokoll (1) [369] - [370]

Befragung nach der Zugehörigkeit zum Landgericht im Rahmen der Beweiserhebung für einen Prozess vor dem Obertribunal zu Wismar

Nr	Text	Ort / Herkunft
1	Hermann **Lüdemann** erklärte: „Zu Landgerichte aber sey er vor diesem eine zeitlang nach Sittensen, auch eine zeitlang nach Scheeßel gegangen.“ (...) „Er ist erst 40 Jahre alt und seit 20 Jahren Bauer auf seinem Hof“. Ansonsten bestätigt er durch seine Aussage, die von Dietrich **Hastede** von Hetzwege.	Abbendorf
2	Johann **Meinecken** erklärte: „...,daß er vor der Schwedischen Zeit nach Sittensen, hernacher aber nach Eroberung der beiden Herzogthümber nach Scheeßel zu Landtgerichte gangen sei.“	Jeersdorf
3	Claus **Meinecken** erklärte: „...zu Landgerichte (sei er) gemeinlich nach Scheeßel gegangen, wisse auch, daß sein Vater (Tietke) vor diesem nach Sittensen gangen sey.“	Westeresch
4	Diedrich **Hastede** erklärte: „Er heiße Dietrich **Hanßtette**, sey 67 Jahre alt, sey vor diesem Christian **von Zahrenhaußen** zu Trochel Meier gewesen, habe sich nunmehr frey gekauft, gehöre sonsten an das Hauß Rotenburg.“ (...) „war seit 40 Jahren Bauer auf seinem Hof“ (...) „..was das Landtgericht anlanget, dey er vor der Schwedischen Zeit nach Sittenßen gangen, hernacher aber, als die königl Schwed die beeden Hertzogthümber einbgekommen, sey er nach Scheeßel ufs Gericht gefordert, auch dahin gegangen.	Hetzwege

[369] StA Stade Rep.28 I R Nr.17 Bd. II, Bl. 31-34, 1664

[370] Dörfler 2004, Seite 179 (1-3), Seite 706-708 (4-5)

zu	Zuordnung	Hof / Haus
1	Hermann **Lüdemann** ✳r 1624 Abbendorf † vor 31.12.1681 ebenda Anerbe und Halbhöfner,⚭r 1644 Scheeßel	Abbendorf JOHMS Haus Nr.4
2	Johann **Meinken** ✳ um 1618 Jeersdorf † 1682-1675 ebenda Vollhöfner, heiratete die Erbin Alheit **Brockman**	Jeersdorf BROKMANN Haus Nr.2
3	Claus **Meinken** ✳r 1624 Westeresch □ 1696 Scheeßel Anerbe und Vollhöfner, ⚭1 um 1644 Scheeßel ⚭2 1666 Scheeßel	Westeresch TIETEN Haus Nr.3
	Tietke **Meinken** Vater von Claus Meinken und Vorwirt ✳ um 1590 Westeresch † 1669-1680 ebenda Anerbe und Vollhöfner	Westeresch TIETEN Haus Nr.3
4 **!** [371]	Diedrich **Hastedt** ✳r 1597 Hetzwege † 1669-1677 ebenda Anerbe und Halbhöfner Anmerkung: Am 24. Juli 1665 wurde seine Ehefrau Anna, **als Hexe zu Rotenburg, bei lebendigem Leibe verbrannt.** War er durch den Kauf des Hofes nicht mehr in der Lage gewesen, eine Kaution zu zahlen, die möglicherweise mit einem milderen Urteil, wie zum Beispiel einer „Landesverweisung", quitiert worden wäre?	Hetzwege HASTEDT Haus Nr.6

371 Siehe hier im Buch unter „Die Hexenprozesse Teil 2", Seite 267, Nr. 1

1664
Befragungsprotokoll (2) [372] - [373]

Nr	Text	Ort / Herkunft
5	Peter **Meinecken** von Oldenhöfen (Er) hieße Peter Meinecken sey 63 Jahr alt und Rotenburgischer Meier, Wehre zu Oldenhoefen im Hertzogthumb Bremen, allda er über 40 Jahr gewohnet, Sey daselbst gebohren, (…)	Oldenhöfen
Bem.: Der Notar Philip Rudolph **Dammann**, der auch Bürgermeister von Rotenburg war, führte diese Befragung in den rechtswümmischen Dörfern Hetzwege, Abbendorf, Jeersdorf, Oldenhöfen und Westeresch durch.		
Dörfler stellt dazu fest: „Die Abbendorfer und Hetzweger, die ja vorher vom Gericht Elsdorf beansprucht wurden, gingen damals nach Sittensen zum Gericht, ehe sie endgültig nach Scheeßel gehörten. Somit ist mindestens seit 1624 für die beiden Dörfer Hetzwege und Abbendorf nicht Elsdorf, sondern Sittensen der Gerichtsplatz gewesen.“		

zu	Zuordnung	Bemerkung
5	Peter **Meinken** ✳r 1601 Oldenhöfen † 1664-1680 ebenda Anerbe und Viertelhöfner Er sagt u.a.: *„Er sei daselbst geboren“*! Das Jahr 1601 ist damit der älteste Beleg für die Neuansiedlung der wüsten, alten Höfe von Oldenhöfen.	Oldenhöfen PEETS Haus Nr.2
! [374]	Anmerkung: (…) am welches geschehen bey des Bischofen Hertzog Philippi Sigismundi Zeiten, wegen des entleibten Weibes zu Abbendorf, daß selbige von einem anderen Weibe erstochen, wiße er auch woll, wie auch daß der Cörper bey den Voigtte zu Scheeßel, nebst bey sich habenden Rotenburgischen Meiern nach Scheeßel geholet und daselbst begraben worden, welches damahlß Kirchspiel kündig gewesen; (…)	Er berichtet von dem Mord aus dem Jahre 1624. siehe dazu IV 1618-1648

[372] StA Stade Rep.28 I R Nr.17 Bd. II, Bl. 31-34, 1664
[373] Dörfler 2004, Seite 179 (1-3), Seite 706-708 (4-5)
[374] Siehe hier im Buch Seite 177

1652

Regelung der Hand- und Spanndienste im Amt Rotenburg [375]

In den Brüchen wird immer wieder für das Vergehen: „den Herrendienst versessen" gestraft, überwiegend, ohne dass der unterlassene Pflichtdienst darin benannt wurde.
In diesem Schreiben, das eine Anordnung darstellt, sind einige Aufgaben dieses Pflichtdienstes im Detail beschrieben. Der zum Herrenmeierdienst verpflichtete Bauer / Kötner / Häußling hatte auch die Möglichkeit, mit Genehmigung, anstatt den Dienst zu leisten, eine Abgabe zu entrichten. Nicht erscheinen, führte zur Bestrafung und wurde auf den zweimal im Jahr stattfindenden Landgerichtstagen in die Bruchregister niedergeschrieben und kassiert

7. Februar 1652
Kirchspiel Sottrum

Die Herrenknechte daselbst sollen Montagh, Diengstagh und Midtwo Hen allesampt im Luner Vorwerk pflügen.

Kirchspiel Scheßell

Westerholter mans, (wenn) sie heute nicht kommen sollen uff künftigen Montagh jeder mit seinem gespann ein Fuder Ziegellnsteine von Buchholtz (bei Visselhövede) hohlen, die selbigen 3tage aber, alß Dingstagh, Midtwochen und Donnerstagh zu Lune Heide hauwen und fahren.

Die Dorfer und Scheßeler sollen gleichfals jeder mit seinem gespann von Buchholtz 200 steine liefern und anhero bringen, wie auch was sic von Voriger machen nach restiren mit steine fahren nachhohlen.
Hese- und Abbendorfer sollen zum Mulmshorne pflügen und Mist fahren.
Wollstorfer, Bartelstorfer und Botheler sollen beim Schloß Vorwerk pflügen.
Die Haßendorfer und Unterstedter (sollen) nach Graffell zum pflügen.
Nachfolgende Müller- und Zimmerleuthe sollen am Montage am Schweinhauß zu Lune (Luhne) Zimmern.

- Der Müller von Lüntzen
- Ruthenmüller und Zimmermann zu Grawen (Grauen)
- Zimmermann zum Tatell (Hof Tadel)
- Zimmermann zu Dreyßel (Dressel)

[375] StA Stade Rep.76 Nr. 1379 Anno 1652, Kirchspiel Sottrum und Scheeßel

1652
Regelung der Hand- und Spanndienste im Amt Rotenburg [376]

14. Marty 1652
Kirchspiel Sottrum

Alle nach Lune (Vorwerk Luhne) zum pflügen.

Kirchspiel Scheßell

Hesedorfer und Abbendorfer wie auch die Jeersdorfer am Montage nach Mulmshorne zum pflügen;

Westerholter sollen jeder mit seinem Spanne nachen Lune kommen, und i(hren) herrn dienst mit pflügen abrichten.

Desgleichen auch die Scheeßeler nachen Lune zum pflügen und die übrigen muß sie schüldigh mit pflügen nach daselbst nachdienen;

Wolstorfer, Bartelstorfer, Haßendorfer und Unterstedet sollen Bauholtz fahren;

Die Botheler an hiesiges Vorwerk zum Mist fahren und die Koters zum Mistlahden (kommen);

- Zimmermann von Lohe (...) und Wolstorp,
- Müller zue Lüntzen
- Müller zue Ruthenmüller und
- Zimmermann zu Grawen (Grauen)
- Zimmermann zu Dreyßel (Dressel) und
- Zimmermann zum Tatell (Hof Tadel)
- Müller zum Federlohe und
- Müller zu Scheeßel

} nachen Lune zu Zimmer Arbeit

N.B. wegen der Scheite und Zaunpfhale (ein) Zimmermann

Bem.: Die Arbeiten auf den amtseigenen Feldern / Äckern und Baustellen zu koordinieren, dabei noch in der Buchführung die Pflichten der Meier aufs Peinlichste genau zu verzeichnen, bedurfte schon einer gut funktionierenden Verwaltung und Bürokratie. Wer diesen Pflichten unerlaubt fern blieb, wurde erfasst und mit einem Bußgeld belegt.

[376] StA Stade Rep.76 Nr. 1379 Anno 1652, Kirchspiel Sottrum und Scheeßel

1653

Geldregister Amt Rotenburg [377]

Im dieser Akte anhängenden Pfingstschatz werden folgende Orte unter „Vogtei Scheeßel“ aufgelistet.

Stendige Einnahme Voigtey Scheßel

Scheeßel, Westervesede, Ostervesede, Deepen, Bartelsdorf, Wohlsdorf, Jeersdorf, Helvesiek, Hesedorf

1664

Vernehmungsprotokoll im „Westerescher“ Hexenprozess [378 - 379 - 380]

Nr	Text	Bemerkung
1	Berend **Müller** erklärte die Nichtzuständigkeit des Amtes Rotenburg, die sich auf folgenden Sachverhalten begründet:	
	Bem.: Dieser Fall lag in der Verantwortung des Amtes Rotenburg, wobei die Beamten lediglich der Menschen habhaft werden durften, die auch ihrer Gerichtsbarkeit unterstanden. Dieses umfasste nur die Amts- und Pfarrmeier. Hofwirte, die zum Beispiel durch die Familien **von Schulten von der Lüh** aus Burg Sittensen, Kuhmühlen oder Dauendick mit einem Hof bemeiert waren, unterstanden damit automatisch der Gerichtsbarkeit der Börde Sittensen. Da der Hof, auf dem Berendt **Müllers** Tochter Dorothea mit ihrem Ehemann Johann **Holsten** lebte, ein Junkernmeier derer **von Schulten** war, musste Rotenburg Sittensen um Erlaubnis fragen, obwohl sich der Hof auf Rotenburger Gebiet befand. Das begann schon mit der Bitte, die Menschen vernehmen zu dürfen.	Der Müller der Scheeßeler Mühle und Vater von Dorothea **Holsten** geborene **Müller**

377 StA Hann Def.76c Be Rotenburg, Geldregister, 1653 (alt)
378 StA Stade Rep.72 172 Rotenburg Nr.1, BB, Blatt 1-74, 1664
379 Hoops von Scheeßel, 2011, Lasst sie brennen, Fall 8, S.57
380 Hoops von Scheeßel, Ringe von Bartelsdorf, 2009, mißbraucht und verbrannt, S. 41ff

1666/1669

Ausweisung von Neubauerstellen [381] - [382] - [383]

Auß der Vogtey Scheßel		
„Michaeliszins aus dem Scheßelischen Verwalter für 10 (zehn) Neue ausgewiesene Brinkkothen“ [384]		
1	Die Vogtei Scheeßel kassierte 1668 für 10 neu ausgewiesene Brinkkaten	71-21-6
2	Die Vogtei Scheeßel kassierte 1668 für in Brockel belegte 3 neu ausgewiesene Brinkkaten	17-0-40

Bem.: Anno 1666/67 waren noch 10, 1668/69 dann bereits 12 „*Neu ausgewiesene Brinkkaten*“ mit einer Abgabe von 72-21-6 erwähnt worden.

Um welche Katen es sich handelte, wird in der zurzeit in Arbeit befindlichen Monografie über die Weinkäufe und Hofgewinnungen im Amt Rotenburg enthalten sein. Diese Einträge zeigen deutlich die hohe Summe der Einnahmen, aber auch, dass dafür der Scheeßeler Amtsvogt zuständig war.

1666 - 1668

Wolfsjagden [385]

Verzeichniß deren Leute, welche auß der Vogtey Sottrum am 11ten Juli Anno 1667 gehaltener Luneburgischer Winter Jagd ausgeblieben.

Nr	Text	Strafe	Ort
1	Albert **Maneke**, sei des Vogts freyer Mann	24 ß	Sottrum
2	Gerdt **Lohman** „de voigts freyer Man“	24 ß	Sottrum
zu	**Zuordnung**	**Hof / Haus**	
1	Albert **Mahnken** 1650-1668 erwähnt	MAHNKEN auch ALBERTS, Vollhof	
2	Gerdt **Lohmann**, Vater von Gerd, der ⚭ 1689 den Barkhof erbt!	BARKHOF Halbhöfner	

Es liegt kein Protokoll aus der Vogtei Scheeßel vor, weswegen dieses aus Sottrum beispielgebende Strafen aus der Nachbarvogtei aufzeigt.

---

[381] StA Stade Rep.76 Nr. 1396, 1668

[382] StA Stade Rep.76 Nr. 41, 1668 (alt)

[383] StA Hann Def. 76c Be Rotenburg, Geldregister 1668/69 (uralt)

[384] StA Stade Rep.76 Nr. 1401, 1666-67, Amtsgeldrechnungen

[385] StA Stade Rep.74 Rotenburg Po. Fach 91 Nr. 1, 1659-1667

1668-1669

Amtsgeldrechnungen (auszugsweise Abschrift)
Einblicke in ein Rechnungsjahr des Amtes Rotenburg.

Landgerichtskosten (Seite 58 links)[386]

	Außgaben	Rthlr	ß	Pf
zu	Scheeßel	5	-	-
	Schneverdingen	7	-	-
	Salzhausen	5	-	-
	Vißelhövede	4	-	-
	den Mägden undt Hausleuten Drinkgeld	2	30	-
	zusammen	23	30	-

Ambtsgeld von Landgerichtsbrüchen (Seite 2)[387]

	Einnahmen	Rthlr	ß	Pf
zu	Scheeßel	35	32	-
	Schneverdingen	48	40	-
	Salzhausen	4	30	-
	Vißelhövede	31	-	-
	Kirchwalsede	11	36	-
	Ahausen	9	20	-
	Sottrumb	11	28	-
	Flecken Rotenburg	1	32	-
	zusammen	154	26	-

Verseßene Dienstbrüche (Seite 2)[388]

	Einnahmen	Rthlr	ß	Pf
	Vogtey Scheeßel	264	-	-
	Schneverdingen	547	-	-
	Vißelhövede	110	-	-
	Kirchwalsede	25	-	-
	Ahausen	87	-	-
	Sottrumb	106	-	-
	zusammen	1139	-	-

Jeder Rotenburger Herrenmeier hatte Hand- und Spanndienste zu leisten. Blieb jemand einfach weg, hatte er seinen Herrn quasi „sitzen lassen" (versessen) und wurde dafür mit einem Bußgeld belegt.

386 StA Stade Rep.76 Nr. 1404, Rotenburger Amtsgeldrechnungen, 1668-1669
387 StA Stade Rep.76 Nr. 1406, Rotenburger Amtsgeldrechnungen, 1668-1669
388 StA Stade Rep.76 Nr. 1406, Rotenburger Amtsgeldrechnungen, 1668-1669

1670, den 6. April

Landgerichtssachen vom 6. April 1670 [389]

Nr	Text	Strafe	Vorwurf / Tat
1	Die Depener haben eine große Heide(fläche) abgebrannt, (es) ist ein großer Brand, und sollen sie dafür (gerade)stehen, wenn sie nich(t) einen (Täter) nennen können.	40 Rthlr	Verdacht der Brandrodung.
	Bem.: Die Heideflächen waren Gemeindeeigentum, wobei das Heidehauen (kürzen) zur Verwendung als Brennstoff oder zum unterstreuen in die Ställe geregelt und beschränkt war. Inwieweit dieser Brand auch andere Schäden, als die Vernichtung dieser Recource zur Folge hatte, ist nicht überliefert.		

1670

Aufzeichnung des Scheeßeler Pastoren [390]

Nr	Text
1	Meyer schreibt: „Nach einer Aufzeichnung von Hinrich **Meyer** aus dem Jahre 1670 ist die Scheeßeler Amtsvogtei bei ihrer Einrichtung (bald nach 1300) mit einem beträchtlichen Teil des Pfarrlandes ausgestattet worden. Damals erhielt der Pastor als Pacht jährlich 16 Himbten Roggen. Diese Geringfügigkeit, bemerkt der Pastor, hätte er sich auch erst nach vielem, kostspieligem Prozessieren sichern können.“

[389] Heimatborn, 29.Jg vom 8. Juli 1961, Nr.13 (ohne Quellenhinweis)
[390] Meyer 1955, S. 76 LfdNr. 20 mit Hinweis auf das Scheeßeler Kirchenarchiv ohne Quellenbezeichnung- / Signatur

IV

Strafsachen, Totschlag, Mord, Hexenprozesse

1584 – 1670

Hier sind noch einmal die Straftaten, wie Totschlag, Morde sowie Hinrichtungen zusammengefasst, ohne sie noch einmal gesondert ausführlich zu kommentieren.

1584-1599 (1)

Nr	Text	Anno
1 [391]	...Tiheken **Holtermanns** Sohns aus Heetzwegde außen bei Rotenburch im Moratz **ermordet**...	1586
2 [392]	Lütke **Heitmann** wurde 1587 vorgeworfen, dass „*die Seinen*“, also Mitglieder seiner Familie, *am Galgen vertrocknet* seien. (siehe Seite 68 Zusatz zu LfdNr.22)	vor 1587
3 [393] [394]	Dr. Dörfler schreibt:[395] Aus Bremer Sicht wurden 1588 rückblickend einige Gerichtsfälle aus Jeersdorf und Bult beschrieben, die die Gerichtsherrschaft Sittensens über diese Siedlungen belegen sollten: *„Es habe sich bei Zeit Ertzbischoff Christoffers hochloblich und christmilder Gedechtnuß zugetragen, daß ein Frauensperson zu Jeerstorff, vor eine* ***Zaubersche*** *sei geschuldt und mit Zauberei bezichtiget, dasselbe sei an den Greven*[396] *zu Sittenßenn geklagt, auch dieselbe Sache vor den Sittenser Gerichts Zwange, zu Rechte geortert und ausgefunden worden, dahin sie dann auch Rechtts wegen gehoret, gehalet.“* „Dieser Fall besagt wenig, da zur Zeit der Personalunion in der ersten Hälfte des 16. Jahrhunderts die Kompetenz der Gerichte in Sittensen und Ottersberg / Sottrum beide Länder umfasste. So lagen in Ottersberg und Sittensen die Hinrichtungsstätten, die für alle Fälle aus den umgebenden Kirchspielen sowohl des Stiftes Bremen als auch des Stiftes Verden benutzt wurden.“	1588

391 StA Stade Rep.5b Fach 83 Nr.13b Bl.18-21, 1586

392 StA Stade Rep.76 Nr.1365 Seite 74 R-75 V gemeine Brüche 1587

393 StA Stade Rep.8 Fach 26 Nr.63 Bl.7R, 1588

394 Jürgen Hoops von Scheeßel, Lasst sie brennen, 2011, Fall I, Seite 10-11

395 Dörfler, Herrschaft und Landesgrenzen, Seite 701

396 Was der Grefe in Sittensen, war der Vogt in Scheeßel; siehe Beschreibung des Königreichs Hannover, S. 316

1584-1599 (2)

4 [397]	(...) einer mit Namen Roelff von **Bremen**, Heinrich **Meincken** zu Heitzwede bestohlen im Wemekelohe diesseits der Richterbeke, also in des Amt Rotenburg Territorio, gefangen und anhero uffs Haus Rotenburg gebracht, auch seiner dieberei und unthatt halber mit dem Schwerdt gerichtet worden. (...)	1593

zu	Zuordnung	Hof / Haus
1	Familie **Heitmann** zu Westervesede Lütke I. **Heitmann**, 1584-1587 erwähnt Hansche **Heitmann**, 1560-1567 erwähnt Die Teilung des alten Vollhofes HEITMANN zu Westervesede erfolgte vor 1560. Daraus entstanden die beiden Halbhöfe Nr.8 SLÜTEN / SCHLÜTEN und Nr.9 HEITMANN, wobei Hansche **Heitmann** als erster Halbhöfner auf Nr. 9 und sein Anverwandter und möglicher Bruder Henneke 1560 auf Nr.8 erwähnt wurde.	HEITMANN Vollhof später HEITMANN Haus Nr.8 und SLÜTEN Haus Nr.9
	Bem.: Gehängte ließ man seinerzeit zur Abschreckung am Galgen hängen bis sie von selbst abfielen. Es scheint so, dass hier der Vorwurf, dass ein Verwandter von Lütke **Heitmann** wegen eines Verbrechens zum Tod durch den Strang verurteilt worden wurde.	
2	Johann **Holtermann**, Tietkes Sohn Hetzwege, *um 1570 † nach 1586 hingerichtet	JAKKER Haus Nr.3
3	eine **Zaubersche** Eine Zuordnung ist nicht möglich. Das Urteil oder eine weitere Nachricht fehlt.	Jeersdorf
4	Rolf von **Bremen**	Wenkeloh
	Heinrich **Meinken**, Halbhöfner Hetzwege, 1548-1593 erwähnt	HEINS Haus Nr.5

[397] StA Stade Rep.5b Fach 83 Nr. 13b Bl.28-37, 21.12.1593

1592/1593

Aus den Gerichtsbrüchen der Vogtey Scheeßel [398]

Vom Landgericht zu Schessell

Nr	Text	Strafe	Vorwurf / Tat
33 [399]	Henrich **Lüntzmann** vorm Holtze, daß er Alcke **(...)** im Meierhofe vor (als) eine *Zaubersche* gescholten.	1	Verleumdung / Beleidigung
	Zufallsfund: Diese Beschuldigung der Zauberin ist bisher noch nicht bekannt geworden. Der Vogt scheint diese Anschuldigung als Verleumdung bewertet zu haben und strafte den Denunzianten.		

siehe 1592/93 Nr. 33 Seite: 116

zu	Zuordnung	Hof / Haus
33	Henrich **Lüntzmann** (der alte 2/3 Höfner) Bothel, vorm Holtze	HOOPS Haus Nr.31
	Alcke **(Lüntzmann)** im Meierhofe Bothel, wohl Johann Frau	MICHELS / KOHRS Haus Nr.1

1600-1618

Nr	Text	Anno
1 [400]	So haben auch die Meyere müssen erscheinen, den gerichtsgroten geben, und zu **Verbrennung der Zaubrischen** das holtz führen, oder dafür 6 groschen geben, wie Anno 603 die Leüte zum gerichte gefordert ein Urtheil über die Zaubischen zufinden, und Sie sich dessen beschwert, der Ambts Arrest daruff ervolgt, und habe ein Jeder mit einem halben Rthlr sich abfinden wollen.	1603
2 [401] [402]	(Den) Joachim **Maneken** hat H(errn) Ritmeisters **Ihsteberges** gesinde in die Wumme gejaget und ertrencket... (siehe Seite 166 Nr.2)	14. Juni 1611
3	**Hexenprozess** gegen Elisabeth **Dittmer** [403] - [404] - [405]	25. März 1614

[398] StA Stade Rep.76 Nr. 1367 S. 73 R, Gerichtsbrüche (Vogtei Scheeßel), 1592/93
[399] Siehe auch: Hoops von Scheeßel, 2011, Lasst sie brennen, Fall 24 in der 2.Auflage
[400] StA Stade Rep.5b Fach 83 Nr. 13c Blatt 295-348 Protokollum Sottrumb 1619 S. 315R
[401] StA Stade Rep.8 Fach 26 Nr. 63 Bl. 6R-7, 14.6.1611
[402] Dörfler 2004, S. 837
[403] Nds StA Wolfenbüttel, 37 Alt Nr.1842, Seite 320 V, Auszug Seite 76 v 25.3.1614
[404] Siehe auch: Hoops von Scheeßel, Ringe, 2009, mißbraucht & verbrannt, Seite 290
[405] Siehe auch: Hoops von Scheeßel, 2011, Lasst sie brennen, Fall 3, Seite 15

zu	Zuordnung / Bemerkung
1	Den Gerichtsgroschen hatte jeder Amtsmeier zu entrichten, sozusagen als Gebühr zur Teilnahme an einem Hinrichtungstag. Dies galt auch dann, wenn für diejenigen, die der Gerichtsbarkeit des jeweiligen Amtes unterstanden, Teilnahmepflicht bestand. Eine legitime Einnahmequelle, um die Kosten für den Aufwand von Amtswegen zu decken.
	Anno 1603 wurde eine Frau, die als **Zaubersche** bezeichet wurde im Amt Ottersberg von Leben zum Tod auf dem Scheiterhaufen verbrannt.
2	Aus welchem Dorf Joachim **Mahnken** stammte, lässt sich nicht eindeutig sagen. Da aber Jeersdorf näher an der Wümme lag als Wittkopsbostel erscheint Jeersdorf wahrscheinlicher.
3	Elisabeth **Dittmer** wurde in Rotenburg am 25. September 1614 in einem Gutachten erwähnt, indem sie der Zauberei beschuldigt wurde und die Terretion, d.h. die Folter mittels Zeigen der Instrumente durch den Henker, erlaubt wurde. <u>Bem.:</u> Die Unterlagen sind in „mißbraucht & verbrannt“ verwandt und untersucht worden. Im Sachbuch „Lasst sie brennen“ ist eingehend jeder Justizfall umfassend aufgearbeitet und beschrieben worden auch der von Elisabeth Dittmer, soweit es die Unterlagen zuließen. Als Wohnort wurde Helvesiek in beiden Büchern angenommen und begründet.

1640/1641

<u>*„Beschuldigung der Hexerei“* **Landgericht zu Scheeßel (1)**</u> [406]

Nr	Text	Strafe°	Vorwurf / Tat
2	Anneke **Früchtenicht** (Ehefrau von Ludolf) zu Brockel hat gesagt zu Metken **Lüdemanns**, Sie ginge mit dem Teuffel umb das wehre auch ihr Gott (siehe Seite 230)	½	… ½ Höfner

[406] StA Stade Rep.76 Nr. 1377 Seite 51 Brüche, 1640/1641

Nr	Text	Bem.:
	Mord von Abbendorf 24. Oktober 1624	
1	Diedrich **Hastede** von Hetzwege berichtet 1663: (...) dass zwei Soldaten Weiber miteinander gezancket und eines das ander mit einem Messer **erstochen** und entleibet (...)	407
	Peter **Meinecken** von Oldenhöfen berichtet 1663: (...) am welches geschehen bey des Bischofen Hertzog Philippi Sigismundi Zeiten, wegen des entleibten Weibes zu Abbendorf, daß selbige von einem anderen Weibe erstochen, (...)	408
	Todtschlag von Varel 1639	
2	„Nota. Die Uhrsache warümb dieser Hoff an die Herrschaft verfallen, soll sein, weiln des itzigen Pachter Johan **Meyer** sein Großvater (Jürgen Meyer) einen Todtschlag (1639) begangen, dahero Er den Hoff quitieret und were selbiger daraufhin an die hisige Vogtey geleget worden; für ohngefehr 50 Jahren habe ged. Johan **Meyern** Großvatter, das Meierrecht noch das in gehabt.“	409
	Todtschlag von Scheeßel 1640/1641	
3	Peter **Schulerman** der habe Jürgen **Holsten** tödlich in den Kopff Verwundet, also das der Veltscherer an seinen Leben gezweifelt, giebt ...	410

[407] StA Stade Rep.28 IR Nr. 17 Bd.II Bl.24-34, hier Bl.31R, 1663
[408] StA Stade Rep.28 IR Nr. 17 Bd.II Bl.24-34, hier Bl.33R, 1663
[409] Miesner 1938, Jordebücher Kreis Rotenburg 1692/1694, S. 82 unter Varel
[410] StA Stade Rep.76 Nr. 1377 S. 50 R Einnahmb Schesell, 1640/1641

zu	**Zuordnung**	**Hof / Haus**
1	Interessant an dieser Geschichte ist, dass damit ein Hochzeitsterim überliefert wurde. Am 24. Oktober 1624 heiratete Hinrich **Heitmann** die Hoferbin Catharina **Bade** von Abbendorf, auch „Buddens Trine“ genannt.	BUDDEN Haus Nr.3
2	Als Jürgen **Meyer** noch das Meierrecht, es aber wegen eines begangenen **Totschlages** 1639 verloren hatte, fiel dies der Kirche zu Scheeßel zu. Er hatte nach dem Totschlag den Hof "quittiert", das bedeutete, er hätte ihn nicht weitergeführt sondern übergeben. Jürgen Meyer wurde abgemeiert, d.h. ihm wurde die Führung des Hofes entzogen. Mehr ist den Quellen nicht zu entnehmen. Ob er deswegen nicht nur verurteilt, sondern auch gerichtet wurde ist ungewiß, eine Hinrichtung ist jedoch sehr wahrscheinlich.	VARELMANN Haus Nr.1
	Johann **Meyer**, Enkel von Jürgen ✳ 1569 ✝ 1710 Anerbe und Vollhöfner zu Varel	VARELMANN Haus Nr.1
3	Peter **Schülermann**, 1. Wirt auf den Kate Scheeßel, 1640/1641 erwähnt, Pflugkötner - ihm folgt sein ältester Sohn Berendt - sein jüngerer Sohn Peter heiratete in Scheeßel auf BADEN ein und wurde dort von 1642-1677 als Halbhöfner erwähnt.	SCHÜLERMANN Haus Nr.20 BADEN Haus Nr.8
	Jürgen **Holsten** Scheeßel. Er könnte ein Sohn oder Bruder von Jacob **Holsten** aus Langschens, Haus Nr.27 oder ein Sohn von Lütke **Holsten** aus Holstens, Haus Nr.7 gewesen sein, aber das sind nur Vermutungen.	

Nr	Text
411 412	**Der Doppelmord von Scheeßel**[411] 12. Februar 1658[412]
	Am 12. Februar 1658 wurde der 36jährige Scheeßeler Krugwirt Daniel **Sarnighausen** in seinem Amtskrug erschossen.
	Bem.: Haus Nr.32, Amtskrug
	Hans Christoph **Nagel**, der Amtmann von Bederkesa war mit einer Kutsche zu einer Sitzung aller Amtmänner nach Stade einbestellt worden. Aus Sorge vor marodierenden Räuberbanden fuhr er einen Umweg, der ihn über Scheeßel nach Stade führen sollte. Für die Nacht quartierte er sich vom 12. auf den 13. Februar im Scheeßeler Amtskrug ein.
	Bem.: Daraus ist eindeutig belegt, dass dieser nicht nur ausschank, sondern bereits 1658 Übernachtungsmöglichkeiten bot.
	Des Nachts kamen dann die vom Generalmajor Eggerich Johann **Lübbes** geführte Schar Reiter. Sie entführten den Amtmann nach Bremervörde. Der Scheeßeler Krugwirt und der Amtsdiener wollten diese Entführung verhindern und bezahlten dieses mit ihrem Leben.
	Bem.: Sarnighausen folgte Johann **Bellmann** als Krugwirt nach. Er war Daniels Nachbar aus BELLMANNS Kate, Haus Nr.15.

[411] StA Stade Rep.5a Fach 375 Nr. 16, Das Amt Bederkesa von 1654 bis 1713
[412] Rotenburger Schriften 2001, Nr. 88, S.107ff

1662-1664

Die Hexenprozesse Teil 1 [413] - [414] - [415]

Nr	Text	Anno	Resultat / Folge
1	gegen Gretke **Meinken**, Westeresch	1664	† Hinrichtung am 9. Sept. 1664
2	gegen Mette **Meinken** geb. **Hopes**, Westeresch	1664	† Selbstmord am 29. Juni 1664

zu	**Zuordnung**	**Hof / Haus**
1	Margarethe **Meinken** genannt Gretke ledige Tochter von Claus und Mette Vollhöfner in Westeresch ✱r 1646 Westeresch † 9. September 1664 Rotenburg	TIETENS Haus Nr.3
2	Mette **Meinken** geb. **Hoops** Ehefrau von Claus Vollhöfner in Westeresch, ✱um 1624 Höperhöfen HOOPS Haus Nr.6 † 29. Juni 1664 Rotenburg	TIETENS Haus Nr.3

Im 1. Samuel Kap 28
findet sich die Geschichte über die
„Hexe von Endor“

[413] StA Stade Rep.72, Rotenburg Nr. 1 BB, Blatt 1-74, 1664

[414] Siehe auch: Jürgen Hoops von Scheeßel, Ringe von Bartelsdorf, 2009, mißbraucht & verbrannt

[415] Siehe auch: Hoops von Scheeßel, 2011, Lasst sie brennen, Fall 8

1664-1665

Die Hexenprozesse Teil 2 [416] - [417] - [418]

„sogenannte Kettenprozesse“

Nr	Text	Anno	Resultat / Folge
1	gegen Anna **Hastede**, Hetzwege	1664-1665	Hinrichtung † 24.7.1665
2	gegen Cilli **Bassen**, Wittkopsbostel	1664-1665	keine Verurteilung
3	gegen Zillia **Meinken**, Oldenhöfen	1664-1665	keine Verurteilung
4	gegen Grete **Heitmann**, Westeresch	1664-1665	keine Verurteilung
5	gegen Anna **Ratchen**, Westervesede	1664-1665	Ausweisung im Juli 1665
6	gegen Mette **Meinken**, Westeresch	1664	Selbstmord † 29.6.1664
7	gegen Tibke **Hollmann**, Bartelsdorf	1664-1665	Ausweisung im Juli 1665
8	gegen Anna **Verseman**, Ostervesede	1664-1665	keine Verurteilung
9	gegen Trine **Heitmann**, Abbendorf	1664	unbekannt
10	gegen Jürgen **Wichern** / Joachim **Wichern**, Stemmen	1664 [419] - [420]	kein Beleg für Hexenprozess
11	Verdacht der Hexerei gegen eine **unbekannt Frau** aus Westerholz	1664	keine Anklage

[416] StA Stade Rep.72, Rotenburg Nr. 1 BB, Blatt 1-74, 1664

[417] Siehe: Hoops von Scheeßel, Ringe von Bartelsdorf, 2009, mißbraucht & verbrannt

[418] Siehe: Hoops von Scheeßel, 2011, Lasst sie brennen, Fall 8

[419] Heimatborn 1927 Nr. 10 Seite 3, Junck

[420] Stemmen, Stemmen und abermals Stemmen, 2009, Heimatverein Stemmen und Jürgen Hoops von Scheeßel, S. 583-586

zu	Zuordnung	Resutat / Folge
1	**Anna Hastede** geb. N.N., Ehefrau der Gebrüder Carsten und Diedrich, Halbhöfner in Hetzwege, HASTEDT, Haus Nr.6 ✱um 1605 † 24.7.1665 lebendig verbrannt	beschuldigt am 23.7.1664, verhaftet am 25.5.1665
2	**Cillie Bassen**, Tochter von Peter, 2/3 Höfner in Wittkopsbostel, HILMERS Haus Nr.1, 1677 wurde sie ledige Mutter einer Tochter	beschuldigt am 23.7.1664 und am 9.9.1664
3	**Zillia Meinken**, Ehefrau von Peter in Oldenhöfen, ¼ Höfner, PEETS Haus Nr.2 ✱um 1600 † zwischen 1665-1681 Sie war die Ziehmutter von Trine **Meinken**, einer Cousine der hingerichteten Gretke **Meinken** von Westeresch.	beschuldigt am 9.9.1664
4	**Grete Heitmann**, geb. N.N., Ehefrau von Hinrich in Westeresch, Häusling auf DEDEN, Haus Nr. 7 ✱um 1615	Die Familie ist nach 1684 verzogen
5	**Anna Rathjen** geb. **Heitmann**, 2. Ehefrau von Lütke in Westervesede, Häusling auf CORDS, Haus Nr.10 ✱um 1635 † nach 24.7.1665	Lütke heiratete am 26.10.1669 erneut
6	**Mette Meinken** geb. **Hopes**, Ehefrau von Claus in Westeresch, Vollhöfner, TIETENS Haus Nr.3, Mutter von der hingerichteten Gretke. ✱um 1624 † 29.6.1664	Selbstmord im Gefängnis, sie hatte sich erhängt.
7	**Tibke Hollmann**, verwitwete **Behrens**, geb. N.N., 2. Ehefrau von Peter **Hollmann**, Kötner in Bartelsdorf, KÖTS Haus Nr. 11 ✱um 1607 † nach 24.7.1665	Witwe von Joh. Behrens, Nr.4 Bartelsdorf BEHRENS
8	**Anna Veersemann** geb. **N.N.**, auch „Piepen Annken“ genannt, 3-fache Ehefrau auf Ostervesede, KATMANN Haus Nr.14 ∞1 mit Johann **Meyer** ∞2 mit Peter **Veersemann** ∞3 mit Joachim **Veersemann** ✱um 1605 † 1676-1681	1676 als Witwe und Kötnerin erwähnt. Piepen Annken Ehemann war Piependreier = Drechlser
9	Catharina **Baden** (Buddens Trine) ✱um 1600 Ehefrau von Heinrich **Heitmann**, Abbendorf (siehe 1624, Nr.1, S.177)	BUDDEN Haus Nr.3 beschuldigt am 9.9.1664

zu	**Zuordnung**	Resutat / Folge
10	**Jürgen Wichern**, Interimswirt JOHMS in Stemmen ✱um 1618 ✝ nach 1675 **Joachim Wichern**, Stemmen, ggf. JÜRGENS Stiefsohn und Anerbe auf JOHMS Haus Nr.18 ✱um 1616 ✝ 1696	JOHMS Haus Nr.18
	Bem.: Ob sich diese Peinlichen Befragungen im Rahmen eines Hexenprozesses, oder einer gemeinen Straftat begründet, ist noch ungeklärt. Aufgrund der Möglichkeit, dass es sich um einen Prozess nach Artikel 109 der Halsgerichtsordnung gehandelt haben könnte, ist dieser Fall, damit er nicht in Vergessenheit gerät, in meinen Büchern[421]-[422], wie auch hier aufgenommen worden. Sollte sich der Verdacht aufgrund eines Aktenfundes begründen, oder gar entkräften, werde ich ihn an anderer Stelle entsprechend einbringen.	

„Wer Menschenblut vergießt, dessen Blut soll auch durch Menschen vergossen werden; denn Gott hat den Menschen zu seinem Bilde gemacht."

(1. Buch Mose 9,6)

[421] Heimatverein Stemmen, „Stemmen, Stemmen und abermals Stemmen", 2006
[422] Hoops von Scheeßel, „Lasst sie brennen", 2011

1666-1669

Die Hexenprozesse Teil 3 [423] - [424] - [425]

Die letzten Auswirkungen des Hexenprozesses von 1664

Nr	Text	Anno
1	Der Juristen Facultet zu Rinteln für ein Responsum *(Gutachten)* wegen Curdt **Bahden** und Margreten **Helmers** zu Helvesiek Procehses den 16. July Ao 1669	16.7.1669

zu	Zuordnung	Resultat / Folge
1	**Cord Baden**, Häusling in Westeresch auf KLAUS Haus Nr.1. † 1689 Er war mit Margretha **Dittmer** aus Helvesiek verheiratet.	keine Verurteilung bekannt
	Margrethe Helmers in Helvesiek. Sie war dort wohl Dienstmagd und ist vermutlich die Tochter vom Halbhöfner Joachim **H.** aus Stemmen, HOOPS, Haus Nr.13	keine Verurteilung bekannt

„Die Zauberinnen sollst Du nicht am Leben lassen."

(2. Buch Mose 22,17)

[423] StA Stade Rep.76 Nr. 1404 Seite 60V vom 16. Juli 1669

[424] Siehe auch: Jürgen Hoops von Scheeßel, Heinrich Ringe, 2009, mißbraucht & verbrannt, Seite 273-275

[425] Siehe auch: Jürgen Hoops von Scheeßel, 2011, Lasst sie brennen, Fall 23

„Wer einem Vieh beiwohnt, der soll des Todes sterben."

(2. Buch Mose 22,18)
Sodomie, sexuelle Handlungen mit Tieren

„Wer einen Menschen schlägt, dass er stirbt,
der soll des Todes sterben."

(2. Buch Mose 21,12)

„Wenn sich jemand zu den Geisterbeschwörern und Zeichendeutern wendet, dass er mit ihnen Abgötterei treibt, so will ich mein Antlitz gegen ihn kehren und will ihn aus seinem Volk ausritten."

(3. Buch Mose 20,6)

Anordnung zur Teilnahme an Hinrichtungen von Zauberinnen:[426]

Auszug aus Seite 61

No. 1

Quo ad Criminales causas, müßen alle abgesetzte Vehrdische, und andere Guthsherrn Meiger Zum Peinlichen Gerichte erscheinen, im Jeder einen groten geben, und uber daß, man ***Zaubersche*** *gebrandt werden sollten, ~~und uber daß~~ ein Fuder Holtz od(er) Torff auff die Gerichtsstede führen, und alßo die onera Judicu gleich anderen Eingeseßenen mitt tragen, wehr sich nicht eingestaltt, oder seine gepühr nicht entrichtet, ist jeder Zeitt deßwegen in straffe genohmmen worden, quod signa sub jectionis.*

Bem.: Hier ist die Anordnung niedergelegt, dass die Teilnahme an einer Hinrichtung, einer wegen Zauberei verurteilten Person, Pflicht war. Dabei war der Gerichtsgroschen zu entrichten und, dass die Amtsmeier das Brennmaterial für den Scheiterhaufen anzuliefern hatten, sowie die Festlegung, dass, wer nicht erscheint oder die Gebühr nicht entrichtet, gestraft werden würde.

Es wurde Holz oder Torf als Brennmaterial genutzt, wobei dieses der Familie des zum Tode verurteilten Menschen in Rechnung gestellt wurde.

Die Überschrift des Dokuments lautet auf Seite 58:

„Verzeichniß der Dokumentem, damit man zu beweißen, das der Wümmestrom die rechte Grentz, und Scheidingh zwischem den Heüßern Otterßbergh, und Rodenburgh,.....“

„Wenn ein Mann oder eine Frau Geister beschwören oder Zeichen deuten kann,
so sollen sie des Todes sterben; man soll sie steinigen; ihre Blutschuld komme über sie.“

(3. Buch Mose 20,27)

---

[426] Rep 5b Nr.1800 Brüche 1609 Seite 58-65

„Wenn jemand die Ehe bricht mit der Frau seines Nächsten, so sollen beide des Todes sterben, Ehebrecher und Ehebrecherin, weil er mit der Frau seines Nächsten die Ehe gebrochen hat."

(3. Buch Mose 20,10)

„Wenn sich jemand zu den Geisterbeschwörern und Zeichendeutern wendet, dass er mit ihnen Abgötterei treibt, so will ich mein Antlitz gegen ihn kehren und will ihn aus seinem Volk ausritten."

(3. Buch Mose 20,6)

Hoheitseinnahmen und Strafgelder
1837-1839

150 Jahre und viele Ordnungen später

Anstelle einer alten Gerichtsordnung füge ich an dieser Stelle aus den Amtsgeldrechnungsbüchern des Jahres 1837-39 eine Abschrift aus den „II Hoheits-Einnahmen 5. Strafgelder“ [427] ein, die einen Einblick in die damaligen Verfahren, wenn auch 150 Jahre nach der Gerichtsordnung von 1688.

Einnahme
II. Hoheits-Einnahmen
5. Strafgelder

Inhalts des dem mon. Spec. 30. de 1838/39 sub N° XXVI angelegten Registers noch 21. Juny 1833 und des dem G. R. de 1833/34 ad mon. Spee 62 sub N° XXXVIII beigefügten Resripts vom 23. Septembr. 1834 wird hierselbst pro prineipio angeführt, daß von dem im hiesigen Amte aufgekommenden Strafgeldern – jedoch mit Ausnahmen der Amtsbruche sowie der Forst- und Jagdbrüche – den Denuncianten den 4. Theil der gehobenen (verhängten) Geldstrafen gebühre,

Bem.: Denunzianten wurden mit einer Belohnung in Höhe von 25% der verhängten Geldstrafe bedacht. Von den verbleibenden 75% rechnete der Fiskus seinen Aufwand und die Abgaben an den Landesherrn ab. Dennoch erzielte er netto durchaus satte Einnahmen.

daß aber auch häufig Fälle vorkommen, ergo entweder keine, oder aber höhere, als die gewöhnlichen Denuncianten Gebühren zuerkannt werden und müssen die Ausnahmefälle im Bruchregister bemerkt seyn.
mon. spee, 57
Aus dem, dem mon. spez. 57 de 1837/39 sub N° XXXIX (Aktenzeichen der Ablage) Resripts Kgl. Landdrostei zu Stade vom 23. July 1840 welches in Beziehung auf den Anspruch des hiesigen Amtsunterbediente, an die quarta von allen Landgerichten Geldstrafen erlassen ist, wird hieselbst angeführet, daß die hiesigen Amtsunterbedienten 1ster Classe zum Genusse des 4. Theils der Landgerichtsgeldstrafen und in so weit berechtigt seine Räume, als die Vergehen wirklich rege denselben denuncieret worden sind, zumal in

[427] StA Stade Rep.76 Nr. 1466, 1837-1839, S. 348-352

manchen Fällen sogar der Denuncianten einen gesetzlichen Anspruch auf einen Theil der Strafe hat.
Ausnahmsweise soll jedoch den jetzt angestellten Amtsunterbedienten der Genuß der quartar der Geldstrafen für die nicht von ihnen denuncierten (angezeigten) Vergehen gelassen werden,

Bem.: Dem Amtspersonal wurde hiermit „ausnahmsweise“ auch die Möglichkeit des Erhalts einer Belohnung eingeräumt.

informiert nicht den Denunciaten ein gesetzlichen Anspruch davon zusteht, oder der Denuncianten vermöge Amtspflicht das Policirery ehen zur Anzeige gebracht hat, als wie bei den Landgendarmen, Untervoigten, Bauernmeister, Feld- und Feuergeschworenen der Fall ist.
Für die Folgen sollen in den Strafregistern Fälle ero hiernach der quarta einen Anderen als den Amtsunterbedienten zukommen genau bezeichnet werden.

Bem.: Amtsunterbediente waren die Landgendarmen, Untervoigte, Bauernmeister und die Feld- und Feuergeschworene.

A[10]
Noch wird zur Vervollständigung der vorstehenden Principe aus den in Abschrift angeschlossenen Resripts Königl. Landdrostei zu Stade vom 12. Juny 1837 hieselbst bemerkt, daß den Amts Unterbedienten die quarta von den Strafgeldern, hinsichtlich deren ein Erlaß bewilligt worden ist, nur dann zukommen kann, wenn die quarta ausdrücklich vorbehalten und von dem Erlasse ausgenommen ist, und daß in den Fällen, wo in den Erlaßverfügungen wegen der quarta nichts vorbehalten worden ist, vorzunehmen seyn wird, daß auch dieser Theil der Strafgelder den Eingerroyten erlassen worden sey.

Bem.:
Ein sehr schwer zu verstehendes Amtsdeutsch mit einer klaren Aussage, wie und in welchen Fällen nach welcher Order zu verfahren ist.

Es kommen an Strafgeldern zur einer ansehlichen Berufung.

Inhalts Resripts vom 7. July 1840 und Übersicht vom 1. Quartale	133-7-6
Besag(t)e der unterm 1. Febr. 1840 und ... Übersicht vom 2. Quartale	126-16-9
Voriger Resripts vom 25. März 1840 und Übersicht vom 3. Quartale	107-20-3
Übersicht vom 4. Quartale	123-6-0
Besage Ord.(er) vom 30. Septbr. 1839 von Gottlieb **Neumann** in Scheeßel statt Gefängnis	6-0-0
Laut Ord. v. 7. Oktbr. 1834 vom Chirurg **Koch** in Hansahlen, desgleichen (statt Gefängnis)	1-0-0
Inhalts Ord. v. 31. Octbr. 1839 von Cath. Margr. **Dohrmann** in Scheessel desgleichen (statt Gefängnis)	2-0-0
Laut Ord. v. 20. Febr. 1840 von **Callmanns** Meierhof in Tevel, Hausierstrafe	3-18-0
Besag(t)e Ord. v. 16. März 1840 von Anna Marie **von Fintel** in Hertel statt Gefängnis	3-0-0
Vermöge Rescr. v. 1. May 1840 von Anna **Schröder** in Lünzen desgleichen (statt Gefängnis)	2-0-0
Laut Reysr. v. 4. Juny 1840 von Anna Marie **Cordes** in Rieckenbostel desgleichen (statt Gefängnis)	3-0-0
Inhalts Ord. v. 29. Juny 1840 von Anna Cathr. **Vesper** desgleichen (statt Gefängnis)	2-0-0
Besag(t)e Ord.(er) v.(om) 29. Juny 1840 von Ilse Marie **Dittmer** in Tadel desgleichen (statt Gefängnis)	2-0-0
Inhalts Ord. v. 6. August 1840 von Anne Margarethe **Richter** in Visselhövede	2-0-0
Jacob **Oelfke** in Vrenzen Amts Fallingbostel	5-0-0
Besag(t)e Ord.(er) v.(om) 20. Aug. 1840 von Cord Heinrich **Menze** zu Süderwalsede statt Gefängnis	1-0-0

Bem.: Die hier erfassten Personen sind nicht zugeordnet worden, wie in den Brüchen zuvor. Diese Abschrift soll die Verfahrensweisen aufzeigen und belegen, dass es sogar Belohnungen für das Anzeigen von Vergehen gab, aber auch, dass gegen eine Zahlung die Gefängnisstrafen umgewandelt werden konnten. Das sparte dem Fiskus Kosten für die Inhaftierung. Sicherlich war es in früheren Zeiten nicht wesentlich anders geregelt, und selbst in der heutigen Zeit werden Belohnungen für sachdienliche Hinweise zum Ergreifen von Straftätern ausgelobt.

Nachweisung

der ausgesetzten Strafgäste aus früheren und dem abgelaufenen Rechnungsjahr, so weit solche beim Schlusse desselben ihre Erledigung noch nicht gefunden haben.

Erledigt im Straf Register sub Litt Jahr N°

1. N° 100 Claus **Gehrken** und Cauf in Fintel
2. N° 27 Hartwig **Köster** und Johann Christoph **Heitmann** in Hemsbünde
3. N° 76 Johann **Tamke** zu Veerse
4. N° 311 Die Pfarre zu Sottrum
5. N° 3 Hans Hinrich **Gehrken** in Bothel
6. N° 17 Peter **Hollmann** in Bartelsdorf
7. N° 24 Christian **Bellmann** und Cauf in Westerholz
8. N° 50 Christoph **Brocks** Schäfer Heinrich **Weseloh** in Schülernbrockhof
9. N° 51 Christoph **Brocks** daselbst
10. N° 72 Friedrich **von Frieling** und Hans Heinrich **von Elling** in Leverdingen
11. N° 120 Christoph **Lange** zu Schwitschen
12. N° 124 Hinrich **Gehrke** zu Ahrsen
13. N° 137 Hermann **Lüdemann** zu Schwitschen
14. N° 173 Claus Heinrich **Intemann** in Ahausen
15. N° 186 Brüne **Prüser** in Hellwege
16. N° 187 Heinrich **Böserills** Ehefrau und dessen Schwester daselbst
17. N° 195 Claus Heinrich **Müller** in Sottrum
18. N° 23 David **Dehning** zu Fintel
19. N° 91 Johann Heinrich **Röhrs** zu Riepsholm
20. N° 92 Johann Heinrich **Prigge** daselbst — Nr.20 ist doppelt gen.
20. N° 20 Superintendent **Kettler** in Schneverdingen
21. N° 27 Heinrich Christoph **Gevers** und Jürgen **Behnemann** zu Schwalingen
22. N° 43 Schäfer Cord H. **Meyer** in Süderwalsede
23. N° 42 August **Eggers** aus Lünzen, Amts Burgdorf, jetzt in Dienst zu Lüneborg
24. N° 58 Friedr. **Hildebrandts** Ehefrau in Schwitschen
25. N° 62 Hinrich **Rosebrock** in Hiddingen, im Dienst beim Cavallerie Regimente.

Bem.:

Diese Aufstellung zeigt eine weit gestreute Restantenliste, in der selbst ein Superintendent aufgeführt ist.

Auswertung und Statistik

Eine Auswertung am Beispiel von „Thomas Wiedemann, Einwohner in Scheeßel"

Thomas, auch Tönjes **Wiedemann** war Sohn des 1sten evangelischen Scheeßeler Pastoren Thilo **Wiedemann**, der bereits im Jahr um 1567 seinen Dienst angetreten haben soll. Thomas Vater folgte als Pastor, dann 1579 Bernhard **Textorius**.

Die Nachfahren von Thilo **Wiedemann**, so ist es überliefert, lebten in der Wiedemannschen Kirchenkate mit der späteren Brandkassennummer 22 in ärmlichen Verhältnissen, so auch Thomas **Wiedemann**. Anno 1599 wurde die Witwe von Thilo noch lebend erwähnt.

Thomas wurde um 1575 in Scheeßel geboren, lebte 1639 noch und hatte ebenda um 1597 Adelheid **Becker** geheiratet. Sie hatten nachweislich zwei Söhne, Christoph, den Anerben und einen weiteren Sohn, dessen Name nicht überliefert ist, der aber 1639 vom Nachbarn Johann **Bellmann** als Tönjes Wiedemanns Kind gescholten wurde.
Thomas ältesten Sohn, der Anerbe Christoph, haben viele Scheeßeler in ihren Ahnentafeln als Vorfahren.

Seine überlieferten Vergehen und Verwicklungen in denen er Täter, aber auch Opfer war, zeigen ein deutliches Profil und geben einen Einblick in den Umgang der Menschen untereinander in der damaligen Zeit.
Die Zuordnungen der beteiligten Personen sind auf den Bezugsseiten dieses Buches zu entnehmen.

Anno	Seite	Nr.	Text	Strafe
1599 1600	136	1	Thomas **Wiedeman** hat Ulrich **Cordes** auf seinem Grund Gewalt angetan, seine Frau zur Boden geworfen.	2 Rthlr
		8	Berend **Inselmann** hat Thomas **Wiedemann** aufm Bauernbrink geschlagen.	
	138	11	Thomas **Wiedemann** hat Hansche **Heitmann** auf freier Straße blutig geschlagen	½ Rthlr

1610	157	1	Anno 1610, den 28ten Oktober, ist ein Soldat aus Schweden gekommen. Wegen des vielen Wassers hat er den Weg bei der neuen Brücke nicht gesehen und sich nicht festhalten können. Die Strömung der Wümme hatte ihn erfasst und er ist ertrunken. Thomas **Wiedemann** aus Scheeßel hatte ihn am Busch hängend gefunden.	
1621 1629	172	3	Tonnies **Wiedemann** soll Alheit **Beckers**, seine Ehefrau als ein Thor und als ein verlogener Sack beschimpft haben, die schlimmer als ein Dieb durch Leid das Geld aus der Kiste gestohlen hat.	1 Rthlr
		4	Alheit **Beckers** hat Tonnies **Wiedemann** ihren Ehemann beschimpft, er habe Bucheckern aus dem Backenhaus gestohlen.	1 Rthlr
		5	Johann **Belmann** hat Tonnies **Wiedemann** offenbar als einen Dieb beschimpft.	
1631 1632	182	3	Hans **Heitmanns** Schäfer hat Tonnies **Wiedemanns** Frau als eine Hure beschimpft.	
	184	1	Thomas **Wiedemann** hat Peter **Wahlers** Sohn in seinem eigenen Hause schlagen wollen.	1 Rthlr
		2	Peter **Wahlers** hat Thomas **Wiedemann** mit dem Piecke (Hellebarde) in die Haustür gestochen und gesagt: „Das hast Du jetzt davon und Du sollst noch ein wenig mehr davon bekommen“.	½ Rthlr

1633	208	6	Thomas **Wiedemann** hat Meinke **Bellmann** als einen Plackendieb beschimpft, es aber nicht beweisen können, weswegen er selbst gestraft wurde.	½ Rthlr
		8	Thomas **Wiedemann** Ehefrau hat Christoff **Wohlberg** als einen schrägen *katholischen* Schelm bezeichnet.	½ Rthlr
		9	Christoffer **Wohlberg** hat Thomas **Wiedemanns** Ehefrau in ihrem eigenen Hause geschlagen und gescholten.	
1639	212	2	Johann **Bellmann**, Meinke **Bellmanns** Sohn, hat Tönnies **Wiedemanns** Frau als eine Hure beschimpft und sie als eine Diebin bezeichnet.	
		3	Johann **Bellmann** hat mit einem Beil Tonnies **Wiedemanns** Frau bedroht.	
		4	Johann **Bellmann** hat Tonnies **Wiedemanns** Frau mit einem Stock das Frauenkind blau geschlagen. (Es gab wohl ein uneheliches Kind in der Ehe)	
		6	Tonnies **Wiedemanns** Frau hat Johann **Bellmann** als einen langhaarigen Schelm gescholten und ihm sei wohl noch ein Galgen zu gering bemessen.	½ Rthlr

Bem.:

Diese Aussagen lassen einem Ahnenforscher, wie einem Nachfahren das Herz höher schlagen.

Der eine hat lange Haare, das Ehepaar ist zerstritten und beschuldigt sich gegenseitig des Diebstahls, die Frau hat wohl in der Ehe ein uneheliches Kind mit einem anderen Mann gezeugt und wird wohl deswegen als Hure bezeichnet. Waffen und Gewalt stellen kein Tabu dar. Das Nachbarschaftsverhältnis zu **Bellmanns** und **Wohlbergs** auf der anderen Straßenseite war wohl nicht das Beste.

Das hat sich aber geändert, denn **Wiedemanns** Enkel Hinrich (1634-1698) ehelichte 1659 Elisabeth **Wohlberg**, die Nachbarstochter.

Diese Aufstellung dient als Beispiel für die vielen anderen in diesem Buch enthaltenen sozialen Beziehungen und Verhaltensweisen.

„Wenn jemand bei einem Manne liegt wie bei einer Frau, so haben sie getan, was ein Greuel ist, und sollen beide des Todes sterben;
Blutschuld lastet auf ihnen."

(3. Buch Mose20,13)

Statistiken

Da kein Bußgeldkatalog aus alten Zeiten, wie wir ihn heute kennen, überliefert ist, und die Gerichtsordnung des Amtes Rotenburg von 1688, die sicherlich nur eine Fortschreibung einer älteren Fassung war, offensichtlich den Bränden des II. Weltkrieges zum Opfer gefallen ist, bleibt nur die Möglichkeit übrig, anhand der überlieferten, verhängten Bußgelder die Art der Verstöße in eine Statistik zu fassen, um damit zumindest die häufigsten Vergehen aufzuzeigen, die bestraft wurden.

Anzumerken ist, dass nicht für jedes Jahr ein Protokoll erhalten geblieben oder überliefert ist. Somit hat die Statistik nur eine begrenzte Aussagekraft.

Es ist davon auszugehen, dass die Gerichtsherren (Droste, Amtmänner und Amtsvögte), und es waren ausschließlich Männer, einen Ermessensspielraum hatten, was die Höhe der Geldstrafe betraf.

Bedenkt man, dass seinerzeit bereits für 60 Reichstaler ein ganzer Hof gekauft werden konnte, war das doch ein immens hoher Betrag gewesen, der zugleich die Machtbefugnis verdeutlicht, aber auch eine lohnende Einnahmequelle aufzeigt.

Vergehen

Nachfolgend sind vier ausgesuchte Vergehen / Straftaten zahlenmäßig in den überlieferten Jahrgängen 1584 bis 1610 der Vogtei Scheeßel erfasst. Sie zeigen zumindest Tendenzen auf, in welchen Jahren sie in welcher Anzahl erfasst und gemaßregelt wurden. Holzfrevel, unerlaubte Landnahme, Unzucht und Verstöße gegen die Kirchenordnung sind hier nicht enthalten.

	Betrug / Unterschlagung / Diebstahl	**Beleidigung / Bedrohung**	**Körperverletzung / tätl. Angriff**	**Dienstpflicht - verletzung.**
1584	1			1
1587	3	4	10	7
1588			1	
1589	1			
1592			1	14
1592/1593	16	2	16	34
1599	13	3	11	
1599/1600	6	2	14	
1610		2	5	31

Die Ursachen, warum in den verschiedenen Jahren mehr oder weniger Vergehen, wie z.B. „Verletzung der Dienstpflichten" verzeichnet sind, lassen sich nicht im Detail begründen. Es wären rein spelkulative Aussagen, die selbst dann, wenn die Auswertung den damaligen Berufsstand und die soziale Stellung des Einzelnen mit in Betracht zöge.

Interessant und durchgehend hoch ist der Anteil des gemaßregelten Vergehens, die auferlegte Meierpflicht, den „Hand- und Spanndienst" nicht abzuleisten und dafür eher ein Bußgeld in Kauf zu nehmen. Möglicherweise war es sogar wirtschaftlicher für beide Seiten, wenn zu wenig Arbeit für zu viele Dienstleister vorhanden war, und zugleich der säumige Meier gewinnbringender handelte, wenn er seine Felder bewirtschaftete und/oder seinem Handwerk nachging. Diese Handhabung in der Praxis scheint funktioniert zu haben und offensichtlich beiden Seiten entgegengekommen zu sein.

Wäre es anders, hätte das Amt die Ableistung des Dienstes sicherlich durchgesetzt.

Amt Rotenburg
Einnahmen / Ausgaben[428]

Anhand der Einträge der Einnahmen und der Ausgaben aus den Landgerichtstagen der Jahre 1666-71 wird deutlich, wie gewinnbringend die Einnahmequelle „Straf- und Bußgelder" für den Fiskus war. Ein Schelm, wer böses dabei denkt und einen Vergleich zur heutigen Zeit ins Kalkül seiner Überlegungen zieht.

Die Einnahmen aus den Landgerichtsbrüchen der Vogteien:

	1666-67	1668-69	1669-70	1670-71
Scheeßel	179-00-0	35-32-0	269-00-0	207-40-0
Schnevern	193-24-0	48-40-0	395-24-0	205-40-0
Salzhausen		4-30-0	76-34-0	129-36-0
Visselhövede	237-12-0	31-00-0	217-24-0	118-12-0
Kirchwalsede	28-00-0	11-36-0	85-00-0	37-00-0
Ahausen	65-00-0	9-20-0	61-24-0	27-00-0
Sottrum	83-36-0	11-28-0	92-00-0	24-24-0
Flecken Rtbg		1-32-0	41-32-0	32-32-0
Neuenkirchen	5-00-0			
Wasserdörfer			14-00-0	

Ohne Einnahmen wegen „versessener" Hand- und Spanndienste!

[428] StA Stade Rep.76 Nr. 1401-1415, 1666/67 bis 1670/71

Die Einnahmen aus der Vogtei Scheeßel:

	1666-67	**1668-69**	**1669-70**	**1670-71**
Michaeliszins Scheeßelschen	71-21-6 [429]	72-21-6 [430]	72-21-6	72-45-6
Michaeliszins Brockelschen	17-44-0	17-40-0	17-40-0	18-44-0
Für ... Stück von Schweine	70-00-0 25 Stck	70-00-0 35 Stck	70-00-0 35 Stck	70-00-0 35 Stck
von Hanrahde	1-24-0	1-24-0	1-24-0	1-24-0
Neudienstgeld	351-24-0	351-24-0	351-24-0	362-16-0
Pfingstschatz aus dem Scheeßelschen und Brockelschen	39-39-0	39-38-6	39-38-6	39-38-6
Landgerichtsbrüche	179-00-0			
Gesamtsummenzug des Amtsschreibers	**731-08-6**	**553-04-0**	**553-04-0**	**565-24-0**
Rechnerisch richtig wäre gewesen:	**731-24-6**	**554-20-0**	**554-20-0**	**567-8-0**

Bem.:
Interessant sind bei den Summenzügen immer mal wieder Rechenfehler zu Gunsten des Schreibers festzustellen, was im Rahmen der Auswertung nicht unter den Tisch fallen darf. Schlussfolgerungen, oder gar Spekulationen ziehe ich an dieser Stelle nicht. Sollte Absicht vorgelegen haben, so sind diese Taten längst verjährt.

[429] In diesem Jahr wird für 10 neue Brinkkaten gezahlt.
[430] Ab hier wird für 12 neue Brinkkaten gezahlt.

Die Ausgaben für Landgerichtstage in den Vogteien:

	1666-67	1667-68	1668-69	1669-70	1670-71
Scheeßel		05-00-0			
Schnevern		05-00-0			
Salzhausen		05-00-0			
Visselhövede		05-00-0			
Kirchwalsede					
Ahausen					
Sottrum					
Flecken Rotenburg					
Neuenkirchen					

Bem.:
Nur für das Jahr 1667/1668 wurden diese Ausgaben erfasst. Möglicherweise wurden die Ausgaben anderer Jahre mit den Einnahmen verrechnet und sind deswegen nicht gesondert aufgeführt worden.

„Entsteht ein dauernder Schaden, so sollst du geben Leben um Leben, Auge um Auge, Zahn um Zahn, Hand um Hand, Fuß um Fuß ... ! Das 5./6. Gebot hat mit einem Verbot der Todesstrafe nichts zu tun.
Es bedeutet inhaltlich das Verbot des Mordens. Eine Übertretung des Gebotes zog seinerzeit in aller Regel die Todesstrafe nach sich.“

(2. Buch Mose 21,23)

Schlusswort

Liebe Leserinnen, liebe Leser!

Ich danke Ihnen, dass mein Buch Ihr Interesse geweckt hat. Für Ergänzungen und Anregungen bin ich offen und werde sie für die Aufnahme in eine zweite Auflage in Betracht ziehen.
Dieses Sachbuch, wie auch die folgenden „vom Tadel bis zum Schandphal“ und „Weinkauf und Hofgewinnung stellen nicht nur für jede Chronik der ehemaligen Vogtei Scheeßel eine wertvolle Ergänzung dar, sie dienen zugleich den umliegenden Vogteien, aber auch denen im Elbe-Weserraum als Anregungen, bei der Erstellung von zukünftigen Dorf- oder/und Höfe-, wie Familienchroniken.
Sie zeigen aber auch deutlich auf, wie die Verwaltung in diesen speziellen Bereichen geordnet und gegliedert war.
Die Vergehen, die zu strafen und zu tadeln es galt, um die damalige Ordnung aufrechtzuerhalten, geben ebenfalls einen tiefen Einblick in das Miteinander und das soziale Gefüge der damaligen Verhältnisse im Elbe-Weserraum.

Ihr

Jürgen Hoops von Scheeßel

Begriffserklärungen

Es ist erforderlich, zu versuchen, die unten aufgeführten Begriffe, die immer wieder in den Texten vorkommen, ein wenig ausführlicher zu erläutern, weil sie meist nicht mehr in Gebrauch, überholt oder unterschiedlich ausgelegt werden.

Abgaben und Dienstpflichten

Jeder mit einem Hof oder einer Kate „bemeierte" mußte seinem Grundherrn für den quasi „gemieteten oder mit Erbrecht belegten“ Hof Abgaben zahlen und Dienste erbringen.

Dieses war in den so genannten „Meierbriefen“ festgehalten.
Die Dienstpflichten wurden als Hand- und Spanndienste bezeichnet.
Diese Dienste waren dann auszuführen, wenn es der Grundherr forderte und umfasste in der Regel 1-2 Tage, konnten aber häufiger sein.
Auch der Landesherr konnte solche Dienste einfordern, wie z.B. Straßen- und Befestigungsbau oder Gefangenenwachen.

Anbauer / Beybauer / Neubauer / Abbauer

Ab Mitte des 17. Jh. wurden Neugründungen kleinerer Stellen zunächst als Neubauer bezeichnet.
Kurz nach 1800 wurden sie auch als Anbauer, Beybauern oder Abbauer bezeichnet, wobei die Anbauerstellen noch mit eigenem Land ausgestattet war. Bey- oder Abbauerstellen hatten kein eigenes, oder sehr wenig Land zum Eigenbedarfanbau zur Verfügung.

Ablösung im Rezeß

Durch Ablösungsordnung vom 23. Juli 1833 wurde es den Wirten der Höfe, Katen und Anbauer- und Neubauerstellen möglich, ihre Anwesen vom Grundherrn abzulösen.
Dazu konnte sich jeder Mann bewerben. Fiel die Entscheidung auf ihn, so hatte er dem Grundherren eine Summe zur Ablösung zu zahlen. Sie errechnete sich aus dem 25-fachen der Gesamtsumme der jährlichen Pflichten des Hofes, was der durchschnittlichen Bewirtschaftungszeit / Lebensleistung eines Wirtes auf dem Hofe entsprach.
Nach Zahlung der Summe, als „Ablösung" bezeichnet, war der Hof, die Stelle nun Eigentum und er konnte als Besitz bezeichnet werden.
Da diese Summe für manche Hofstelle, um die es wirtschaftlich nicht zum besten bestellt war, zu hoch war, haben sich andere, meist durch ererbtes Geld, in den Hof eingekauft.

So finanzierten einige die Ablösung durch Verkauf von Grundstücken, auf denen sich z.B. Anbauerstellen gründeten.
Abzulösen waren u.a.

- Ablösung vom Grundherren
- Freikauf vom Kornzehnten
- Ablösung von der Domainenkammer (war sozusagen auch ein Grundherr)
- Ablösung vom Schmalzehntrecht
- Ablösung vom Grundzins
- Ablösung vom Heimfallsrecht
- Ablösung von den Kirchen- und Küsterlasten

Anerbe / Erbrecht

Im Bereich des Kirchspiel Scheeßel galt das sogenannte „Majoratsrecht“, was nichts anderes bedeutete, dass der älteste überlebende und gesunde Sohn erbberechtigt war. Im Kirchspiel Hagenah im Landkreis Stade galt dagegen das „Minoratsrecht“, was den jüngsten überlebenden Sohn betraf. Der eine musste alle seine lebenden jüngeren und der andere seine lebenden älteren Geschwister auszahlen.

Waren keine Söhne vorhanden oder aus gesundheitlichen Gründen nicht in der Lage (wurde häufig als ungesund bezeichnet) einen Hof zu führen, folgten die Töchter, auch dem Alter nach. Es kam auch vor, dass ein Erbe auf sein Recht verzichtete, meist, wenn er in einen anderen Hof als Nachfolger des Schwiegervaters eingeheiratet hatte.

Blieb die Ehe eines Wirtes kinderlos, durch Tod aller Kinder erbenlos, oder es war zwar ein Kind vorhanden, dieses aber ungesund und nicht im Stande den Hof zu übernehmen, so wurde meist ein Kind aus der engeren Verwandtschaft (*Heimfallrecht)* angenommen. Dazu war das Einverständnis des Grundherren jedesmal erforderlich.
Starb ein Ehepartner und waren keine gemeinsamen Kinder vorhanden, erbte der überlebende Ehegatte nach dem Grundsatz **„längst Leib, längst Gut"**. Dadurch wurden die Kinder aus einer möglichen weiteren oder vorherigen Ehe erbberechtigt. Waren auch hier keine Erben vorhanden, galt die Regelung des Heimfallsrechts, wie zuvor beschrieben.
Diese Regelungen sicherte u.a.:

- eine ununterbrochene Hofführung,
- dem Grundherren die Sicherung seiner ihm zustehenden Abgaben,
- den Alten eine Altersversorgung im Altenteil
- den neuen Wirten, die sonst als Häuslinge oder Knechte bei den erbberechtigten Geschwistern leben mussten, die Möglichkeit auf einen „eigenen" Hof.

Baumann

Baumann (Bm) war der Wirt auf einem Hof, wobei diese Bezeichnung nicht auf dessen Größe schließen läßt. Eine im Kirchspiel Scheeßel häufig gebrauchte Bezeichnung, im Kirchspiel Elsdorf hingegen wurde eher der Begriff des Hausmanns verwendet. Andernorts wurden sie z.B. als Hauer, Hufer oder Hauswirte bezeichnet.

Gemeinheitsteilung

In früheren Zeiten, (bis ca. 1850) waren in den Feldmarken der Dörfer nur die Wiesen und die Ackerstücke den jeweiligen Hofeigentümern zugewiesen.

Die recht großen Heide-, Weide- und Moorflächen dagegen wurden von der Dorfgemeinschaft gemeinschaftlich genutzt. Ab dem Jahre 1832 war es im damaligen neuen Königreich Hannover möglich, diese Gemeinheit aller aufzulösen und die Flächen den berechtigten Bauern der Dörfer zuzuweisen. Erst danach setzte in großem Maße der Umbruch der Heideflächen im Rahmen der Verkopplung ein.

Die Grundherren

In der neueren Forschung ist umstritten, ob die Sachsen vor Anno 800 freie Bauern waren. Um 1300 war der Bauer nicht der Eigentümer "seines" Grund und Bodens, sondern nur der Nutznießer. Der wirkliche Besitzer des Hofes / der Stelle war der Grundherr. Grundherren waren der Landesherr, die Kirche, die Klöster oder Adelige.

Die Dienste

(am Beispiel der Ortschaft Garßen bei Celle)

Lästiger als alle Abgaben waren für den Bauern die Dienste, die er seinem Grundherrn leisten mußte. Die Vollhöfner und Halbhöfner waren verpflichtet, dem Grundherrn - so oft er es verlangte - mit dem Gespann zu dienen, die Kötner und Brinksitzer hingegen mußten Handdienste leisten.
Solche Dienste wurden seit dem 16.Jh durch zeitlich genau beschriebene Dienste ersetzt.

Seit wann diese Verpflichtung bestand, ist nicht bekannt. Jedoch geht aus den Jordebüchern hervor, dass die Bauern am Ende des 17.Jh noch "Hand- und Spanndienste" leisten mußten.

Jeder Höfner oder Kötner musste mit 1-2 Pferden und einem Knechte, wenn er an der Reihe war zum Dienst kommen.

Nach der neuen Verordnung des Großvogts G. E. v. Hammerstein, die am 13. November 1681 in Kraft treten sollte, wurde festgesetzt, dass ein Vollhöfner mit zwei Pferden und ein Halbhöfner mit einem Pferde wöchentlich nicht mehr als zwei Tage oder aber der Halbhöfner, wenn er zwei Pferde anspannen wollte, wöchentlich nur einen Tag dienen sollte. Ferner wurde bestimmt, dass ein Weg von ein bis zwei Meilen für einen Tag, ein Weg von drei bis vier Meilen für zwei Tage und ein Weg von fünf bis sechs Meilen für drei Tage zu rechnen sei. Auch über die Beladung des Wagens sind in der Verordnung nähere Bestimmungen enthalten.

Für jeden Diensttag mit 2 Pferden, den der Dienstpflichtige nicht dient, hatte er nach der Verordnung 3 Mariengroschen 4 Pfennig zu geben.

Damit sind die Bestimmungen der Verordnung aber nicht erschöpft. Es würde jedoch zu weit führen, sie hier alle aufzuführen.

Über die Handdienstpflichtigen sagt die Verordnung nichts. Auch ist nichts über die Vergütung gesagt, die nach dem Ablöserezeß vom 17. Oktober 1837 §2 für jeden in natura geleisteten Diensttag mit 2 Pferden aus der herrschaftlichen Kasse gezahlt wurde. Diese betrug täglich 2 Gutegroschen 8 Pfennig. Hinzu kam noch ein Betrag von 4 Pfennig.

Schon im ersten Halbjahre, also vom 13. Nov. 1681 bis 1. Mai 1682, leisteten die Garßener Spanndienstpflichtigen von 384 Spanndiensttagen nur 187. Das war nicht einmal die Hälfte. Für 197 Tage zahlten sie je 3 Mariengroschen 4 Pfennig. - Mit der Zeit scheint es immer mehr üblich geworden zu sein, die Spanndienste bar abzugelten.
Nach dem Zinsregister von 1719/20 zahlten die Garßener Spanndienstpflichtigen für a l l e Spanndiensttage.

Auch schon 1664 gab es in Garßen Höfe, die keine Spanndienste in natura leisteten. Im Ort selbst waren es die beiden v. Hodenbergschen Höfe, Leis' Hof (c) und der alte Krughof (k), und in Hornshof brauchte keiner Handdienste zu leisten. Er entrichtete dafür an den Burgvogt drei Taler jährlich, während der Vollhof diesem 10 Taler für die Spanndienste zahlte. Die genannten beiden v. Hodenbergschen Höfe gaben - wie schon berichtet - für Dienste und Abgaben eine Pauschale.
Was die Handdienstpflichtigen für nicht geleistete Handdienst zu zahlen hatten, ist nicht bekannt. Vor allen Dingen weiß man nicht genau, welche Entschädigung Hornboss Hof (n) und Uetzmanns Hof (m) dafür zu leisten hatten. Es wird vermutet, 3 Mark jährlich. Die Brinksitzer und Anbauer in Garßen gaben jedoch nach dem Zinsregister von 1799/1800 2 Taler jährlich.

Hofgrößen- / Bezeichnungen

Die vollen Höfe wurden in den alten Steuerliste als „ganzer Hof“, „voller Hof“ und als „hele Hof“ bezeichnet, wobei letzter Begriff die plattdeutsche Form für heil (ganz) beinhaltet. Die Begriffe standen sehr häufig nebeneinander in einer Liste und kam besonders in den Listen der Börde Sittensen so vor.

Halb-, Drittel-, Viertel-, Sechstel-, oder Achtelhöfe sind erst durch Teilung größerer Höfe entstanden, wobei ein Vollhof nicht nur in zwei halbe, sondern auch schon mal in drei Drittelhöfe geteilt wurde. Die Teilung konnte auch schon mal in der Weise erfolgen, dass ein 2/3 Hof übrig blieb und aus dem verbleibenden Drittel ein 1/3 Hof oder gar zwei 1/6 Höfe, (meist als Pflugkaten benannt) wurden.

In den alten Steuerlisten ist noch heute in den meisten Fällen erkennbar, welche Höfe einst aus der Teilung hervorgegangen sind. Sie wurden zusammen veranlagt, als wäre es noch ein ungeteilter Hof, wobei jeder seinen Teil selbst zahlen musste.

Häusling

Viele Voll- und Halbhöfe hatten ein oder zwei Nebenhäuser, die als Häuslingshäuser bezeichnet wurden. Für die Familien in diesen Häusern, war in der Regel eine kleine Fläche Ackerland zur eigenen Bewirtschaftung vorhanden. Das Häuslingshaus befand sich auf dem Hofplatz anbei, oder an anderer Stelle im Dorf.
Der Häusling mußte auf dem Hof mitarbeiten und sein kleines Feld bestellen. Er durfte sich selbst Vieh halten und mußte der Dorfgemeinschaft, in Ermangelung einer eigenen Wiese, Weidegeld zahlen oder war dafür z.B. als Dorfschäfer tätig. Die meisten Häuslinge waren auch Handwerker und betrieben ein Gewerbe nebenbei.
Häufig blieb einer der Geschwister mit der Familie als Häuslinge auf dem Hof. Hier galten keine Erbrechte. Es konnte ein Häuslingssohn nicht automatisch dem Vater auf dieser Stelle folgen. Ledige gesunde und auch kranke Geschwister blieben zeitlebens als Mägde und Knechte auf dem Hof und durften keine Familien gründen.

Heimfallsrecht

War auf dem Hof, bzw der Stelle kein berechtigter Erbe vorhanden, fiel die Hofstelle an den Grundherrn zurück. Der konnte sich dann einen neuen „Wirt" suchen und ihn auf dem Hof neu bemeiern. Dabei wurde seitens des Grundherrn schon berücksichtigt, möglichst einen „geeigneten“ Nachfolger aus der Verwandtschaft des vorigen Bauern zu suchen, blieben die Alten doch auf dem Hof und mussten mit versorgt werden.
Sicher wurden auch Vorschläge des bisherigen Wirtes von den Grundherrn berücksichtigt.
Das Amt Zeven verlangte in diesem Fall von dem „fremden" Erben den doppelten Weinkauf. (siehe unter W)

Interimswirt

Starb der rechtmäßige Wirt, so konnte die Stelle nur funktionstüchtig bleiben, wenn die weiterhin uneingeschränkt bewirtschaftet wurde.
Es wurde recht früh nach dem Tod schon bestimmt, wer auf dem Hof als Übergangswirt, als sogenannter Interimswirt einheiraten sollte. Dieser arbeitete dann schon auf dem Hof, die Hochzeit fand meist aber erst nach Ablauf des Trauerjahres statt. Oft wurde die Brüder des seligen Mannes geheiratet, die den Hof kannten und somit versorgt waren. Er pachtete den Hof im weitesten Sinne. Die Interimszeit war in der Regel stets auf sieben Jahre begrenzt und konnte verlängert werden. Bei kürzeren Zeiten, war dies vorab geregelt, denn es galt durch einen Interimswirt, die Zeit bis zur Übernahme der Hofstelle durch den Anerben zu überbrücken. Meist blieb der Interimswirt als Häusling oder Altenteiler auf dem Hof bei Schwiegersohn oder der Schwiegertochter.
In den vorhandenen Haus und Meierbriefen derer von Schulten für die Zeit von 1703-1833, die in der Ritterschaft in Stade lagern, wurde stets von „sieben Hauerjahren“ gesprochen. Dieses galt auch für die regulären Wirte, die danach durch Zahlung „des Weinkauf“ die einstige Hofgewinnung als ständige Steuer entrichten mußte. Heute würde man es als Erbschaftssteuer bezeichnen.

Kötner / auch geschrieben als Köthner

Neben den Höfen gab es in den Dörfern wenige kleinere Stellen, deren Wirte man als Kötner bezeichnete.
Es wurde unterschieden zwischen:

- Handkötnern mit nur sehr wenig Land und ohne Ochsen und Pferde
- Brinkkötner oder Brinksitzer, die ihre Stellen im Brink, also in der Mitte des Dorfes hatten
- Pflugkötner mit mehr Land als die anderen Kötner, in der Regel 1/6 Resthöfe, ausgestattet mit einem Gespann und Zugtieren

Alle Kötner waren durch Hand- und Spanndienste gebunden und auf einen Nebenverdienst, wie z.B. ein Handwerk angewiesen.
Häufig verdienten sie sich ein Zubrot als Tagelöhner in Holland während der Ernte, als Zuckerbäcker in London, Briefträger oder als Brandweinbrenner in Hamburg.

Meierrecht

Die Höfe, der Grund und Boden gehörte einem Grundherrn. Es waren in der Regel die ansässigen hochadelige Familien, die Bischöfe und Klöster. Später traten wieder adlige als Unterlehnsnehmer der alten geistlichen und weltlichen Fürsten auf. Sie bemeierten auf den Höfen ihres Lehens Bauern, die dafür die Pflicht hatten, Abgaben zu zahlen und Dienste zu leisten.
Bei jedem Wechsel eines Wirtes wurde ein neuer Meierbrief ausgestellt. Der neue Meier zahlte dazu Hofgewinnung und den Weinkauf. Wenn ein Bauer von der Familie **von Kettenburg** bemeiert wurde, wurde er als „Kettenburgmeier“ bezeichnet.

Peinliche Befragung

Die peinliche Befragung bezeichnet ein Verfahrenselement der Gerichtsbarkeit des frühen und späten Mittelalters sowie der Frühen Neuzeit. Die peinliche Befragung wird auch scharfe Frage oder Tortur genannt. Der Begriff peinlich ist dabei abgeleitet von Pein im Sinne von Qual und wurde als "Peinliches Verhör" bezeichnet.

Ursprünglich war die peinliche Befragung die Hauptvernehmung des Angeklagten bei Inquisitionsprozessen, später hat man unter der peinlichen Befragung schlicht und einfach den Einsatz der Folter verstanden, um von einem Angeklagten ein Geständnis zu erwirken.

Die peinliche Befragung sollte erst dann eingesetzt werden, wenn zuvor weder durch ein Geständnis noch durch die Verfahrensmethode der Beweisung der Angeklagte überführt worden war. Außerdem musste ein dringender Tatverdachtsbestand vorliegen. Vom ursprünglichen Prinzip her konnte die peinliche Befragung also nicht willkürlich eingesetzt werden. Ausgeschlossen von der peinlichen Befragung als Anwendung waren lediglich Kinder unter 14 Jahren, Behinderte, Greise, schwangere Frauen, Geisteskranke, stumme Menschen sowie kranke Personen, die die peinliche Befragung von Haus aus nicht lebend überstanden hätten.

Die Folter wurde schon seit jeher von allen Völkern gleichermaßen als Methode der Verhörung eingesetzt, entwickelte sich jedoch in ihren schlimmen Ausprägungen regional höchst unterschiedlich. Traurige Berühmtheit erlangte sie in Europa in der frühen Neuzeit im Zuge der Inquisition und der Hexenprozesse.

Als reichseinheitliche Halsgerichtsordnung wurde sie 1532 unter Kaiser Karl V. beurkundet, womit die so genannte

Constitutio Criminalis Carolina oder auch Peinliche Halsgerichtsordnung von Karl V. als erstes allgemeines, deutsches Strafgesetzbuch gilt.

Als Vorstufe der peinlichen Befragung gilt die Territion (Schreckung), in welcher dem Angeklagten die Folterinstrumente vorgeführt und erläutert werden.

Weinkauf

Beim Wechsel eines Wirtes, ob durch Tod, Abmeierung oder Übergabe an einen Nachfolger aus Altersgründen, wurde dem neuen „Wirt“ ein Meierbrief ausgestellt.
Damit er die Stelle übernehmen konnte, hatte er den so genannten Weinkauf, die Hofgewinnung an den Grundherren zu entrichten. Dieses ist nicht gänzlich mit der heutigen Erbschaftssteuer gleichzusetzen, denn diese Abgabe konnte mitunter auch wiederholt nach Ablauf einer vertraglich festgelegten oder verabredeten Frist verlangt werden.
Der Weinkauf im Bereich des Klosters Zeven, dem späteren Amt Zeven belief sich in etwa auf die Höhe der jährlichen Abgaben.

Häufig wurde auch der Begriff " B e w e i n k a u f e n " verwendet. Was jeder einzelne Hof an Weinkaufsgeld bezahlen mußte, war sehr unterschiedlich, aber festgelegt.

Kleine Legende / Abkürzungen

zu	Zuordnung	Hof / Haus
1	Wenn nicht zuzuordnen, bleibt das rechte Feld frei	
2	Zuordnungen	HAUSNAME Haus Nr [431]
3	Wenn die Zuordnung nicht 100% festgestellt werden kann, steht der Hofname in Klammern	(MEIER)

✳	geboren	...	nicht lesbar
✳ r	geboren errechnet	(...)	Textlücke
✳ um	geboren geschätzt	KB	Kirchenbuch
~	getauft	KNB	Kirchennebenbuch
†	gestorben	KRB	Kirchenrechnungsbuch
⚔	gefallen	LMR	Landesmilizrolle
□	begraben	Hsl	Häusling
Rtbg	Rotenburg	Pkö	Pflugkötner

[431] Die Hausnummer entstanden aus den Brandkassennummern um 1754/1755

Namensregister

Bem.: Wenn ein Familienname in der Liste / im Bruch erwähnt wurde, ist er nicht noch einmal auf der folgenden Seite mit der „Zuordnung" hier im Register aufgeführt worden. Analog ist das Ortsregister aufgebaut.

Ortsregister

Bem.: Wenn ein Ortsname in der Liste / im Bruch erwähnt wurde, ist er nur einmal auf der folgenden Seite mit der „Zuordnung“ hier im Register aufgeführt worden.

Verzeichnis der Quellen, Abbildungen und Karten

Literatur und gedruckte Quellen

Nr	Verfasser / Titel / Signatur / Veröffentlichung
1	**Dörfler** 2004, Herrschaft und Landesgrenze, Schriftenreihe des Landschaftsverbandes der ehemaligen Herzogtümer Bremen und Verden.
2	**Dittmer**, Willi 1996, Scheeßel, Chronik Kirchspiel Scheeßel
3	**Hoops von Scheeßel**, Jürgen, 2011, Lasst sie brennen, Die Geschichte der Hexenverfolgung im Amt Rotenburg
4	**Hoops von Scheeßel, Ringe** von Bartelsdorf, 2009, mißbraucht & verbrannt, Die Hexenprozesse im Amt Rotenburg
5	**Heyken**, Enno, Rotenburger Schriften, Sonderheft 7, 1966, Rotenburg, Kirche, Burg und Bürge
6	**Miesner** 1938, Die Jordebücher des Kreises Rotenburg 1692/94
7	**Meyer**, Hinrich 1955, Geschichte Scheeßel, Chronik

	Chroniken
8	Stemmen, Stemmen und abermals Stemmen, 2009, Heimatverein Stemmen und Jürgen Hoops von Scheeßel, Höfe- und Familienbuch

Niedersächisches Staatsarchiv Stade

9 Rep.5b -170-25 29 Brüche 1585

10 Rep.5b Nr.83 13b 58-69, 1605

11 Rep.5b Nr.171-60 2-4, 1611, Westerholz

12 Rep.5b Nr.83 13c 295-348 Protokollum Sottrum 1619

13 Rep.5b Fach 119 Nr.183 III, 1646, Contribution

14 Rep.5b Fach 119 Nr.183 III Beiheft II ,1663, Kopfschatz

15 Rep.5b Fach 119 Nr.183 I Bd.2 Jordebuch, 1664

16 Rep.8 Nr.768, Gerichtsordnung, 1630

17 Rep.28 IR Nr.17 I Bl. 139-140 Verz.Vogtey Scheeßel, 1643-65

18 Rep.28 I R-17-2 24-34 [Befragung 1663 u.a. D. Hastedt]

19 Rep.28 Nr.1369 Pastor Meyer, Scheeßel, 1685-1691

20 Rep.74 Rtbg Nr.177, Scheeßeler Vogteibeschreibung, 1756

21 Rep.74 Rtbg Fach 57 Nr.4, Schmalzehnt, 1666 (alt)

22 Rep.74 Rtbg Nr.488, Landgericht, 1782

23 Rep.74 Rtbg Nr.519, Denunziation Schneverdingen, 1664

24 Rep.74 Rtbg Nr.488, Landgericht, 1788

25 Rep.74 Rtbg Nr.519, Denunziation, 1664

26 Rep.74 Rtbg Fach 29 Nr.2, Jordebuch, Vogtei Scheeßel, 1676 (alt) Neu: Rep.74 Allg. Nr.153

27 Rep.74 Rtbg 184 S.68-95, Jordebuch Vogtei Scheeßel, 1681

28 Zinsregister St.Arch.Hann. Anno 1599 = St.Arch.Hann. Rtbg.B.A.Nr.1, Anno1599

29 St.Arch.Hann.105b F.102Nr21 (1599)

30 Rep.76 Nr.1365-1414 Amtsgeldrechungen Rotenburg, 1587-1671 in ihrer Gesamtheit

Rotenburger Schriften

31 **Heft 8**, 1958, bischöfliches Gutsleuteverzeichnis von Salzhausen sowie Einwohnerverzeichnisse der Kirchspiele Brockel und Kirchwalsede aus der Zeit des Dreißigjährigen Krieges, 1631, Pastor August Asmus in Wolterdingen

32 **Heft 88**, 2001, S.107-121, 1658 Scheeßel

Heimatborn

33 Heimatborn 1927 Nr.10 Seite 3, Junck

Abb	Abbildungen und Karten	Seite
1	Die kirchlichen Territorien Bremen und Verden bis 1648	6
2	Die Gografschaft Scheeßel	7
3	Der Blocksberg bei Hetzwege	13
4	Postkarte Gruß aus Scheeßel, 1914	26
5	Rotenburger Amtshof im 20. Jhdt	27
6	Hilmers Häuslingshaus, Scheeßel, um 1910	33
7	Miesner 1938, Jordebuch des Kreises Rotenburg	35
8	Handzeichnung Kernort Scheeßel vom 1. Sept. 1823	46
9	Rekonstruktionsmodell der Scheeßeler Höfe um 1770	48
10	Lageplan der Höfe und Häuser in Scheeßel vor 1956	49
11	Postkartenansicht „Harms im Meyerhof„ um 1920	63

Werkverzeichnis

Zeitschriftenbeiträge

Hoops von Scheeßel, Jürgen: „Erforschung der Hofgeschichte Teil 1", in: *Rotenburger Schriften* Heft Nr. 89, 2007. Da der Druck der Rotenburger Schriften eingestellt wurde, sind die Teile 2-4 nicht mehr veröffentlicht worden.

ders.: „600 Jahre Kirchengeschworene im Kirchspiel Scheeßel", in: *Lebendige Heimat* 20.Jg, Nov. 2008 Nr.11

ders.: „Landgericht in alten Zeiten im Amt Rotenburg", in: *Lebendige Heimat* 21.Jg, Feb. 2009 Nr.3

ders.: „Neubau der Wassermühle zu Lauenbrück 1659-60" Teil 1, in: *Lebendige Heimat* 22.Jg, Jan. 2010 Nr.1

ders.: „Neubau der Wassermühle zu Lauenbrück 1659-60" Teil 2, in: *Lebendige Heimat* 22.Jg, Feb. 2010 Nr.2

ders.: „100 Jahre Grüße aus Scheeßel" 1902-2008, in: *Lebendige Heimat* 22.Jg, Juli 2010 Nr.7

ders.: „Der Scheeßeler Meierhof und seine Geschichte", in: *Lebendige Heimat* 22.Jg, September 2010 Nr.9

ders.: „Grüße aus Rotenburg", in: *Lebendige Heimat* 23.Jg, Juni 2011 Nr.6

ders.: „Kirchenjuraten im Kirchspiel Scheeßel" 1646-1746", in: *Zeitschrift für Niederdeutsche Familienkunde* (ZNF) 85. Jahrgang, Heft 1 / I.Quartal 2010, ISSN 0945-74

ders.: „Der Scheeßeler Meierhof und seine Geschichte", in: *Zeitschrift für Niederdeutsche Familienkunde* (ZNF) 86. Jahrgang, Heft 1 / VI.Quartal 2011, ISSN 0945-74

Genealogische Arbeiten in veröffentlichten Chroniken

Hoops von Scheeßel, Jürgen Familien- und Höfegeschichte in der „Chronik Wohlsdorf“, Heimatverein Wohlsdörp, 2002, Geiger-Verlag, Horb a.N.

ders.: Familien- und Höfegeschichte in der „Dörps-Chronik Bartelsdorf Band A“, Dörpsverein Bartelsdorf, 2006, Selbstverlag

ders.: Höfe- und Familienbuch, Stemmen, Stemmen, und abermals Stemmen, Heimatverein Stemmen und Jürgen Hoops, 2006, Geiger-Verlag, Horb a.N.

Diese drei Chroniken sind über die Heimat- und Dorfvereine der jeweiligen Dörfer käuflich zu erwerben.
[siehe auch: www.hoops-archive.de]

Bem.:
Für diejenigen gerichtet, die selbst eine Chronik schreiben möchten, habe ich auf meine Homepage meine Erfahrungen mit Tipps eingestellt.

siehe dazu
unter eigene Artikel: Rotenburger Schriften 2007, Heft 89

Monographien

Bartelsdorf, Heinrich von; Hoops von Scheeßel, Jürgen: „mißbraucht & verbrannt“. Die Hexenprozesse im Amt Rotenburg. 2011^{2}. ibidem-Verlag, Stuttgart.

Hoops von Scheeßel, Jürgen: „Lasst sie brennen“. Die Geschichte der Hexenverfolgung im Amt Rotenburg. 2011. ibidem-Verlag, Stuttgart.

Romane

Hoops von Scheeßel, Jürgen: „Gretge“. mit Hexen verwandt, als Hexe verbrannt. 2010^2. Edition Noëma, Stuttgart.

ders.: „Tibke von Bartelsdorf“. angeklagt im Hexenwahn. 2010. Edition Noëma, Stuttgart

ders.: „Anna, die alte Zauberin“. Der letzte Scheiterhaufen von Rotenburg. 2011. Edition Noëma, Stuttgart.

ders.: „Mettes Flucht in den Tod“. Das verdächtige Gesicht. 2012. Edition Noëma, Stuttgart.

In Vorbereitung

Hoops von Scheeßel, Jürgen: „Vom Tadel bis zu Schandphal“. Kirchenbußen im Elbe-Weserraum am Beispiel des Kirchspiel Scheeßel 1587-1799. 2014. ibidem-Verlag, Stuttgart.

ders.: „Weinkauf und Hofgewinnung im Elbe-Weserraum am Beispiel des Kirchspiel Scheeßel“. Nachweise für die Übergaben von Höfen am Beispiel der Vogtei Scheeßel 1475-1700. ibidem-Verlag, Stuttgart.

ders.: Die Moorsiedler-Reihe. Band 1: Auf der Suche nach der eigenen Scholle. „Muttererde“. Ein historischer Roman zu einer wahren Familiengeschichte. Edition Noëma, Stuttgart.

Lesen Sie auch:

Jürgen Hoops
von Scheeßel

„Lasst sie brennen!"

Die Geschichte
der Hexenverfolgung
im Amt Rotenburg

278 Seiten. 17cm x 24 cm.
Paperback. **€ 29,90**

ISBN 978-3-8382-0199-3

Jürgen Hoops von Scheeßel befasst sich in seinem neuen Sachbuch mit der Geschichte der Hexenverfolgung im Amt Rotenburg auf Grundlage erhalten gebliebener Originalunterlagen zu den entsprechenden Prozessen gegen "Hexen" bis 1669. Der Autor hat in gewohnt anschaulicher Art den Inhalt der mitunter sperrigen Quelltexte in die heutige Zeit übertragen, kenntnisreich kommentiert sowie mit umfangreichen genealogischen Anmerkungen versehen, ferner zur Veranschaulichung Kartenmaterial, Illustrationen und Zeichnungen mit beigefügt. Dabei hat er jeden einzelnen Fall gleichsam als eigenen, individuellen Justizfall betrachtet, unter Berücksichtigung der Quellenlage mit gewohnter Akribie rekonstruiert und in einen genealogischen Kontext gestellt. Zusätzlich zu der für eine breite Leserschaft aufbereiteten fallweisen Darstellung der vielen Leidensgeschichten präsentiert Hoops von Scheeßels jüngstes Werk auch zahlreiche bislang noch unbekannte Fakten und zeigt Zusammenhänge und Folgen deutlich auf. Hervorzuheben ist auch die Tatsache, dass er die Hexenverfolgung im evangelischen Teil Deutschlands thematisiert, die in der Literatur bislang nur wenig Beachtung gefunden hat.

„Lasst sie brennen" ist das Sach- und Geschichtsbuch neben dem 2009 erschienenen Grundlagenwerk „mißbraucht & verbrannt – Die Hexenprozesse im Amt Rotenburg, Bistum Verden", das Jürgen Hoops von Scheeßel gemeinsam mit einem Co-Autor verfasst hat. Die eingehende Beschäftigung des Autors mit der Thematik der Hexenverfolgung ist auch motiviert aus dem Umstand heraus, dass seine eigenen Ahnen sowohl auf Opfer- wie auch Täterseite vertreten waren. Vielleicht erklärt sich so seine besondere Fähigkeit, die von der nur wenige Jahrhunderte zurückliegenden menschenverachtenden Hexenverfolgung ausgelösten Schrecken dem Leser bildhaft und überaus eindrücklich vor Augen zu führen – auch zur Mahnung an die Gegenwart, welche Gefahr von gewalttätigem Fanatismus, von Extremismus, vom Abschalten des eigenen Denkens ausgeht.

Jürgen Hoops von Scheeßel
und Heinrich Ringe
von Bartelsdorf

mißbraucht & verbrannt

Die Hexenprozesse im Amt Rotenburg, Bistum Verden

Zweite, bearbeitete und ergänzte Auflage

336 S., Hardcover. € 39,95
ISBN 978-3-89821-999-0

ibidem-Verlag

Melchiorstr. 15

D-70439 Stuttgart

info@ibidem-verlag.de

www.ibidem-verlag.de
www.ibidem.eu
www.edition-noema.de
www.autorenbetreuung.de

FSC
www.fsc.org
MIX
Papier | Fördert
gute Waldnutzung
FSC® C083411

Kolibri 360 GmbH
Ferdinand-Jühlke-Straße 7
99095 Erfurt, Deutschland
produktsicherheit@kolibri360.de